FACULTÉ DE DROIT DE PARIS.

THÈSE

POUR

LE DOCTORAT

SOUTENUE

PAR RAOUL CALARY,

Avocat à la Cour Impériale.

PARIS,

CHARLES DE MOURGUES FRÈRES, SUCCESSEURS DE VINCHON,

Imprimeurs-Éditeurs de la Faculté de Droit de Paris,

RUE JEAN-JACQUES ROUSSEAU, 8.

—

1866

FACULTÉ DE DROIT DE PARIS.

DU PRÊT A INTÉRÊT

EN DROIT ROMAIN ET EN DROIT FRANÇAIS.

THÈSE POUR LE DOCTORAT

SOUTENUE

le mercredi 24 janvier 1866, à 2 heures,

Par Raoul CALARY,

AVOCAT A LA COUR IMPÉRIALE,

En présence de M. l'Inspecteur général Ch. GIRAUD,

Président : **M. LABBÉ**, Professeur,

SUFFRAGANTS :
- **MM. ORTOLAN,**
- **DURANTON,**
- **DEMANTE,**
- **DESJARDINS,**

Professeurs.

Agrégé.

Le Candidat répondra, en outre, aux questions qui lui seront faites sur les autres matières de l'enseignement.

PARIS,

CHARLES DE MOURGUES FRÈRES,

IMPRIMEURS-ÉDITEURS DE LA FACULTÉ DE DROIT DE PARIS,

Rue J.-J. Rousseau, 8.

1866.

A MON ILLUSTRE ET VÉNÉRÉ MAITRE,

M. AUGUSTE VALETTE,

Professeur de Code Napoléon à la Faculté de Paris, Chevalier de la Légion d'honneur, ancien Représentant du peuple,

Témoignage de ma reconnaissance la plus vive et la plus respectueuse.

INTRODUCTION.

Je me suis proposé d'étudier le prêt à intérêt, et, sans consacrer à cet examen de longs développements, qu'une thèse ne comporterait pas, j'ai tâché, dans les limites étroites qui m'étaient imposées, de faire sur ce contrat, d'un usage quotidien, une étude à peu près complète. Voilà pourquoi, tout en traitant du prêt à intérêt surtout au point de vue juridique, j'ai cru devoir aussi ne pas laisser dans une ombre complète le côté économique : je me suis donc arrêté assez longtemps à la loi de 1807, et j'ai exposé les raisons qui, au jugement de tous les économistes, exigent impérieusement l'abrogation de cette loi; j'ai aussi donné quelques pages à la *légitimité de l'intérêt* étudiée et démontrée au point de vue économique, en dehors de toutes considérations juridiques.

Maintenant, un mot sur le plan que j'ai adopté dans cette étude sur le prêt à intérêt.

Dès le commencement de ma thèse, après avoir donné les définitions, tout à fait indispensables, du *prêt*, du *prêt à intérêt*, de l'*usure*, j'ai traité immédiatement de la *légitimité de l'intérêt*. J'ai parlé ensuite du prêt à intérêt chez les peuples de l'antiquité dont les législations nous sont connues, les Juifs, les Grecs et les Romains; puis du prêt à intérêt au moyen âge et dans les temps modernes, jusqu'en 1789, c'est-à-dire du prêt à intérêt entravé ou même prohibé par la loi religieuse d'abord, et ensuite par la loi civile; enfin du prêt à intérêt dans le *droit intermédiaire*, sous le Code Napoléon, et sous l'empire des deux lois du 3 septembre 1807 et du 19 décembre 1850. — Dans un chapitre spécial placé à la fin de cette thèse, j'ai traité de la *rente viagère* et du *prêt à la grosse aventure*, contrats qui ne sont pas absolument analogues au prêt à intérêt, mais qu'il est impossible de passer sous silence dans une étude quelque peu complète sur ce contrat.

On trouvera peut-être singulier que le chapitre consacré à la *légitimité de l'intérêt* soit placé au commencement de ce travail, et qu'une thèse, qui est avant tout une thèse de droit, débute ainsi par un véritable chapitre d'économie politique. Mais je crois que cette singularité apparente n'existe pas dans la réalité, et je vais le prouver par un raisonnement très-simple.

Le prêt à intérêt est, en effet, comme toutes les choses de ce monde, légitime ou illégitime *de sa nature*, et non par le caprice des législateurs : s'il est légitime, il l'est depuis qu'il existe; il l'était avant que le premier législateur n'ait proclamé sa légitimité. Pour suivre un ordre logique, nous devons donc rechercher d'abord si le prêt à intérêt est légitime *en lui-même*, c'est-à-dire si l'on peut démontrer sa légitimité philosophiquement et économiquement. Quand nous aurons fait cette démonstration, quand nous aurons ainsi prouvé la légitimité de l'intérêt, nous pourrons alors, mais seulement alors, nous demander si elle a été reconnue et admise par les législateurs de tous les temps.

CHAPITRE PREMIER.

DÉFINITIONS.

Qu'est-ce que le prêt à intérêt? Pour répondre à cette question, donnons d'abord quelques définitions :

Le *prêt* est un contrat par lequel une personne livre une chose à une autre personne qui la reçoit pour s'en servir. On donne le nom de prêteur à la personne qui livre la chose ; celui d'emprunteur à la personne qui la reçoit.

Si l'emprunteur ne reçoit la chose que pour la rendre après l'usage fini, il y a *prêt à usage*. Dans le prêt à usage le prêteur reste propriétaire de la chose prêtée.

Si l'emprunteur reçoit, au contraire, la chose, pour en disposer comme il l'entendra et pour rendre, après l'usage fini, non pas la chose elle-même, mais une chose semblable, il y a *prêt de consommation*. Dans le prêt de consommation la propriété de la chose prêtée passe à l'emprunteur.

Le prêt à usage est essentiellement *gratuit :* un prix stipulé en argent en ferait un louage ; un prix stipulé en toute autre chose en ferait un contrat innomé.

Dans le prêt de consommation, le prêteur peut stipuler un prix pour se dédommager de la privation qu'il éprouve en prêtant : ce prix, c'est-à-dire la différence entre ce que le prêteur livre à l'emprunteur et ce qu'il en reçoit, est appelé *intérêt.* Lorsqu'un intérêt a été ainsi stipulé dans un prêt de consommation, le contrat prend le nom de *prêt à intérêt.*

Dans certaines législations, les parties peuvent, pour chaque prêt de consommation, fixer l'intérêt qui leur convient ; dans d'autres, elles n'ont pas cette liberté et la loi leur impose un prix qu'elles doivent ne pas dépasser, un *taux légal.* Lorsque ce taux légal n'est pas observé, il y a *usure.* On voit donc que l'usure est quelque chose de tout à fait relatif : elle n'existe que là où il y a un taux légal et elle dépend de ce taux. Ainsi, en France, celui-là est usurier qui prélève en matière civile un intérêt supérieur à 5 $^0/_0$, en matière commerciale un intérêt supérieur à 6 $^0/_0$. Dans les pays où le taux légal est 10 $^0/_0$ on est usurier en prenant plus de 10 $^0/_0$. Dans les pays où l'intérêt est libre il n'y a jamais d'usuriers. D'une manière générale, l'usure est l'intérêt qui dépasse celui qu'il est permis de stipuler.

CHAPITRE II.

DE LA LÉGITIMITÉ DE L'INTÉRÊT (1).

Les pièces de monnaie ne produisent pas d'autres pièces de monnaie ; donc il est injuste d'obliger un débiteur à rendre à son créancier une somme d'argent supérieure à celle qu'il a reçue.—Voilà ce que disait Aristote et ce que les pères de l'Église ont répété après lui. Faut-il se donner la peine de réfuter un pareil raisonnement? Sans doute, il est certain que les pièces de monnaie ne produisent pas d'autres pièces de monnaie, et que l'emprunteur, en rendant le capital, rend précisément le poids de métal qui lui avait été prêté ; mais est-il raisonnable de ne considérer, dans le prêt, que le poids du

---

(1) La légitimité de l'intérêt, autrefois niée par les théologiens, les canonistes et certains légistes subtils, a trouvé, il y a quelques années, un adversaire très-vigoureux ; c'était Proudhon, novateur hardi et souvent dans le faux, mais d'une puissance de raisonnement qui n'a pas été dépassée. Il a dit en faveur du prêt gratuit tout ce que l'on peut dire de plus fort, sans faire triompher, du reste, une cause dont le succès était impossible. Il s'était trompé : lui, qui a voulu toute sa vie le bonheur de la classe des travailleurs, il n'avait pas compris que le travailleur est plus intéressé que personne à soutenir la légitimité de l'intérêt.

Proudhon fut combattu énergiquement par Frédéric Bastiat ; la controverse de Proudhon et de Bastiat occupa les colonnes de la *Voix du Peuple* : elle a été placée au tome III des *OEuvres de Bastiat*, où elle forme quatorze lettres. La plupart des arguments que nous présentons, pour ou contre la légitimité de l'intérêt, sont tirés de cette discussion intéressante et de l'admirable mémoire de Turgot *sur les prêts d'argent*.

métal prêté et rendu, et non l'utilité dont il est pour celui qui le prête et pour celui qui l'emprunte? Or, au point de vue de l'utilité, y a-t-il une différence, à l'époque du prêt, entre une somme possédée actuellement et une somme égale qu'on recevra plus tard? Cette différence est évidente : une somme actuellement possédée est plus utile que l'espoir de toucher une pareille somme dans un temps plus ou moins éloigné ; on ne peut donc pas dire que le prêteur, qui ne stipule pas d'intérêt, reçoive autant qu'il donne, et il est juste que, pour compenser cette différence, l'emprunteur promette de lui rendre une somme plus considérable. Ainsi est démontrée l'inanité du raisonnement d'Aristote sur la stérilité de l'argent.

Du reste, si ce raisonnement condamne l'intérêt, il condamne en même temps le loyer de toutes choses, car les maisons et les champs ne produisent pas non plus d'autres maisons et d'autres champs. Les adversaires du prêt à intérêt n'ont pas accepté cette conséquence logique de leur principe, et, tout en prohibant l'intérêt de l'argent, ils ont admis la légitimité de la *rente* en général. Ainsi, je loue un champ, je consens à en payer le *loyer* parce que ce champ m'est utile ; voilà un *loyer* qui est légitime, bien que je rende le champ et qu'il ait alors la même valeur que lorsque je l'avais reçu. Au contraire, j'emprunte, c'est-à-dire je prends à loyer une somme d'argent et je m'engage, du reste, à rendre, au bout d'un certain temps une somme égale à celle que j'ai empruntée : voilà un *loyer* qui n'est pas légitime. D'où vient que ce loyer est légitime dans le premier cas, illégitime dans le second? Est-ce que, dans les deux cas, je ne retire pas de la chose louée la même utilité? — Mais, dira-t-on, le

champ qui est rendu est le même que celui qui a été
loué ; au contraire, la somme d'argent rendue n'est pas
précisément la somme d'argent qui a été louée, mais seulement une somme égale : voilà pourquoi nous n'admettons pas la même solution dans les deux cas. — Nous ré-
pondons que cette circonstance est indifférente à la légitimité du loyer puisqu'elle ne change rien à l'utilité que
l'emprunteur a retirée de la chose; or c'est cette utilité
seule qui est payée par le loyer. Peu importe que je
rende la chose même qui m'a été livrée : que je rende
celle-là ou une autre, ce que je rends est exactement
l'équivalent de ce que j'ai reçu; donc, s'il est légitime
que je paye, dans le premier cas, le droit de me servir de
la chose, pourquoi serait-il illégitime que je paye ce droit
dans le second cas? Ainsi, toute distinction, au point de
vue de la légitimité du loyer; entre l'argent et les autres
choses est impossible. Quelques adversaires du prêt à
intérêt l'ont compris et ont demandé, non pas l'abolition
de l'intérêt, mais *l'abolition de la rente en général* (fermage, loyer des maisons aussi bien que des capitaux, etc.). D'après eux, exiger du travailleur une redevance quelconque (fermage, intérêt, etc.), en faveur
d'un oisif appelé propriétaire, c'est faire profiter injuste-
ment l'homme qui ne fait rien des efforts de celui qui
travaille. Ils déclarent donc illégitime non pas seulement
l'intérêt, mais toute espèce de rente; et, il faut bien le
reconnaître, ils ne sont que conséquents avec eux-
mêmes.

Mais est-il vrai de dire que toute redevance payée par
le travailleur au propriétaire soit prélevée par celui qui
ne fait rien, au détriment de celui qui travaille? Voilà

un homme qui n'a pas de blé et qui voudrait en semer ;
je lui prête un hectolitre de blé, produit de mon travail,
dont je pourrais tirer parti pour moi-même : il le sème,
obtient vingt hectolitres de blé et m'en donne deux ;
dira-t-on que cette redevance est prélevée à son détriment? Je l'ai mis à même d'avoir vingt hectolitres de
blé, et vous me direz qu'en en prenant deux je l'opprime !
Je lui ai rendu un service, puisque, grâce à moi, lui qui
n'avait pas un grain de blé en a maintenant une grande
quantité ; j'ai par suite rendu un service a la société, qui
entre en possession d'une jouissance plus grande ; et moi,
moi auteur de tout ce bien, moi qui me suis privé en
prêtant, je ne pourrais légitimement recevoir deux hectolitres de ce blé, qui sans moi n'existerait pas ! Cela
est-il juste ?

Nous reconnaissons bien, répondent les adversaires
de l'intérêt, que le prêteur rend un service à l'emprunteur, et, à ce point de vue, il ne serait pas injuste que
l'emprunteur payât un intérêt, prix de ce service ; ce qui
rend l'intérêt illégitime, c'est que le prêteur ne se prive
pas en prêtant son capital ; il ne le prête que parce que
ce prêt ne constitue pour lui aucune privation, donc
cette prestation ne suppose pas le droit d'exiger quelque
chose comme prix du prêt.

D'abord, nous n'admettons pas le moins du monde
que le prêteur ne se prive pas. Sans doute, après avoir
prêté, le prêteur aura encore de quoi vivre, il ne manquera pas du nécessaire : mais est-ce à dire qu'il ne se
prive pas ? Les avantages qu'il aurait retirés de son capital, si ce capital était encore à sa disposition, il ne les
aura pas, maintenant que ce capital est entre les mains

de l'emprunteur; donc il se prive, en ce sens que le prêt l'empêche de recueillir certains profits, d'éprouver certaines jouissances, que, sans ce prêt, il eût recueillis ou éprouvées. Ainsi bien certainement le prêteur supporte une privation. Mais, allons plus loin ; supposons qu'il ne se prive pas : que dire du raisonnement de nos adversaires ! Ils reconnaissent que le prêteur rend un service à l'emprunteur, et que l'intérêt est légitime, en ce sens que l'emprunteur doit trouver juste de payer, par une certaine rémunération, le service qui lui est rendu ; mais l'intérêt, ajoutent-ils, est illégitime car le prêteur ne se prive pas et n'a par suite aucun droit à une rémunération quelconque. Singulier raisonnement, en vérité ! Comment, voilà l'intérêt qui est à la fois légitime et illégitime ! N'est-il pas évident qu'une chose ne peut être à la fois blanche et noire, juste et injuste ! Vous avouez, dites-vous, que l'emprunteur qui paye un intérêt ne peut pas se plaindre, car un service lui a été rendu et il doit le payer ; mais, pour que l'emprunteur paye un intérêt, il faut, remarquez-le bien, que quelqu'un le reçoive, et, s'il est juste que l'emprunteur paye cet intérêt, celui qui le reçoit ne peut être injuste en le recevant. Or, à qui l'intérêt peut-il être payé? Évidemment au prêteur, au prêteur qui a mis à la disposition de l'emprunteur un instrument de travail, et qui, en outre, court le risque de n'être pas remboursé. Donc, si l'intérêt est légitime au point de vue de l'emprunteur qui le doit, il est en même temps, et par une conséquence nécessaire, légitime au point de vue du prêteur qui le reçoit. Quel est d'ailleurs le contrat que le raisonnement de nos adversaires laisserait subsister? Quel est le contrat que leurs arguments ne condamneraient pas, tout aussi bien que le prêt à intérêt? Le chapelier qui vend un chapeau ne se prive pas plus que le capitaliste qui prête de l'argent; il ne se prive pas, en ce sens que la vente de ce chapeau ne le forcera pas de sortir nu-tête. Donc, s'il est juste que l'acheteur paye un prix, il n'est pas juste que le chapelier le reçoive. Voulez-vous donc supprimer la vente comme le prêt à intérêt?

Nullement, répliquent nos adversaires; le prêt ne peut pas être assimilé à la vente. Sans doute, le capitaliste qui prête et le chapelier qui vend ne se privent ni l'un ni l'autre; mais il y a entre eux une grande différence : tandis que le chapelier, qui reçoit le prix de son chapeau, ne fait que rentrer intégralement dans son capital, le prêteur, après avoir lui aussi repris son capital, reçoit, en sus de ce capital, un intérêt; cet intérêt ne lui coûte pas de travail, donc il ne doit pas exister.

L'intérêt perçu par le prêteur ne lui a coûté aucun travail : voilà une idée qu'admettront difficilement tous ceux qui ont une notion exacte du capital. Qu'est-ce donc que le capital? Un travail accumulé : voilà un ouvrier qui travaille trois cents jours dans une année et qui gagne six francs par jour; si cet ouvrier ne dépense que quatre francs par jour, il rend évidemment des services à la société pour dix-huit cents francs, et il n'en retire actuellement des services que pour douze cents francs; donc il a le droit de retirer plus tard, du milieu social, quand il le voudra et comme il lui plaira, des services jusqu'à concurrence de six cents francs; ces six cents francs forment ce qu'on appelle un *capital*. Ainsi le capital est un excédant de produit non consommé et destiné à la reproduction, un travail dont le produit a été mis en réserve, un travail accumulé. Voilà donc notre ouvrier qui a un capital de six cents francs; s'il cède à un autre l'usage de ce capital, de ce produit de son travail, et qu'il demande une redevance, un intérêt, cet intérêt n'est que la rémunération de son travail antérieur, du travail par lequel il a amassé ces six cents francs. Ainsi on ne peut pas dire que l'intérêt n'ait coûté aucun travail au prêteur (1).

Insistons un moment sur ce point pour bien montrer ce que c'est que l'intérêt et comment il est légitime : l'ouvrier qui, par son travail d'un an, s'est créé six cents francs de capital, a, disons-nous, le droit de retirer du milieu social des services jusqu'à concurrence de cette somme; s'il consent à se priver de ce droit, s'il consent à le céder à un autre qui augmentera ainsi ses profits, n'est-il pas juste qu'il lui demande quelque chose dans cet excédant de profits? Voilà un marché évidemment profitable aux deux parties, et, s'il est librement conclu, de quel droit le déclarer illégitime? L'intérêt a dû se

---

(1) On nous objectera peut-être que le capital n'est pas toujours prêté par celui qui l'a créé. Cela est vrai : le capital est transmis par celui qui l'a créé à ses enfants, et ceux-ci seront capitalistes sans travail ; mais le capital amassé par le père l'a été précisément pour que ses enfants n'eussent pas à travailler comme lui. Du reste, que ce capital soit ou non prêté par celui qui l'a créé, cela ne l'empêche pas d'être la représentation d'un travail antérieur; donc, celui qui en est légitime propriétaire (et celui-là est bien légitime propriétaire qui tire ses droits de celui qui a créé ce capital) a bien le droit, s'il le prête, d'en faire payer l'usage à l'emprunteur, car cet usage, l'emprunteur ne l'aurait pas, si un travail, auquel il a été étranger, n'avait pas été accompli; ce travail, il est juste qu'il le rémunère, comme il est juste qu'il paye le travail d'un ouvrier.

présenter ainsi, à l'origine, sous forme d'une part accordée dans le partage des bénéfices, au capital, sur l'excédant des profits que ce capital a permis de réaliser : en d'autres termes, lorsqu'un bénéfice est obtenu par un homme qui a fourni son travail et employé un capital, on peut dire que deux sortes de travail ont coopéré à la formation de ce bénéfice, d'abord le travail actuel fourni par celui qui a réalisé le profit, puis le travail antérieur représenté par le capital ; donc le bénéfice doit se diviser en deux parts, une qui rémunère le travail actuel, une qui rémunère le travail antérieur, c'est-à-dire le capital. La première part est le *salaire ;* la seconde, *l'intérêt.* Voilà l'intérêt à l'origine. Plus tard on a fini par traiter à forfait sur cette part de bénéfice afférente au capital, et l'intérêt, au lieu d'être une participation variable au bénéfice, est devenu une rémunération déterminée ; il a un *taux.* Ce taux tend à baisser en proportion de l'ordre, de l'activité, de l'économie, de la sécurité qui règne dans la société, il tend à baisser à mesure que les capitaux deviennent plus abondants : mais est-ce à dire qu'il doive jamais arriver à zéro?

Il n'en faut pas douter, disent les adversaires de l'intérêt, car l'histoire nous montre que l'intérêt décroît à mesure que la civilisation augmente. Aux temps de barbarie, on le voit à 100 %; au moyen âge, il est à 20, 25 %; aujourd'hui, il est descendu à 8, 6, 5 %. Ainsi l'intérêt tend vers zéro à mesure que la société se perfectionne ; donc il sera zéro quand elle arrivera à la perfection. Et puisque l'intérêt atteste, par son existence même, une imperfection sociale, annulons l'intérêt et nous serons au dernier terme du progrès ; annulons l'intérêt, qui fait passer dans les mains des riches une grande partie du revenu des pauvres : nous rendrons ainsi les fortunes moins dissemblables, les besoins tendront par suite à s'égaliser, et le bonheur de l'humanité en résultera.

Nous en convenons, l'intérêt atteste une imperfection sociale ; oui, si l'homme était parfait, il n'aurait pas à payer d'intérêt, car les capitaux naîtraient pour lui spontanément et sans mesure, ou, plutôt, il n'aurait pas besoin de capitaux. Mais peut-on dire : « L'homme est perfectible ; à mesure qu'il approchera de la perfection, l'intérêt baissera : donc supprimons l'intérêt pour réaliser la perfection sociale ? » Non, on ne peut pas le dire. Sans doute, à un certain point de vue, celui de la perfection absolue, l'intérêt est une imperfection, un mal, car il n'existe que parce que nous avons besoin de capitaux ; mais à un autre point de vue, celui de l'infirmité humaine, l'intérêt est un bien : il est un bien, car, dans les conditions où nous vivons, nous avons sans cesse besoin de capitaux et de capitaux chaque jour plus abondants ; or, l'intérêt a précisément pour but de récompenser le travail qui produit les capitaux, et, par conséquent, il ne peut qu'augmenter le nombre des capitaux. De même, nos yeux attestent une imperfection, car ils ne nous permettent pas de voir au delà d'une certaine distance, et, à un autre point de vue, ils sont un bien, car nous pouvons, grâce à eux, voir jusqu'à cette certaine distance. Ainsi, l'intérêt nous montre que nous ne sommes pas parfaits ; mais, en le supprimant, nous n'approcherions pas plus de la perfection que nous n'arriverions, en crevant nos yeux, ces yeux dont la puissance très-limitée montre l'imperfection de nos organes, à voir à une distance infinie. En résumé, l'intérêt atteste une imperfection sociale, un mal; notre œil, dont la puissance est bornée, atteste une imperfection physique, un mal: mais, comme le dit très-bien Bastiat, « ce que l'on nomme ici un mal est en même temps un remède; ce n'est pas la suppression du remède qui fait la perfection, c'est au contraire la perfection qui rend le remède inutile. » Créons donc autour de nous les habitudes d'ordre et d'économie, tâchons de faire régner la sécurité, perfectionnons-nous, et l'intérêt baissera naturellement; mais de ce que, dans une société arrivée à la perfection, il n'y aurait pas d'intérêt, ne concluons pas que, pour faire marcher la société vers la perfection, il faille supprimer l'intérêt.

Quant à nous, nous sommes bien convaincus que le taux de l'intérêt, le taux de ce service rémunératoire du prêt, baissera sans cesse, mais n'arrivera jamais à zéro. On sait quelle est la loi de l'offre et de la demande; c'est d'après elle que s'établit le taux de l'intérêt: plus une chose est facile à se procurer, moins on rend service en la prêtant, plus faible doit être l'intérêt; plus les capitaux deviennent abondants et par suite faciles à se procurer, plus l'intérêt doit baisser; mais, de ce que l'intérêt baisse et doit toujours baisser ne concluons pas qu'il s'annule jamais: en effet, le travail ne vivra jamais sans récompense; le prêteur se privera toujours en prêtant, toujours il courra le risque de n'être pas remboursé, et toujours, par le prêt, il rendra service à l'emprunteur. Le principe d'une rémunération existe donc absolument dans le prêt:

cette rémunération peut diminuer ; mais, comme elle est
de l'essence du prêt, elle ne peut pas s'anéantir. Le jour
où les maisons, les outils, naîtront spontanément, le
jour où l'argent s'amassera de lui-même dans les coffre-
forts sans que l'homme ait besoin d'ordre et d'économie,
le jour où le capital ne sera plus du travail mis en
réserve, le jour où nous aurons tous à notre volonté tous
les capitaux qui nous seront nécessaires, l'intérêt pourra
disparaître ; mais ce jour n'arrivera jamais : l'intérêt ne
sera donc jamais nul et il doit tellement peu le devenir
que si, par la pensée, nous le supposons, à un moment
donné, anéanti, la force des choses le ferait renaître
immédiatement ; en effet, l'intérêt ayant disparu, on
n'épargnerait plus, on ne se priverait plus pour amasser
des capitaux ; par suite les capitaux deviendraient moins
abondants et l'intérêt, qui s'élève toujours lorsque la
masse des capitaux diminue, reparaîtrait sur-le-champ.
Ainsi le taux de l'intérêt pourra aller toujours en décroissant, mais il ne sera jamais nul : que si on trouve
étonnant de voir l'intérêt décroître toujours sans atteindre
jamais zéro, nous répondrons qu'une valeur peut très-
bien croître sans cesse et ne pas dépasser cependant une
certaine limite déterminée, de même qu'une valeur peut
décroître sans cesse et ne jamais arriver à zéro ; les
mathématiques nous en offrent un nombre infini
d'exemples ; nous n'en citerons qu'un seul : tout le monde
sait que la surface d'un polygone régulier inscrit dans
un cercle augmente avec le nombre des côtés de ce polygone, mais en restant toujours plus petite que la surface
du cercle ; de même, la surface d'un polygone régulier
circonscrit à un cercle diminue à mesure que le nombre

des côtés du polygone augmente, mais elle reste toujours plus grande que celle du cercle (1).

Nous venons de démontrer que l'intérêt ne peut s'annuler; que le prêt porte en lui-même le principe d'une rémunération ; que, grâce à l'intérêt, les capitaux deviennent chaque jour plus abondants; en un mot, que l'intérêt est absolument nécessaire. Ajoutons que l'intérêt est utile à tous, non-seulement aux capitalistes, mais aussi à ceux qui le payent, aux ouvriers. Ce résultat paraît d'abord singulier, mais il est bien facile d'en constater l'exactitude. Un ouvrier peut aller aujourd'hui, en chemin de fer, de Paris à Bordeaux, en quinze heures et pour trente francs : sans doute, une partie de ces trente francs va rémunérer le capital qui a été employé dans la construction et l'entretien du chemin de fer (car l'intérêt servi aux capitalistes, grâce auxquels le chemin de fer a pu être fait, est naturellement payé par ceux qui usent de ce chemin de fer) ; notre ouvrier paye donc là un *intérêt*, mais il ne peut pas s'en plaindre : en effet, pour établir un chemin de fer, il faut de toute nécessité des capitaux ; or, quel est le capitaliste qui aurait voulu consacrer un capital quelconque à l'établissement du chemin de fer de Paris à Bordeaux, si ce capital n'avait pas dû être rémunéré, si un certain intérêt ne devait pas lui

---

(1) Autre exemple bien connu de tous les mathématiciens : La différence entre *les ordonnées* de deux points situés, l'un sur une branche d'hyperbole, l'autre sur l'asymptote de cette branche, et ayant tous les deux la même *abscisse*, va sans cesse en diminuant à mesure que l'abscisse croît, mais sans s'annuler jamais : en d'autres termes, une branche d'hyberbole et son asymptote se rapprochent de plus en plus sans se rencontrer jamais.

être payé? Évidemment ce chemin de fer n'eût pas été fait et le voyage de Paris à Bordeaux en quinze heures et pour trente francs serait une chose impossible si cette rémunération du capital, qu'on appelle l'intérêt, n'existait pas. L'intérêt que paye notre ouvrier aux capitalistes, dont les capitaux ont été employés dans l'établissement du chemin de fer, lui est donc utile à lui-même, car si les voyageurs (et cet ouvrier est un voyageur) ne payaient pas à ces capitalistes un certain intérêt, le chemin de fer n'aurait pas été fait. D'une manière générale nous pouvons dire ceci : si on ne rémunère pas le capital, ceux qui ont des capitaux les garderont évidemment pour eux-mêmes, et ils auront bien raison : pourquoi se priveraient-ils puisque cette privation ne doit rien leur rapporter? Ils ne fourniront donc pas de capitaux à ceux qui n'en ont pas. Qui souffrira d'un pareil état de choses? Tout le monde, et surtout ceux qui n'ont pas de capitaux, c'est-à-dire ceux qui aujourd'hui payent un intérêt. Donc, la rémunération du capital est utile même à ceux qui la fournissent. D'autre part, cette rémunération diminue de plus en plus à mesure que le capital abonde : mais, pour qu'il abonde, il faut qu'on le forme, c'est-à-dire qu'on soit intéressé à le former ; et pour qu'on soit intéressé à le former, il faut être soutenu par l'espoir d'une rémunération.

Eh bien ! soit, disent les adversaires de l'intérêt : admettons que le capital doive être rémunéré. Oui, le prêteur, qui cède l'usage de sa chose à l'emprunteur, se prive réellement de l'usage de cette chose et il doit être dédommagé de la privation momentanée qu'il éprouve. Que faut-il en conclure? pour que l'équité soit satisfaite, il faut, dans un contrat, que les valeurs échangées soient égales, que les services rendus réciproquement soient équivalents; donc *l'usage* doit payer *l'usage*; donc l'homme qui a emprunté cent francs pour un an, c'est-à-dire qui a pendant un an *l'usage* de cent francs (1), doit (après avoir au bout de l'année rendu les cent francs) fournir à son prêteur, pendant un an aussi, l'*usage* de cent autres francs : l'*usage* de cent francs pendant un an est payé par l'*usage* de cent francs pendant un an; il y a égalité dans les valeurs échangées, dans les services mutuellement rendus; l'équité est satisfaite. _Mais si l'emprunteur donne à son prêteur, pour payer l'*usage* des cent francs qu'il a empruntés, cinq francs en *propriété* pleine et entière, il n'y a plus égalité, équivalence, dans les valeurs échangées. Ajoutons que le prêteur qui se fait ainsi payer un usage qu'il cède par une pleine propriété qu'on lui accorde, reçoit au bout de quatorze ans, à titre de rémunération, la valeur de la chose prêtée, en cent ans dix fois cette valeur, etc., sans jamais cesser d'être propriétaire de la chose prêtée, de sorte que l'usage de cent francs équivaudra à la propriété de cent francs, mille francs, etc. Donc, évidemment les valeurs échangées ne sont plus égales et les services réciproquement rendus ne se valent plus.

Sans doute, répondent les partisans de l'intérêt, les

---

(1) On dira peut-être que l'emprunteur n'a pas seulement l'*usage* de la chose prêtée, qu'il en est *propriétaire.* Comme le fait remarquer Turgot, ce n'est là qu'une misérable équivoque : « Il est vrai que l'emprunteur devient propriétaire de la chose, considérée physiquement; mais il ne l'est pas de la valeur de la chose, puisque cette valeur ne lui est confiée que pour un temps et pour être rendue à l'échéance, etc. »

valeurs échangées doivent être égales : mais, l'usage d'une valeur est lui-même une valeur, il est parfaitement susceptible d'être évalué ; pourquoi dès lors ne pourrait-il pas être échangé contre la propriété d'une valeur? Certainement l'usage d'une valeur peut être moins utile qu'une pleine propriété ; mais, à coup sûr aussi, il peut l'être plus : si l'usage de cent francs pendant un an est moins utile que la propriété de cent francs, il l'est plus que la propriété de cinq centimes ; donc il y a évidemment, entre cent francs et cinq centimes, une somme dont la pleine propriété peut être payèe par l'usage de cent francs pendant un an. Sans doute les valeurs échangées, les services mutuellement rendus, doivent être égaux ; mais est-ce à dire qu'ils doivent être identiques? Si on l'admet, si on croit que l'emprunteur d'une somme de cent francs, pour un an, doive à son prêteur, pour payer le service qu'il en reçoit, l'usage d'une autre somme de cent francs, aussi pendant un an, il faut admettre que le chapelier puisse exiger de son client, en échange du chapeau qu'il lui livre, non pas une somme d'argent, mais un autre chapeau, et que le locataire d'une maison devra à son bailleur, non pas une somme d'argent, mais l'usage d'une autre maison, etc.; dès lors, il n'y a plus une seule transaction qui puisse subsister. Quant à nous, nous croyons que lorsqu'un homme rend un service à un autre homme, il a droit de lui demander une rémunération ; il faut que cette rémunération soit évaluée librement : maintenant, qu'elle soit payée en argent, en denrées, en travail, etc., peu importe. En résumé, le service rendu et la rémunération de ce service doivent être équivalents, ou, du moins, jugés tels par les parties; mais ils peuvent fort bien être de nature différente : l'usage d'une somme peut donc, si les parties le trouvent bon, payer la propriété d'une somme. Du reste, pourquoi l'emprunteur, auquel on ne cède qu'un usage, consent-il à donner une pleine propriété? S'il accepte les conditions du prêteur c'est qu'il les trouve avantageuses pour lui ; il est libre de ne pas emprunter ; le prêteur ne l'y force pas : si donc il consent à payer un intérêt c'est qu'il le veut bien. Dès lors le marché est entre eux librement conclu : de quel droit direz-vous que la rémunération librement payée par l'emprunteur et acceptée par le prêteur est illégitime ?

Comment! répondent nos adversaires : de ce que le prêteur n'oblige pas l'emprunteur à prendre son argent, pouvez-vous conclure que l'emprunteur soit libre? Sous le prétexte que le prêteur ne force pas l'emprunteur de recourir à lui, permettrez-vous à ce prêteur de stipuler l'intérêt le plus élevé qu'il pourra tirer de l'emprunteur? Voyez donc les résultats auxquels vous arrivez!

Voilà un insulaire parfaitement pourvu de toutes choses; il rencontre un naufragé que la mer a jeté sur la plage et qui lui demande des aliments pour se nourrir, des armes pour défendre sa vie, des outils pour se construire un abri : direz-vous que cet insulaire, en prêtant au naufragé des aliments, des armes et des outils, a le droit de stipuler un intérêt de cent pour cent? Évidemment il ne l'a pas : et cependant il ne force pas le naufragé à emprunter aliments, armes et outils ; le naufragé est libre de ne pas les emprunter ; le prêteur ne fait que tirer parti de sa position et n'oblige pas l'emprunteur à accepter ses conditions. Direz-vous donc que s'il prend un intérêt de cent pour cent, cet intérêt est légitime ? Non : vous direz, au contraire, que l'insulaire doit prêter au naufragé, à des conditions peu onéreuses pour ce dernier, et même lui prêter sans conditions, c'est-à-dire gratuitement. Vous avouez donc qu'il y a des cas où il faut prêter gratuitement : ainsi il n'est pas de l'essence du capital d'être rémunéré.

Nous répondrons que les exemples tirés des situations extraordinaires ne prouvent jamais rien. Avec des exemples pareils que ne démontrerait-on pas? Un homme tombe dans la rivière : un autre homme passe, et pour le sauver lui demande une somme d'argent; en a-t-il le droit? Évidemment non. Ce qu'il a à faire c'est de secourir celui qui se noie, sans exiger aucune rémunération. Voilà donc un cas où le travail doit être gratuit: en conclurons-nous qu'il n'est pas de l'essence du travail d'être rémunéré? Personne n'oserait le soutenir : il est évident qu'en principe le travail a droit à une rémunération. Or, ce que nous disons là du travail doit être dit du capital : dans certains cas exceptionuels, le capital peut être prêté gratuitement; mais est-ce à dire qu'en principe il ne doive pas être rémunéré et que le prêt gratuit ne soit pas une chimère? Non, et cent fois non. En principe, le salaire et l'intérêt sont tous deux parfaitement légitimes; et quelques cas particuliers, où le travailleur ne doit pas demander de salaire, où le capitaliste ne doit pas demander d'intérêt, ne prouveront jamais l'illégitimité soit du salaire, soit de l'intérêt.

Ces dernières observations terminent ce que nous nous sommes proposés de dire sur la légitimité de l'intérêt. Nous pourrions nous étendre très-longuement encore sur cette matière, montrer par exemple comment Proudhon a proposé d'organiser, sinon le prêt gratuit, du moins le prêt à un demi ou trois quarts pour cent, au moyen d'une banque nationale qui, se contentant de couvrir ses frais généraux et renonçant aux immenses bénéfices de la Banque de France, pourrait faire crédit à un demi ou trois quarts pour cent et forcerait ainsi les autres capitalistes à ramener le taux de leurs avances à peu près à son niveau. Nous n'étudierons pas ce système de Proudhon : il nous faudrait beaucoup de temps pour l'exposer d'une manière complète et pour dire tout ce qu'il renferme de chimérique et d'absolument irréalisable au milieu d'idées justes et dignes après tout d'être méditées. Cette étude nous entraînerait en dehors des limites que le caractère juridique de cette thèse ne nous permet pas de franchir. Nous en avons bien assez dit pour montrer que la gratuité du crédit est une utopie. Cette utopie, du reste, est généralement abandonnée aujourd'hui.

Après avoir montré que le prêt à intérêt est légitime, nous allons nous demander si cette légitimité a été admise par les législateurs et voir comment ils ont compris la théorie du prêt à intérêt.

CHAPITRE III.

DU PRÊT A INTÉRÊT CHEZ LES JUIFS ET CHEZ LES GRECS.

SECTION I.

Du prêt à intérêt chez les juifs.

La loi mosaïque permettait le prêt à intérêt entre les juifs et les étrangers; elle l'interdisait au contraire de juif à juif : quel pouvait être le motif de cette prohibition qui ne frappait le prêt à intérêt qu'entre juifs et ne s'appliquait pas aux étrangers? La nation juive, a-t-on dit, était peu considérable, pauvre, isolée de ses voisins; et c'est pour lui donner quelque force, au sein de sa pauvreté et de son isolement, que Moïse voulut fortifier les liens qui unissaient entre eux les Hébreux; il voulait faire des Hébreux un peuple de frères : c'est cette pensée qui explique la prescription du prêt gratuit et c'est à elle aussi que se rapporte cette loi qui libérait les débiteurs de leurs dettes, tous les sept ans, loi qui pouvait avoir des avantages à cette époque reculée et chez un petit peuple, mais dont la pratique serait de nos jours absolument impossible. Ainsi, la prohibition de l'intérêt, établie par Moïse, reposait sur des considérations sociales et politiques et n'était pas un précepte de morale : il faut donc repousser cette opinion qui admettrait que Jésus n'a fait que généraliser, en l'étendant à toutes les nations, la prohibition de Moïse relative aux juifs. La prohibition Mosaïque et celle de Jésus n'ont pas le même caractére, car celle-ci reposait bien sur un principe absolu de morale. Puisqu'elles n'ont pas le même caractère, l'une ne peut pas être le complément de l'autre.

Quant aux *étrangers* avec lesquels le prêt à intérêt était permis, on ne sait trop quels ils étaient. D'après certains auteurs il s'agirait ici des Tyriens et des Sidoniens, c'est-à-dire des peuples qui avaient les rapports les plus fréquents avec les juifs; d'après d'autres auteurs, des *sept peuples maudits* dont la loi prescrivait l'extermination. Mais, dans le premier cas, on ne comprend guère comment les peuples, dont les rapports étaient les plus fréquents avec les juifs, auraient été les moins bien traités par la législation juive; on ne voit pas davantage, dans le second cas, pourquoi le législateur aurait spécialement permis de prélever un intérêt sur des individus dont l'extermination était ordonnée. Aussi admet-on généralement, et nous adoptons pleinement cette opinion, qu'il s'agit ici, non pas de tels ou tels étrangers, mais en général de tous les étrangers qui ne résidaient pas en Judée. (1).

Quant à nous, la véritable raison de la différence qu'introduisait Moïse entre les juifs et les étrangers, était celle-ci : les relations commerciales des juifs avaient lieu avec les étrangers ; entre juifs les transactions étaient presque toutes non commerciales. De la sorte la dis-

---

(1) Les étrangers résidant en Judée étaient traités par la loi mosaïque comme les Juifs eux-mêmes, c'est-à-dire que le prêt à intérêt était défendu entre eux, et aussi entre eux et les Juifs.

tinction admise par Moïse était très-analogue à la distinction qu'on a souvent proposée et qu'on propose encore de nos jours, en matière de limitation d'intérêt, entre le crédit civil et le crédit commercial (1).

Ajoutons que, dans les cas où le prêt à intérêt était permis, c'est-à-dire en réalité dans les matières commerciales, le taux de l'intérêt n'était pas limité.

SECTION II.

Du prêt à intérêt chez les Grecs.

Le prêt à intérêt était connu chez les Grecs, non pas à Lacédémone, cité peu commerçante où le numéraire existait à peine, mais à Athènes, ville de commerçants et surtout de navigateurs. Non-seulement, le prêt à intérêt exista à Athènes, mais l'intérêt y était libre ; il dépendait de la volonté seule des contractants, et souvent il put atteindre les taux les plus élevés : le plus souvent ce taux était de 18 ou 24 %, mais il alla quelquefois jusqu'à 36 et 48 % et jamais il ne descendit au-dessous de 12 %. C'était surtout dans la commerce maritime, auquel les Athéniens se livraient ardemment avec l'Egypte et la Syrie, que le taux arriva aux limites les plus élevées : cependant, comme l'argent se portait en très-grande quantité vers ce commerce de mer, il en résulta qu'il devint rare dans le commerce terrestre et que par suite il

---

(1) Aujourd'hui, on ne propose pas de supprimer l'intérêt au civil, tandis qu'on le laisserait subsister dans le négoce ; mais on propose de laisser l'intérêt libre en matière commerciale et de limiter en matière non commerciale.

y était également très-cher ; dans le commerce terrestre l'intérêt atteignait donc aussi un taux très-haut : en général, l'intérêt dans le commerce terrestre s'élevait aux quatre cinquièmes de l'intérêt maritime.

Pour calculer les intérêts, les Athéniens prenaient comme type du capital prêté le nombre cent, parce que la pièce de monnaie le plus en usage chez eux était la *mine* qui valait *cent drachmes*. Le calcul des intérêts était mensuel : ainsi, l'emprunteur qui donnait deux drachmes pour cent payait en réalité un intérêt de 24 °/₀.

Quoique la loi autorisât le prêt à intérêt, les prêteurs à intérêt étaient condamnés par l'opinion publique et les philosophes : Aristote, dans sa politique, traite de l'intérêt et le réprouve ; les pièces de monnaie, choses stériles à ses yeux, ne peuvent produire des intérêts, c'est-à-dire des fruits : c'est là un argument qui n'eut peut-être pas une bien grande influence sur les contemporains d'Aristote, mais que devaient invoquer plus tard les théologiens, les canonistes, tous les adversaires de l'intérêt. Plutarque fait un ouvrage spécial pour détourner des emprunts ; les paroles que feront entendre plus tard les Pères de l'Eglise, lorsqu'ils condamneront le prêt à intérêt, ne sont pas plus sévères que celles de ce philosophe païen : « Quoi ! dit-il, vous êtes des hommes, vous avez des pieds, des mains, des voix, et vous dites que vous ne savez de quoi vous nourrir ! Les fourmis ne prêtent ni n'empruntent ; elles n'ont cependant ni mains, ni arts, ni raison ; mais elles vivent de leur travail parce qu'elles se contentent du nécessaire. Si on voulait se contenter du nécessaire, il n'y aurait plus d'usuriers.... » Mais, malgré les efforts des philosophes, le prêt à intérêt était toujours en vigueur.

Du reste, soit à Athènes, soit à Lacédémone, soit dans les autres républiques de la Grèce où le prêt à intérêt s'introduisit et dont nous ne parlons pas parce que nous n'avons sur leurs législations que des notions très-imparfaites, les discussions de la place publique n'avaient pas pour objet la réduction des dettes ou la diminution de l'intérêt : à Rome, nous verrons, au contraire, ces questions agiter sans cesse le Forum. Comment comprendre que la même cause, le prêt à intérêt, ait produit des résultats aussi différents ! L'explication n'est pas difficile à trouver : les républiques grecques étaient commerçantes, les emprunteurs étaient des commerçants ; or, ce commerce donne des bénéfices considérables et rapides : les emprunteurs grecs trouvaient ainsi, dans les bénéfices du commerce, la compensation des charges que leur imposaient les emprunts. A Rome, au contraire, il y avait très-peu de commerce et les prêts étaient faits par les patriciens aux plébéiens, c'est-à-dire aux agriculteurs pauvres ; ceux-ci ne trouvant pas dans l'agriculture une source bien abondante de revenus, et forcés de payer des intérêts considérables, souffraient beaucoup, et de là sortirent les révoltes que nous aurons à raconter en traçant l'histoire du prêt à intérêt chez les Romains.

CHAPITRE IV.

DU PRÊT A INTÉRÊT CHEZ LES ROMAINS.

En droit romain l'intérêt portait le nom d'*usura* ; on l'appelait aussi *fœnus :* quelques auteurs ont soutenu que le mot *fœnus* ne s'appliquait pas aux intérêts, mais seulement au prêt à intérêt, et que le nom de l'intérêt était toujours *usura*. Cette opinion n'est pas exacte : nous reconnaissons bien que *fœnus* s'entend du prêt à intérêt, tandis qu'*usura* ne désigne jamais que l'intérêt ; mais une foule de textes nous prouvent très-clairement que *fœnus* s'entendait aussi de l'intérêt lui-même. Quelle est, du reste, l'étymologie de ces deux mots ? C'est ce qu'il nous importe fort peu de savoir, et ce qu'il serait très-difficile, pour ne pas dire impossible, de décider avec quelque certitude au milieu des conjectures diverses formées à ce sujet par les savants.

SECTION I.

Dans quels cas des intérêts conventionnels peuvent-ils être
dus à la suite d'un mutuum ?

Avant de parler des intérêts dus à la suite d'un *mutuum*, il est indispensable d'indiquer rapidement les éléments essentiels qui caractérisent ce contrat.

Le *mutuum*, ou prêt de consommation, est un des quatre contrats qui se forment *re,* c'est-à-dire qui n'existent qu'autant que le fait d'une tradition est venu se joindre à l'accord des volontés. Deux éléments essentiels caractérisent le *mutuum* : d'abord, une aliénation consentie par l'une des parties au profit de l'autre ; puis, une obligation contractée par cette dernière partie et ayant pour objet des choses de même nature et de même valeur que celles qui lui ont été fournies. De là, certaines conséquences à tirer : si celui qui joue le rôle de prêteur n'est pas propriétaire de la chose qu'il prête, ou, du moins, s'il n'a pas le pouvoir de l'aliéner, le *mutuum* n'est pas valable ; il ne l'est pas non plus si celui qui joue le rôle d'emprunteur n'est pas capable de s'obliger par *mutuum*.

L'obligation de l'emprunteur a pour objet, avons-nous dit, des choses de même nature et de même valeur que celles qu'il a reçues ; en un mot, elle a pour objet non pas un corps certain mais une *quantité* : c'est ce qu'on exprime souvent en disant que dans le *mutuum* les choses sont *fongibles*. On entend par choses fongibles toutes les choses qui peuvent être remplacées par d'autres choses d'égale quantité et qualité ; et, de là il ressort immédiatement que toutes les choses sont fongibles, car elles peuvent toutes, si telle est la volonté des parties, être remplacées par des choses de même espèce.

Celui qui est obligé par suite d'un *mutuum* est tenu d'une *condictio de certa pecunia* s'il a emprunté une somme d'argent (1), et, s'il a emprunté autre chose que

---

(1) Le demandeur qui avait à employer cette action se servait de la formule : *Si paret centum dare oportere, judex centum condemna.* On voit que la *contemnatio* est *certa* comme l'*intentio*.

de l'argent, il est tenu d'une *condictio de certa alia re* (1).

Ces notions générales données sur le *mutuum*, voyons dans quels cas et comment le prêteur peut être créancier d'intérêts.

Faisons remarquer, avant tout, que nous ne nous occupons ici, comme l'indique la rubrique de cette section, que des intérêts conventionnels et non des intérêts moratoires. Les intérêts moratoires sont-ils dus à la suite d'un *mutuum?* C'est là une question que nous n'avons pas à traiter : du reste, nous pouvons noter, en passant, que dans le *mutuum*, comme dans les autres contrats *stricti juris*, il ne peut jamais être dû d'intérêts moratoires.

La créance d'intérêts ne peut être engendrée ni *re*, ni *litteris* : en effet, dans tous les contrats *re* il y a une tradition et dans tous les contrats *litteris* une *expensilatio;* or, lorsqu'il se forme entre le prêteur et l'emprunteur une obligation relative à un payement d'intérêts, il n'y a évidemment ni tradition, ni *expensilatio*. Puisque la créance d'intérêts ne peut naître ni *re*, ni *litteris*, elle doit nécessairement être formée *verbis* ou *consensu*, elle doit résulter d'une stipulation ou d'un pacte : mais, peut-elle résulter soit d'une stipulation, soit d'un pacte? C'est ce que nous avons à examiner.

Quant à la stipulation, pas de difficultés : si une stipulation d'intérêts est jointe à un *mutuum*, le prêteur aura par la *condictio certi* son capital, et les intérêts

---

(1) Le demandeur qui avait à employer cette action se servait de la formule : *Si paret Stichum servum oportere, judex quanti ea res erit tantam pecuniam condemna.* Ici, l'*intentio* est *certa;* mais la *condemnatio* est *incerta.*

par une *condictio incerti* (1). Cette stipulation d'intérêts que nous trouvons ici jointe à un *mutuum* peut être ajoutée à tout autre contrat, par exemple à une vente ou à une stipulation : dans ce dernier cas, on a ainsi deux stipulations successives, l'une du capital, l'autre des intérêts ; la créance du capital et la créance des intérêts peuvent alors être créées par une seule opération, l'une des parties stipulant successivement le capital, puis les intérêts, et l'autre partie répondant une seule fois : *spondeo*. Du reste, même dans ce cas là, où le mot *spondeo* n'est prononcé qu'une seule fois, il y a bien au fond deux stipulations, l'une du capital donnant naissance à une *condictio certi*, l'autre des intérêts donnant naissance à une *condictio incerti* (2).

Que décider dans le cas où l'emprunteur aurait promis des intérêts par un simple pacte ? Pour résoudre cette question, nous devons distinguer deux cas, car le pacte peut être ajouté au *mutuum*, soit *in continenti*, soit *ex intervallo*.

Supposons d'abord un pacte joint *in continenti* à un *mutuum*.

---

(1) La formule à employer était : *Quidquid ob eam rem dare facere oportet, ejus judex condemna.* L'*intentio* et la *condemnatio* étaient toutes les deux *incertœ*.

(2) Notons que très-souvent, dans la pratique romaine, on ajoutait au *mutuum* une stipulation du capital prêté. Dans ce cas là, lorsque le prêteur stipulait des intérêts de l'emprunteur, la stipulation d'intérêts venait s'ajouter à la stipulation du capital, et, le plus souvent, les deux stipulations étaient réunies en une seule, comme nous l'avons expliqué. Ainsi, très-ordinairement, il y avait d'abord *mutuum*, puis stipulation à la fois du capital et des intérêts.

Lorsque je vous prête *dix,* nous pouvons bien convenir par un simple pacte que vous me rendrez *neuf,* (dans ce cas là, il y a prêt de *neuf* et donation *d'un*) et *ipso jure* vous ne me devrez que neuf ; mais, lorsque je vous prête *neuf,* nous ne pouvons pas ajouter à ce prêt un pacte par lequel vous aurez à me rendre *dix* : le pacte ne vaut donc pas ici *ad augendam obligationem* ; c'est ce qu'Ulpien (1) et Paul (2) nous disent formellement. Ainsi, en vertu du pacte ajouté à un *mutuum,* des intérêts ne peuvent être dus civilement. Voilà la règle générale. Cette règle est soumise à quelques exceptions que nous examinerons plus loin ; mais, avant de parler de ces exceptions, nous devons, sans entreprendre, du reste, une étude approfondie de la matière des pactes, nous poser une question : ce que nous venons de dire de l'effet du pacte ajouté à un *mutuum* est-il l'application pure et simple d'une règle générale d'après laquelle le pacte ajouté *in continenti* à un contrat *stricti juris* quelconque, *ad augendam obligationem,* ne produirait aucun effet? ou bien, au contraire, faut-il dire que le pacte ajouté à un contrat *stricti juris* (le *mutuum* excepté) fait partie de ce contrat et produit une action, quand même il serait ajouté *ad augendam obligationem?* Nous admettons, sans hésiter un instant, la seconde opinion : nous croyons, malgré le nombre et l'autorité des partisans de l'opinion contraire, que les jurisconsultes romains traitaient, au point de vue de l'effet du pacte ajouté *in continenti,* la stipulation autrement que le *mutuum,* et qu'ils appliquaient à la

---

(1) L. 11, § 1, D., *De rebus creditis* (XII, 1).
(2) L. 17, pr., D., *De pactis* (II, 14).

stipulation le même principe qu'aux contrats de bonne foi; or, tout le monde sait que le pacte ajouté *in conti- nenti* à un contrat de bonne foi, même *ad augendam obligationem*, fait partie intégrante de ce contrat, et que l'exécution en est assurée au moyen de l'action même du contrat. Nous croyons donc que. lorsqu'un pacte est ajouté *in continenti* à une stipulation, il en fait partie intégrante, et produit toute son efficacité, quand même il augmenterait .l'obligation du promettant. C'est ce que nous allons démontrer.

On sait que, dans une stipulation, lorsque la demande et la réponse ne concordent pas, .cette stipulation est nulle; mais le vice disparaît s'il intervient sur-le-champ un pacte qui manifeste l'accord de volontés des parties et montre leur intention de rendre concordantes la de- mande et la réponse. Ainsi, voilà une stipulation qui était nulle parce que la demande et la réponse n'étaient pas *inter se congruentes;* elle peut devenir valable par l'effet d'un pacte intervenu *in continenti :* c'est ce que nous trouvons formellement dit dans un texte d'Ul- pien (1). Que conclure de là? Puisque un pacte ajouté *in continenti* peut avoir pour effet de rendre valable une stipulation absolument nulle, de créer une obligation qui n'existait pas, il doit *a fortiori* pouvoir modifier une stipulation parfaitement valable, lorsque les parties, au moment même où cette stipulation vient d'être faite, s'accordent pour y changer quelque chose; puisqu'il peut suppléer d'une manière compléte à la stipulation,

----

(1) L. 1, § 3, D., *De verborum obligationibus.*

il doit pouvoir augmenter l'obligation qui est née d'une stipulation très-régulière, à laquelle il serait ajouté. Voilà évidemment un argument d'une puissance extrême et auquel, du reste, les partisans de l'opinion contraire n'ont jamais répondu que par des objections sans valeur. Citons deux de ces objections : d'abord, dit-on, remarquez les derniers mots du texte d'Ulpien cité plus haut (L. 1, § 3, D. *De verb. oblig.*) ; le jurisconsulte s'exprime ainsi : « Si la demande et la réponse ne sont pas concordantes, la stipulation est nulle ; mais ce vice disparaît immédiatement par l'intervention d'un pacte qui montre l'accord de volontés, *tunc enim alia stipulatio contracta esse videtur.* » Vous voyez douc bien, nous dit-on, qu'Ulpien ne base pas sa décision sur la présence d'un pacte *in continenti,* mais sur ce *qu'il paraît y avoir une nouvelle stipulation :* puisqu'il y a une nouvelle stipulation, c'est que la première est restée nulle, donc le pacte n'a pas rendu valable une stipulation nulle, et, par suite, on ne peut tirer de ce texte d'Ulpien aucun argument *à fortiori.* — Telle est l'objection ; il est facile de montrer qu'elle n'est pas sérieuse. Allons, en effet, au fond des choses. Voilà une stipulation qui est nulle et qui cependant, un pacte étant intervenu, produit tout son effet. Tel est le résultat constaté par le jurisconsulte. Sans doute il ajoute que, par l'intervention du pacte, les choses se passent comme s'il y avait eu une nouvelle stipulation, *alia stipulatio ;* mais c'est là précisément ce que nous disons. Oui, les choses se passent comme si, au moment où le pacte a eu lieu, une seconde stipulation s'était formée entre les parties ; mais, en réalité, y a-t-il eu une nouvelle stipulation ? évidemment non ;

car une stipulation ne naît jamais d'un simple accord·
de volontés. Ainsi, le pacte étant intervenu, nous avons
une stipulation valable, et cependant il est certain que
le pacte ne peut former une stipulation ; donc c'est l'ancienne stipulation qui est devenue valable. Dire que les
choses se passent comme s'il y avait eu une nouvelle stipulation, c'est donc dire en réalité que l'ancienne stipulation, qui était nulle parce qu'elle présentait un vice,
cesse d'être nulle parce que, grâce au pacte, ce vice disparaît ; par suite nous avons bien le droit de dire que le
pacte a rendu valable la stipulation qui ne l'était pas :
notre raisonnement conserve toute sa force. — Voici la
seconde objection : Dans un texte du *Digeste*, connu
sous le nom de loi *Lecta* (1), Paul nous dit que, d'après
certains jurisconsultes, le pacte intervenu dans une stipulation *in continenti, ad minuendam obligationem*, ne
produit son effet qu'*exceptionis ope* ; Paul, dit-on, fait
ici évidemment allusion à Ulpien. Ainsi Ulpien n'admet
pas que le pacte intervenu *ad minuendam obligationem*
fasse partie de la stipulation ; donc, il ne peut pas admettre que le pacte intervenu *ad augendam obligationem*, qui est vu moins favorablement, fasse partie du
contrat. L'argument *à fortiori*, tiré de la loi 1, § 3, *De
verb. oblig.*, disparaît donc. — Voilà l'objection ; elle ne
résiste évidemment pas à l'observation bien simple que
voici : Rien ne prouve que, dans la loi *Lecta*, Paul fasse
allusion à Ulpien.

Cette loi Lecta, qu'on invoque contre nous, fournit, au

____

(1) L. 40, D., *De reb. cred.* (XII, 1).

contraire, un argument en faveur de notre système. Nous y lisons, en effet, textuellement ces mots : *pacta in continenti facta stipulationi esse creduntur*, le pacte joint à une stipulation *in continenti* est compris dans cette stipulation. Voilà le principe posé dans la loi *Lecta*. On nous objectera que, dans cette loi, il est seulement question d'un pacte intervenu *ad minuendam obligationem*, que le principe posé par elle s'applique par suite à ce seul genre de pacte; c'est ce que fait remarquer notre excellent maître, M. Vernet, dans ses *Textes choisis sur la théorie des obligations*, où il a étudié la loi *Lecta* avec le plus grand soin et dans tous ses détails. Nous reconnaissons bien que, dans cette loi, le jurisconsulte n'examine que le cas d'un pacte intervenu *ad minuendam obligationem;* mais, de ce qu'il ne s'occupe pas du pacte intervenu *ad augendam obligationem* (pacte dont il n'était pas question dans l'espèce et dont il n'avait pas à parler), est-ce une raison pour conclure, avec M. Vernet, que ce pacte soit soumis à d'autres règles? Il nous semble bien téméraire de l'admettre, si l'on remarque surtout que le jurisconsulte, tout en se bornant à examiner une espèce où il est question d'un pacte intervenu *ad minuendam obligationem*, ne dit absolument rien d'où l'on puisse inférer que le pacte intervenu *ad augendam obligationem* soit gouverné par des principes différents; tout au contraire, la règle qu'il pose dès les premiers mots du texte, règle dont il fait ensuite une application particulière au cas qu'il a à examiner, est conçue dans les termes les plus généraux (*pacta in continenti facta stipulationi esse creduntur*) et semble bien régir tous les pactes joints *in continenti* à une stipulation. Si cette règle eût été absolument spéciale aux pactes qui diminuent l'obligation, le jurisconsulte aurait-il employé des expressions aussi générales, et peut-on croire que, dans cette loi *Lecta*, qui est si longue, il n'y aurait pas un seul mot indiquant que les règles dont il s'agit ici ne s'appliquent pas aux pactes qui augmentent l'obligation? En résumé, nous croyons que la loi *Lecta*, bien loin d'être contraire à notre système, lui fournit des arguments. Nous ne voyons pas non plus d'objections sérieuses à tirer contre nous de la loi 7, § 5, D. *De pactis* (II, 14). Cette loi nous dit que le pacte ajouté à un contrat de bonne foi fait toujours partie intégrante de ce contrat; mais est-ce une raison pour conclure, comme le font nos adversaires, que le pacte joint à une stipulation n'est pas partie intégrante du contrat? Dans ce texte, Ulpien n'oppose pas le moins du monde les contrats de droit strict et les contrats de bonne foi ; pourquoi supposer alors que la règle qu'il pose est spéciale aux contrats de bonne foi? C'est là une supposition purement gratuite.

Remarquons, du reste, et cela a une grande importance à nos yeux, que, dans tout le *corpus juris civilis*, qui nous présente certainement beaucoup de textes, il il n'y en a pas un seul qui dise, même d'une manière vague, que le pacte ajouté *in continenti* à une stipulation, *ad augendam obligationem*, soit incapable de produire une obligation civile ; et, cependant, si telle était la règle, peut-on croire qu'elle ne se trouvât écrite nulle part; peut-on croire que parmi tous les textes, où il est parlé en même temps des pactes qui augmentent l'obligation résultant de la stipulation et de ceux qui diminuent cette obligation, il n'y en aurait pas un seul qui signalât cette différence formelle existant entre les deux classes de pactes?

En voilà bien assez pour montrer que, dans notre opinion, le pacte joint *in continenti* à une stipulation fait, dans tous les cas, partie intégrante du contrat (1) ; nous admettons, par suite, que la règle relative au *mutuum*, posée dans la Loi 11, § 1, *De reb. cred.*, d'après laquelle un pacte, ajouté *in continenti* à un *mutuum*, ne vaut pas *ad augendam obligationem*, est spéciale au *mutuum* et n'est pas l'application d'une règle générale commune à tous les contrats de droit strict. Maintenant, cette règle spéciale au *mutuum* s'applique-t-elle à tous les prêts ou seulement au prêt d'argent? Il est bien certain qu'en pure théorie le prêt de denrées, ou autres marchandises, doit être traité comme le prêt d'argent ; cependant, nous trouvons au Code un fragment de l'empereur Alexandre, qui nous dit que, si de l'orge ou du blé a été donné en *mutuum*, il pourra être convenu par un simple pacte (*pacto nudo*) que l'emprunteur restituera quelque chose de plus que ce qu'il a reçu (2). Nous trouvons aussi, au Code, un autre fragment de l'empereur Philippe, qui admet la même solution dans un prêt d'huile et de toutes

---

(1) On trouvera peut-être que l'examen des effets du pacte joint *in continenti* à une stipulation ne rentre pas dans notre sujet, et que nous avons fait une digression ; mais si l'on songe qu'à Rome le *mutuum* était fréquemment suivi d'une *stipulation* du capital, on comprendra qu'il est très-important, au point de vue du *mutuum*, de savoir si le pacte ajouté *in continenti* à une stipulation *ad augendam obligationem* produit une action.

(2) L. 12, C., *De usuris* (IV, 32)

sortes de fruits (1). Faut-il chercher à concilier ces décisions avec la Loi 11, § 1, *De reb. cred.*, d'après laquelle un pacte ajouté à un *mutuum* ne peut faire que l'emprunteur ait à rendre plus qu'il n'a reçu? D'après M. de Savigny, la Loi 11, § 1, *De reb. cred.*, contient une décision relative seulement au prêt d'argent; et cette décision, de même que celle des empereurs Alexandre et Philippe, s'explique aisément. On sait, en effet, que le système formulaire aboutissait toujours à une *condemnatio* pécuniaire; or, quand il s'agit du prêt d'une somme d'argent, le montant de la *condemnatio* doit nécessairement reproduire le montant de la somme portée dans l'*intentio*, le juge n'a aucune latitude, et si *dix* ont été prêtés, si *dix* par conséquent se trouvent dans l'*intentio*, il ne peut condamner à payer que *dix*. Au contraire, quand il ne s'agit pas d'un prêt d'*argent*, la *condemnatio*, qui doit toujours être pécuniaire, ne peut reproduire l'objet indiqué dans l'*intentio*, puisque cet objet n'est pas de l'argent : alors le juge a à évaluer l'objet indiqué dans l'*intentio*, et il condamne l'emprunteur à payer, non pas cet objet, mais sa valeur; il a donc ici une certaine latitude, un certain pouvoir d'appréciation, et il pourra, dans son évaluation, faire entrer les intérêts, tout en observant la règle que le magistrat lui-même a fixée dans la formule.

L'explication donnée par M. de Savigny, bien que très-universellement admise, ne nous satisfait pas d'une manière complète. Sans doute, le juge a une évaluation

---

(1) L. 23, C., *De usuris.*

à faire dans le cas où l'objet même de l'*intentio* ne peut pas être reproduit dans la *condemnatio;* mais nous ne croyons pas qu'il pût se permettre de fixer à l'objet en litige une valeur plus grande que sa valeur réelle ; la somme d'argent exprimée dans la *condemnatio* devait représenter la valeur de l'objet compris dans l'*intentio.* De ce que l'objet de l'*intentio* ne pouvait pas, à cause de sa nature même, être reproduit dans la *condemnatio,* et de ce que le juge était alors forcé de faire une évaluation, il ne faut pas conclure que, par une conséquence logique et forcée, il puisse tenir compte des intérêts qui ont fait l'objet d'un simple pacte. Nous croyons qu'il ne faut pas chercher là la raison des décisions qu'Alexandre et Philippe ont rendues au sujet des prêts de denrées, mais dans la grande variation dont le prix des denrées est susceptible; c'est précisément, du reste, le motif que met en avant l'empereur Philippe, lorsqu'il nous dit : *Oleo vel quibuscumque fructibus mutuo datis incerti pretii ratio additamentum usurarum ejusdem materiæ suasit admitti.* » Le prix des denrées subissant des variations rapides, et, en meme temps très-considérables, il règne naturellement, au moment du contrat, une grande incertitude sur la valeur future de la chose qui en fait l'objet; c'est cette incertitude qui a dû faire que le pacte, par lequel l'emprunteur s'engageait à rendre plus qu'il n'avait reçu, était valable.

Il y a quelques autres cas où des intérêts peuvent être dus, en vertu d'un pacte intervenu à la suite d'un *mutuum;* ainsi l'argent prêté par une ville produit intérêt en vertu d'un simple pacte (1). De même, dans le *nauti-*

______

(1) L. 30, D., *De usuris et fructibus* (xxii, 1).

cum fœnus, ou prêt à la grosse aventure, que nous étudierons plus loin avec quelques développements, des intérêts peuvent être dus en vertu d'un simple pacte (1). Quant à la règle générale, elle reste telle que nous l'avons énoncée plus haut : en vertu d'un pacte ajouté, même *in continenti*, à un *mutuum*, des intérêts ne peuvent être dus *civilement ;* peuvent-ils, au moins, êtr ed us *naturelllement?.* Il n'en faut pas douter. Ulpien (2) et Paul (3) l'admettent sans difficulté d'une manière générale pour tous les contrats auxquels un pacte est ajouté. Ulpien fait même, dans deux textes, l'application de cette règle au *mutuum* (4); il déclare formellement que lorsqu'on ajoute au prêt d'une somme d'argent un pacte portant que l'emprunteur devra des intérêts, les intérêts ainsi convenus sont dus naturellement, et si l'emprunteur, les ayant payés, agit pour les répéter, il sera repoussé par l'*exceptio pacti conventi*. On décide même que si le débiteur avait donné un gage pour sûreté de sa dette, le créancier pourrait retenir sur ce gage les intérêts dus en vertu du pacte (pourvu qu'il s'agisse d'intérêts convenus au moment de la constitution du gage) (5). On voit donc bien qu'en vertu du pacte ajouté au *mutuum*,

---

(1) L. 7, D., *De nautico fœnore* (XXII, 2). — On décidait de même toutes les fois qu'il s'agissait d'un prêt aléatoire, toutes les fois qu'il pouvait arriver qn'il ne fût rien dû au préteur.

(2) L. 1, pr., D., *De pactis* (II, 14).

(3) L. 84, § 1, D., *De regulis juris,*

(4) L. 5, § 2, D., *De solutionibus* (XLVI, 3); L. 11, § 3, D., *De pigneratitio actione* (XIII, 7).

(5) LL. 4 et 22, C., *De usuris.*

il peut y avoir obligation naturelle pour ce qui dépasse la valeur réellement fournie à l'emprunteur.

Nous ne nous sommes occupés jusqu'ici que du pacte ajouté *in continenti* à un *mutuum*; passons maintenant au pacte ajouté *ex intervallo*.

Le pacte ajouté *ex intervallo* à un *mutuum* produit son effet au moyen d'une exception, s'il tend à diminuer l'obligation née du contrat; mais, il n'est point garanti par l'action du contrat, s'il tend à augmenter l'obligation de l'une des parties, et, dans ce cas, il ne produit qu'une obligation naturelle (1) : on voit donc qu'un pacte ajouté *ex intervallo* ne peut pas rendre l'emprunteur débiteur d'intérêts.

Ainsi, en définitive, une créance d'intérêts ne peut naître à la suite d'un *mutuum* ni en vertu d'un pacte joint *in continenti* (sauf quelques cas exceptionnels), ni en vertu d'un pacte joint *ex intervallo* : par la stipulation seule, le prêteur peut donc devenir créancier d'intérêts.

Nous venons de voir dans quels cas des intérêts sont dus à la suite d'un *mutuum* : pour terminer tout ce qui a rapport à ce sujet, nous avons à parcourir rapidement certaines hypothèses où des contrats autres que le *mutuum* sont convertis en *mutuum*. Examinons rapidement ces cas de conversion en *mutuum*.

1° Je dépose une chose chez vous; plus tard, nous convenons que la chose, objet du dépôt, pourra désormais être employée par vous qui cesserez ainsi d'être dépositaire pour devenir *emprunteur*.

---

(1) L. 7, § 5, D., *De pactis.*

2° Vous voudriez m'emprunter de l'argent et je voudrais vous en prêter, mais je n'en ai pas ; que fais-je alors ? je vous adresse à un de mes débiteurs, en vous permettant de toucher ce qu'il me doit et de le garder à titre d'argent *prêté*.

3° Je vous remets certains objets qui m'appartiennent : il est convenu entre nous que vous pourrez les vendre et garder comme argent *prêté* le prix que vous en aurez retiré.

4° Je vous ai donné mandat de toucher des sommes qui m'étaient dues et vous les avez touchées ; nous convenons alors que vous pourrez garder comme *emprunteur* cet argent que vous me devez comme mandataire.

Voilà les quatre cas de conversion en *mutuum* dont parlent les jurisconsultes Romains. Ils [sont examinés tous les quatre ensemble par Africain, dans la loi 34, pr., D. *mandati* (XVII, I) et séparément par Ulpien dans trois lois du titre *De rebus creditis*, au Digeste, la loi 9, § 9, la loi 15, et la loi 11, pr.. Africain admettait la conversion en *mutuum* dans les deux premiers cas et non dans les deux derniers ; et voici son raisonnement : pour qu'il y ait *mutuum* il faut que l'une des parties *aliène* au profit de l'autre, il faut qu'un transport de propriété s'opère de l'une des parties à l'autre. Dès lors, il est évident que, dans le premier cas, la conversion peut avoir lieu : car le déposant est parfaitement resté propriétaire de la chose déposée et par suite il peut en transférer la propriété au dépositaire. Dans les trois autres cas, au contraire, celui qui voudrait jouer le rôle de prêteur n'est pas propriétaire de la chose qu'il s'agit de prêter : cependant, dans le premier de ces trois cas, dans le cas où

le créancier d'une somme d'argent, charge son débiteur
de payer la somme due entre les mains d'une personne
qui désire l'emprunter, Africain admettait *benigne*
(telle est l'expression dont il se sert) qu'il peut y avoir
mutuum, bien que cela soit contraire aux principes ;
mais, dans les deux derniers cas, il repoussait la conversion en *mutuum*. Ulpien voyait dans les quatre hypothèses un *mutuum* parfaitement valable.

Maintenant, quel est l'intérêt de la question ? A quel
point de vue est-il important de savoir si la conversion
dont il s'agit est ou non valable ? La plupart des auteurs
répondent que l'importance de la question se présente
précisément au point de vue des intérêts : on comprend,
disent-ils, qne si les contrats dont nous avons parlé
(dépôt, mandat, etc.) ne peuvent pas, au moyen d'un
pacte, être convertis en *mutuum*, la convention d'intérêts
qui se trouvera dans ce pacte, sera parfaitement obligatoire puisque ces contrats sont des contrats de bonne foi
et que le pacte ajouté à un contrat de bonne foi vaut
même *ad augendam obligationem*. Au contraire, si un
pacte peut amener la conversion en *mutuum*, s'il se
forme là par l'effet du pacte un *mutuum* parfaitement
valable, la convention relative aux intérêts, insérée dans
ce pacte, ne sera pas obligatoire, car nous savons qu'un
emprunteur ne devient jamais débiteur d'intérêts par un
simple pacte, mais par une stipulation.

Le raisonnement précédent est détruit par une observation toute simple : sans doute, un pacte ajouté à un
contrat de bonne foi vaut *ad augendam obligationem*,
mais à la condition qu'il soit ajouté *in continenti ;* or,
dans les hypothèses que nous avons énumérées, le pacte

est-il joint *in continenti?* Non, dans les deux hypothèses où il s'agit d'une conversion de dépôt en *mutuum* et de mandat en *mutuum.* Si on lit avec soin les deux lois 9, § 9, et 15, *De reb. cred.,* on verra que le contrat de dépôt ou de mandat est d'abord formé sans adjonction d'aucun pacte, et que le pacte relatif aux intérêts n'intervient que plus tard, à l'époque de la conversion du dépôt ou du mandat en *mutuum*; donc ce pacte est joint *ex intervallo,* et par suite il ne peut créer une obligation d'intérêts (1). Ainsi, dans ces deux cas, qu'on admette ou non la conversion en *mutuum,* le pacte relatif aux intérêts ne créera aucune obligation : l'importance de la question discutée par Ulpien et Africain est donc nulle au point de vue des effets que peut produire notre convention d'intérêts. Dans les deux autres cas, le pacte qui opère la conversion en *mutuum* semble bien intervenir au moment même où le contrat se forme; si dans ce pacte est insérée une convention relative aux intérêts, elle se trouve jointe au contrat *in continenti,* de sorte que si on n'admet pas la conversion en *mutuum,* une obligation d'intérêts aura pu se former.

---

(1) Si le pacte qui a pour but de transformer le dépôt ou le mandat en *mutuum* était intervenu en même temps que le contrat de bonne foi, il aurait pu créer une obligation d'intérêts. Si, par exemple, le déposant avait dit au dépositaire : « Je dépose cette chose chez vous, et, en me payant un intérêt de..., vous pourrez vous en servir comme d'une chose empruntée; » et, de même, si le mandant avait dit au mandataire : « Je vous donne mandat de toucher les sommes qui me sont dues, et vous pourrez, en me payant un intérêt de..., les garder à titre de sommes prêtées; » on comprend qu'il serait alors, au point de vue des intérêts, important d'admettre ou non la conversion en *mutuum,* car, suivant qu'on l'admettrait ou non, l'emprunteur ne devrait pas ou devrait des intérêts.

SECTION II.

Depuis quelle époque courent les intérêts conventionnels dus par l'emprunteur, et à quelle époque cessent-ils de courir?

§ 1.

Nous avons vu qu'en principe le prêteur devient créancier d'intérêts par une stipulation; c'est à partir de cette stipulation que courent les intérêts. Dans les cas exceptionnels où un simple pacte ajouté au *mutuum* peut donner naissance à une créance d'intérêts, ils courent à partir de ce simple pacte. D'une manière générale, les intérêts courent du jour de la convention qui les a fait naître, lorsque cette convention est pure et simple; si elle est à terme ou conditionnelle, ils ne courent que du jour de l'échéance du terme ou de l'événement de la condition. Faisons une observation relative au cas où la convention qui rend le prêteur créancier d'intérêts est conditionnelle : il arrive souvent que des intérêts sont stipulés pour le cas où le capital ne serait pas payé, et souvent aussi des intérêts plus considérables sont stipulés pour le cas où les intérêts moins considérables promis à l'origine ne seraient pas payés; dans ces cas-là, et dans les cas analogues, à partir de quel moment courent les intérêts? Ils courent, non pas à partir du jour où le capital, ou les intérêts promis à l'origine, ne sont pas payés alors qu'ils devraient l'être, mais seulement à partir du jour où le débiteur a été réellement en faute de ne pas payer (1).

§ 2.

Les intérêts ne courent plus lorsque le créancier a été payé, soit que le débiteur ait acquitté directement sa dette, soit que le créancier se soit payé lui-même en vendant le gage qui lui avait été remis comme sûreté de sa créance (2).

Le cours des intérêts est aussi arrêté par une *consignation* de la somme due et des intérêts encourus : une fois la consignation faite, l'obligation est éteinte. Mais, pour qu'une consignation soit valable, elle doit réunir plusieurs conditions :

1° Il faut qu'elle soit faite dans le dépôt public (*in publico*). Par *dépôt public,* on entend ici le temple ou le lieu dans lequel le juge de la contestation a ordonné le dépôt (3).

2° Il faut, de plus, qu'elle soit précédée d'offres faites, en présence de témoins, au créancier, s'il est présent, ou au juge, si le créancier est absent (4). Si elle n'a pas été précédée d'offres, elle n'arrête pas le cours des intérêts : ainsi l'acheteur à qui la chose est livrée et qui se borne, sans avoir offert le prix au vendeur, à le consigner, sera obligé de payer les intérêts (5).

---

(1) L. 9, C., *De usuris.* — L. 122, D., *De verb. oblig.*
(2) L. 40, D., *De usur. et fruct.*
(3) L. 19, C., h. t,
(4) L. 6, C., h. t.
(5) L. 2, C , h. t.

3° La consignation doit être de la somme due tout entière : la consignation d'une partie de la somme due ne suspend nullement le cours des intérêts, et le débiteur doit payer les intérêts même de la somme qu'il a consignée, à moins qu'il ne fût autorisé à faire des payements partiels (1).

4° Il faut que le débiteur qui a consigné ne retire pas la somme consignée : s'il reprend les fonds qu'il a déposés, et qu'ensuite, le créancier lui réclamant le payement de sa dette, il soit mis en demeure, les intérêts, qui avaient cessé de courir par la consignation, recommencent à courir ; l'obligation reprend toute sa force (2).

Le cours des intérêts est-il arrêté par des *offres* non suivies de consignation?

La négative est certaine, bien qu'elle ne soit écrite textuellement nulle part; elle est certaine, car les textes nous disent que la *consignation précédée d'offres* empêche les intérêts de courir, d'où l'on doit conclure que la consignation non précédée d'offres n'arrête pas le cours des intérêts, et que les offres non suivies de consignation ne l'arrêtent pas davantage. Ainsi, les intérêts continuent de courir, bien que le débiteur ait fait des offres au créancier. Voilà la règle. Elle est soumise à une exception : Supposons un créancier auquel un immeuble a été donné en gage pour sûreté de sa créance; le débiteur offre au créancier l'argent qu'il lui doit; celui-ci refuse de le recevoir et continue de percevoir les fruits

____

(1) L. 41, D., h. t.
(2) L. 7. D., h. t.

de l'immeuble. Que doit-on décider? Le capital de la dette sera diminué de la valeur des fruits perçus depuis les offres ; en d'autres termes, depuis les offres du débiteur le cours des intérêts est arrêté (1).

Le cours des intérêts est aussi arrêté par ce payement fictif, cette *imaginaria solutio*, qu'on appelle *acceptilation*.

Il en est de même de la *novation* (2) : mais ce que nous disons là, qui s'entend évidemment de la novation proprement dite, doit-il être étendu à la novation dite assez communément *novation nécessaire*, qu'on fait résulter, au moins dans les *Judicia legitima*, de la *litis contestatio?* Et d'abord est-il exact de dire que la *litis contestatio* emporte novation? Il est bien certain que la *litis contestatio* éteint l'obligation qui est déduite *in judicium*; mais de ce que la *litis contestatio* éteint l'obligation, pouvons-nous conclure qu'elle opère novation? Cela nous paraît tout-à-fait impossible en présence des textes, où nous voyons sans cesse que l'*animus novandi* est la condition essentielle de toute novation : il résulte, du reste, formellement d'un texte de Paul que la *litis contestatio* ne peut que profiter au créancier (3), tandis que la novation peut lui nuire; puisque la *litis contestatio* ne nuit jamais au créancier, tous les accessoires de la dette doivent subsister après la *litis contestatio :* donc elle n'arrête pas le cours des intérêts. C'est un résultat que nous trouvons clairement indiqué dans la loi 35, au

---

(1) L. 11, C., h. t.
(2) L. 18, D., *De novalionibus* (XLVI, 2).
(3) L. 29, D., *De novat.*

Digeste, *de Usur. et fruct.*, où nous lisons ces mots :
Lite contestata usuræ currunt (les intérêts ne cessent
pas de courir par la *litis contestatio*), et dans la loi 1, au
Code, *de Judiciis*, III, 1, où les empereurs Sévère et
Antonin Caracalla nous disent que la stipulation d'intérêts n'est pas périmée par la *litis contestatio*, et que le
créancier aura à actionner son débiteur pour les intérêts
qui ont couru depuis que l'obligation a été déduite *in
judicium*. Le premier de ces deux textes a été tiré du
Commentaire de Paul sur le livre 57 de l'édit prétorien ;
du même Commentaire est aussi extraite la loi 18,
de Novat., où nous lisons : « Les intérêts cessent de
courir si l'obligation est novée (*novatione legitime facta
usuræ non currunt*). » On voit que, dans son commentaire sur le livre 57 de l'édit du préteur, Paul comparait
la *litis contestatio* et la novation, et montrait le contraste
de leurs effets. Ainsi la *litis contestatio*, qui éteint la
créance du capital, n'arrête pas le cours des intérêts
accessoires de cette créance ; la consommation de l'action relative au capital n'a aucune influence sur l'*incerti
condictio* relative aux intérêts, qu'il s'agisse d'intérêts
échus ou à échoir. Quant à la *condictio incerti* spécialement relative aux intérêts, le créancier qui l'intente doit
avoir bien soin de faire mettre en tête de la formule ces
mots : *Ea res agatur cujus rei dies fuit.* S'il négligeait
de faire insérer cette *prescription*, il aurait déduit en
une seule fois tout son droit *in judicium*, et, bien qu'il
n'obtienne par l'exercice de son *incerti condictio* que les
intérêts déjà échus, il ne pourrait pas réclamer plus tard
les intérêts qui ne sont pas encore échus au moment où
cette action est intentée.

La prescription de trente et quarante ans, qui libère de la dette du capital, libère aussi, soit des intérêts à échoir, soit même des intérêts échus avant l'expiration du délai et non encore payés (1).

Les intérêts cessent aussi de courir quand leur somme égale le capital ; il en est ainsi même dans le cas où un gage a été remis au créancier (2). Mais comment doit se faire ce calcul des intérêts ? Une constitution d'Antonin (3) décide qu'il ne faut appliquer la règle que lorsqu'on peut demander en bloc des intérêts égaux au capital (...... *tunc enim ultra sortis summam usuræ non exiguntur, quoties tempore solutionis summa usurarum excedit eam computationem*)*; mais une constitution de Justinien admet que les intérêts payés peu à peu et par intervalles doivent être comptés dans le calcul, et qu'un capital, du moment qu'il a produit une somme d'intérêts égale à lui-même, ne peut plus en produire d'autres. Ajoutons que l'innovation de Justinien ne s'applique pas aux prêts faits par des villes.

Enfin, la remise des intérêts en arrête le cours. Le plus souvent, la remise est expresse. Quelquefois on la présume : c'est ce qui a lieu lorsque le créancier est resté longtemps sans réclamer les intérêts (4).

Souvent la remise est totale. Quelquefois elle est partielle : ainsi, le créancier qui reçoit pendant longtemps

---

(1) L. 26, C., h. t.
(2) L. 27, C., h. t.
3) L. 10, C., h. t.
(4) L. 17, § 1, D., h. t.. — L. 54, D., *De donat. inter virum et uxorem* (XXIV, 1).

des intérêts moins élevés que ceux qui avaient été stipulés est censé par là même avoir fait remise de la différence, et si le créancier voulait réclamer plus tard les intérêts qu'il a stipulés il serait repoussé par *l'exceptio pacti conventi* : on considère la remise comme résultant d'une sorte de pacte tacite intervenu entre le créancier et le débiteur. Nous trouvons cette décision dans deux rescrits qui forment au Code, les lois 5 et 8, *De usuris*. Ajoutons que le débiteur ne peut repousser par *l'exceptio pacti conventi* le créancier qui demande les intérêts stipulés, après s'être contenté longtemps d'intérêts moindres, que s'il a toujours été prêt à payer les intérêts stipulés. (1).

Il peut se faire, qu'une remise, même expresse, d'une partie des intérêts, puisse être rétractée dans le cas de non-payement du principal : supposons que je m'oblige par stipulation à vous payer un intérêt de vingt sous d'or ; dans la suite, vous consentez à réduire cette somme à quinze sous d'or, pourvu qu'elle vous soit payée à un terme plus prochain, et je m'engage à vous payer à ce terme sous la condition que si je ne le fais pas ma première obligation deviendra exigible. Il arrive que je ne vous paye pas au terme : alors vous pouvez évidemment me demander les vingt sous d'or d'intérêts, c'est-à-dire rétracter la remise de cinq sous d'or que vous m'aviez consentie (2).

---

(1) L. 13, D , h. t.
(2) L. 47, D., *De pactis*.

SECTION III.

Comment se prouve la stipulation des intérêts.

La stipulation d'intérêts peut être prouvée de toutes les manières possibles (1); mais le plus souvent elle se prouve par un écrit (*instrumentum*) qui est dressé entre les parties et qui la constate : l'existence d'un écrit constatant la stipulation d'intérêts est très-utile au prêteur qui en tire la preuve de l'obligation, et à l'emprunteur qu'elle soustrait à la réclamation d'intérêts plus élevés. Du reste, nous le répétons, s'il est prouvé que des intérêts aient été réellement stipulés, ils sont dûs quand même les parties n'auraient dressé aucun écrit (2). Dans certains cas, la stipulation d'intérêts est même présumée : ainsi, lorsqu'un débiteur a payé plusieurs fois des intérêts, on présume qu'ils ont été stipulés. Non-seulement le payement des intérêts fait présumer qu'ils sont dus, mais il fait même présumer que le capital est dû (3). Remarquons bien, du reste, que cette double présomption ne résulte pas de tout payement d'intérêts : un seul payement, ou même quelques payements ne suffiraient pas (4); il faut un long paye-

---

(1) Ce que nous disons là de la stipulation s'applique évidemment au pacte dans le cas où le pacte peut engendrer une créance d'intérêts.

(2) L. 1, C., h. t.

(3) L. 6, D., h. t.

(4) Notons toutefois, que si quelques payements isolés ne suffisent pas pour prouver l'obligation, ils produisent cependant certains effets : ainsi ils font perdre au débiteur le droit d'invoquer l'exception *non numeratæ pecuniæ*, le droit d'appel, le bénéfice du sénatus-consulte Macédonien.

ment, une longue prestation d'intérêts, comme le montrent clairement la loi 7, au Code, *De usuris*, et la loi 28, au Code, *de pactis*. Maintenant, dans quelles circonstances pouvait-on dire au juste qu'il y avait *long payement*? quel était le nombre de payements isolés nécessaire pour constituer un long payement? c'est ce qu'il est assez difficile de déterminer : il est bien probable que le juge avait en cette matière un large pouvoir d'appréciation.

Le long payement des intérêts en fait, disons-nous, présumer le payement : mais, si le débiteur prouve qu'il n'y a pas eu stipulation d'intérêts (et ce que nous disons de la stipulation s'applique au pacte dans les cas exceptionnels où le pacte peut engendrer une créance d'intérêts) il ne sera évidemment pas tenu de continuer à les payer ; seulement si le débiteur, ne peut pas faire cette preuve, on présumera (et c'est là l'avantage qu'a pour le créancier le long payement des intérêts), qu'il y a eu stipulation et le débiteur devra continuer le payement de ces intérêts.

SECTION IV.

Du taux des intérêts : limitation de ce taux et organisation de cette limitation.

Il est fort intéressant de suivre les variations qu'a subies le taux de l'intérêt chez les Romains. Les questions de dettes ont, en effet, amené bien des révoltes des plébéiens contre les patriciens ; et, résultat vraiment remarquable, ces séditions produisaient toujours, non-seulement un abaissement du taux de l'intérêt, de cet intérêt dont le poids écrasait les plébéiens, mais aussi quelques concessions politiques, quelque participation au gouvernement : c'est ainsi que les révoltes de 493 et 366, causées l'une et l'autre par les dettes, valurent aux plébéiens, la première le tribunat, la seconde le consulat. La liberté politique naquit donc à Rome de la détresse financière des particuliers. En suivant les variations du taux de l'intérêt dans la société romaine, en étudiant les causes qui amenèrent ces variations, nous aurons donc à passer successivement en revue la plupart des grands événements de l'histoire intérieure de Rome.

Seuls maîtres du gouvernement, à l'origine, les patriciens étaient aussi maîtres de la richesse territoriale et monétaire : les premières guerres de Rome, loin de compromettre leur aisance, ne firent que l'accroître, car le partage de l'*ager publicus*, après une guerre heureuse, ne se faisait, en général, qu'entre les patriciens. Les plébéiens, au contraire, n'avaient entre leurs mains aucune part de l'autorité ; en outre, ils étaient pauvres, et la guerre, toujours ruineuse pour eux, ne pouvait qu'augmenter leur pauvreté. D'un pareil état de choses il résulta, et il devait naturellement résulter, que les plébéiens recouraient souvent aux emprunts et que, pour emprunter, ils s'adressaient aux patriciens. Ceux-ci leur prêtaient à un taux très élevé (car la loi ne fixait pas encore un maximum au dessous duquel dût rester le taux de l'intérêt) ; en outre, l'emprunteur était garant sur sa tête de l'obligation qu'il avait contractée, et, s'il était insolvable, il devenait la propriété de son créancier, il pouvait être mis à mort.

Les plébéiens ne supportèrent pas une situation aussi accablante, et des séditions éclatèrent : tout le monde connaît la retraite sur le Mont Sacré et l'apologue de Ménénius Agrippa. Mais ces révoltes n'amenaient que des concessions momentanées ; et, le soulèvement apaisé, tous les anciens excès se renouvelaient.

Enfin, en l'an 493 (261 de la fondation de Rome) les plébéiens obtinrent l'institution d'une magistrature toute populaire, le tribunat ; et en 452 (302 de la fondation de Rome) la révision du droit, soit public, soit privé, fut accordée comme transaction aux tribuns. Dans cette refonte du droit, d'où est sortie la loi des Douze Tables, on songea à régler le taux de l'intérêt abandonné jusque là à la volonté des parties ; ce taux fut renfermé dans des limites fixes, et le prêteur, qui sortirait de ces limites, fut condamné à rendre au quadruple les intérêts excédant le taux légal. Mais si l'on sait que la loi des Douze Tables s'occupa du taux de l'intérêt et le limita, on ne sait pas avec autant de certitude quel taux maximum elle avait fixé.

Tacite nous dit : *primo XII Tabulis sanctum ne quis unciario fœnore amplius exerceret, cum antea ex libidine locupletium agitaretur.* (1). Qu'est-ce que l'*unciarium fœnus* dont parle ici Tacite ? Là est toute la question ; et, sur ce point, encore fort obscur aujourd'hui, quatre opinions se sont produites.

La première opinion prend l'as ou livre romaine comme type du capital prêté ; et, comme l'as valait douze

---

(1) *Annales*, VI, 16.

onces, elle admet que le créancier exigeait par mois une once d'intérêt : de là, l'expression *unciarium fœnus*. L'intérêt aurait ainsi été de cent pour cent ; au bout d'un an il aurait égalé le capital.

La seconde opinion veut que l'*unciarium fœnus* soit un pour cent par an : c'est l'opinion de Dumoulin, de Saumaize, de Pothier ; c'est aussi l'opinion de Montesquieu.

La troisième opinion, qui est celle de Niebuhr, prend comme type du capital l'as, c'est-à-dire douze onces, et dit que l'intérêt fixé par la loi des Douze Tables était une once (l'as étant le capital) ; elle soutient donc que l'*unciarium fœnus* était un pour douze, c'est-à-dire $8\,1/3\,°/_0$, et comme l'année était de dix mois au moment de la loi des Douze Tables, ces $8\,1/3\,°/_0$ correspondent à $10\,°/_0$ pour l'année de douze mois.

La quatrième opinion, celle de Sigonius, de Scaliger, d'Hotman, ne prend pas, comme la troisième, pour type du capital l'as, c'est-à-dire douze onces, mais le nombre *cent*, et elle admet que cent onces devaient rapporter une once par mois ; l'intérêt aurait ainsi été de $10\,°/_0$ à l'époque où on comptait par années de dix mois, de $12\,°/_0$ à l'époque où on comptait par années de douze mois.

Ainsi, dans le premier système l'*unciarium fœnus* est $100\,°/_0$; dans le second, il est $1\,°/_0$; dans le troisième, $8\,1/3\,°/_0$; dans le quatrième, $10\,°/_0$.

La première opinion n'a plus de partisans aujourd'hui. La seconde n'en compte pas davantage ; mais elle était très-accréditée au siècle dernier et elle repose sur une considération qui n'était pas sans valeur. L'as et ses fractions, les onces, comparés au nombre cent, représentent toujours, disent les partisans de cette deuxième opinion, le rapport de l'intérêt avec le capital : ainsi, nous voyons le 11 °/₀ désigné par l'expression *deunces*, c'est-à-dire un as moins une once ou onze onces, le 10°/₀ est nommé *decunces* c'est-à-dire dix onces, le 7 °/₀ est désigné par *septunces* ou sept onces, le 6 °/₀ par *semisses* ou la moitié de l'as, c'est-à-dire six onces, le 5 °/₀ par *quincunces* ou cinq onces, le 4 °/₀ par *trientes* c'est-à-dire le tiers de l'as ou quatre onces, etc. Donc *unciarium fœnus* ne peut représenter qu'une once pour cent. Ainsi l'*unciarium fœnus* est l'intérêt à 1 °/₀.

On peut faire plusieurs objections aux partisans de cette opinion. La plus grave est celle-ci : Si le taux de l'intérêt fixé par la loi des Douze Tables avait été 1 °/₀, il serait tout-à-fait impossible de comprendre qu'un intérêt aussi minime ait pu exciter les plaintes générales des débiteurs ; cependant l'histoire, même après la loi des Douze Tables, nous parle sans cesse du peuple écrasé par l'intérêt et nous dit que cet intérêt amenait de fréquentes émeutes de la part des plébéiens.

Le système de Niebuhr, d'après lequel l'*unciarium fœnus* aurait été 8 1/3 °/₀, compte aujourd'hui de très-nombreux partisans. Nous allons donc l'examiner avec beaucoup de soin, bien qu'il soit, à notre avis, aussi peu fondé que les deux systèmes précédents.

D'après ce système, les Romains ont dû naturellement prendre la monnaie usitée chez eux, c'est-à-dire l'as, qui valait douze onces, comme type du capital prêté, et, par suite, les fractions de l'as ont dû représenter l'intérêt ; de même qu'à Athènes, où la pièce de monnaie le plus en usage était la mine, qui valait cent drachmes, on prenait le nombre *cent* comme type du capital prêté, et on exprimait en drachmes, c'est-à-dire en fractions de la mine, le chiffre des intérêts. Ainsi, à Athènes, on disait : *dix-huit drachmes pour une mine*, c'est-à-dire dix-huit pour cent ; *vingt-quatre drachmes pour une mine*, c'est-à-dire vingt-quatre pour cent, etc., et à Rome on disait : *une once pour un as*, c'est-à-dire un pour douze ; *une once et demie pour un as*, c'est-à-dire un et demi pour douze, etc. Cela posé, que peut être l'*unciarium fœnus* dont parle Tacite ? Le mot *unciarium* indique évidemment qu'il s'agit là d'*une once* d'intérêt ; or, le type du capital prêté, nous venons de le dire, c'est l'as ou *douze onces ;* donc l'*unciarium fœnus* est l'intérêt d'*une* once pour *douze* onces, ou, pour s'exprimer en termes qui nous sont plus familiers, l'intérêt à 8 1/3 %. Seulement, comme l'année qui était en vigueur à cette époque ne comprenait que *dix* mois, on voit que le taux de 8 1/3 % correspond au taux de 10 % pour l'année de *douze* mois.

Voilà le système de Niebuhr. Il faut tout d'abord reconnaître qu'il est totalement en désaccord avec la nomenclature que nous rencontrons dans les écrits des jurisconsultes et des littérateurs de Rome. Tout le monde avouera que l'expression *as usurarium* signifie 12 % par an, que les expressions *septunces, semisses, quincunces,* signifient 7 %, 6 %, 5 %, ce qui montre bien que le rapport de l'intérêt avec le capital est représenté par l'as et ses fractions, les onces, comparés au nombre cent, et non par les onces comparées à l'as. Si on admet que les Romains ont pris le nombre *douze* comme type du capital et que l'*unciarium fœnus* soit un pour douze, il faut admettre forcément que l'*as usurarium* soit douze pour douze, c'est-à-dire 100 %, que les *usuræ semisses* sont six pour douze, c'est-à-dire 50 %. Est-ce là une conséquence que nous puissions accepter?

Niebuhr et les partisans de son système répondent que la nomenclature dont nous venons de parler n'existait pas au temps de la loi des Douze Tables; l'habitude de représenter, par l'as et ses fractions comparés au nombre cent, le rapport de l'intérêt avec le capital, était, disent-ils, une habitude grecque, qui s'introduisit plus tard chez les Romains, mais qu'ils ne connaissaient pas encore au moment de la loi des Douze Tables. Ceci est une affirmation pure et simple, car personne n'a jamais démontré que la nomenclature qui prend le chiffre cent pour type du capital prêté fût inconnue des auteurs de la loi des Douze Tables, personne n'a jamais prouvé que les ambassadeurs, envoyés en Grèce pour y étudier les lois en vigueur, n'aient pas apporté en Italie cette nomenclature qu'ils avaient trouvée chez les Grecs. Il y a donc lieu de croire qu'elle était déjà en vigueur à Rome lors de la loi des Douze Tables, et alors il est impossible d'admettre que l'*unciarium fœnus* soit 8 1/3 %, car, dans un système qui prend le nombre cent comme type du capital prêté et qui représente les intérêts par l'as et ses fractions, l'*unciariam fœnus* ne peut pas représenter 8 1/3 %. D'ailleurs, Tacite nous dit formellement que la loi des Douze Tables avait fixé l'*unciarium fœnus* comme taux légal et maximum. Or, du temps de Tacite, le nombre cent (tout le monde le reconnaît) était pris comme type du capital; donc, du temps de Tacite, *unciarium fœnus* ne pouvait signifier 8 1/3 %. Eh bien! peut-on croire que si le nombre pris comme type du capital au moment de la loi des Douze Tables, avait été, non pas cent, mais douze, Tacite n'en aurait rien dit? Peut-on admettre que si les mots *unciarium fœnus* avaient eu, au temps de Tacite, un sens différent de celui qu'ils avaient lors de la loi des Douze Tables, Tacite se fût borné à nous dire, sans plus ample commentaire, que cette loi défendait aux prêteurs de dépasser l'*unciarium fœnus?* Évidemment le silence de Tacite sur ce point nous prouve que cette expression avait, de son temps, le même sens qu'à l'époque des Douze Tables ; or, du temps de Tacite, il est impossible d'admettre que l'*unciarium fœnus* fût autre chose que 12 %; donc *unciarium fœnus* n'avait jamais pu signifier 8 1/3 %.

Pour terminer l'examen et la réfutation du système de Niebuhr, nous devons citer un argument que les partisans de ce système tirent d'un texte de Festus. Festus, dans ce texte, qui est, du reste, très-incomplet, nous parle d'une loi rendue sous Sylla et intitulée : *Lex unciaria*, c'est-à-dire (suivant Niebuhr et ses partisans) *loi sur l'intérêt;* cette loi ordonne au débiteur de payer un dixième (*decimam partem*). Or, si l'intérêt fixé par la loi des Douze Tables, alors que l'année cyclique de dix mois n'avait pas été remplacée par l'année de douze mois, était de 8 1/3 %, il devait être au temps de Sylla, l'année étant alors de douze mois, de 10 %, c'est-à-dire d'un dixième du capital, et précisément Sylla ordonne aux débiteurs de payer un dixième du capital. Ainsi le taux de l'intérêt était 10 % à l'époque de Sylla, et, par conséquent, à l'époque des Douze Tables il était 8 1/3 %.

Voilà l'argument. Il serait absolument irrésistible si les auteurs qui le mettent en avant démontraient deux choses : d'abord que l'expression *lex unciaria* signifie *loi sur l'intérêt ;* ensuite, que Sylla ordonnant aux débiteurs de payer un dixième (*decimam partem*) veut parler d'un dixième du capital. Comme cette double démonstration n'a jamais été faite, il nous est permis de donner au texte de Festus un sens tout différent du sens précédent ; et dès lors ce texte ne prouve absolument rien en faveur du système de Niebuhr.

Le quatrième système, celui de Sigonius, est, à nos yeux, le seul soutenable, bien qu'il ne puisse pas non plus défier absolument la critique. D'après ce système, le taux maximum fixé par la loi des Douze-Tables serait 12 °/₀ (1) : quand nous disons que l'*unciarium fœnus* est 12 °/₀, nous nous plaçons évidemment à l'époque où l'année de douze mois a remplacé l'année de dix mois ; au moment où fut portée la loi des Douze-Tables l'année était de dix mois et par suite l'*unciarium fœnus* était seulement 10 °/₀. De même, dans le système de Niebuhr, si on se place au moment où l'année est de dix mois l'*unciarium fœnus* est 8 1/3 °/₀ ce qui fait 10 °/₀ dans l'année de douze mois.

Dans ce système, le type du capital prêté est cent, et l'*unciarium fœnus* serait l'intérêt à un pour cent *pour chaque mois,* ce qui donnerait bien 10 °/₀ dans l'année de dix mois et 12 °/₀ dans l'année de douze mois. Ainsi, nous représentons par l'as et ses fractions comparés au nombre 100 le rapport de l'intérêt avec le capital, et nous avons évidemment le droit de le faire puisque tous

---

(1) Nous croyons nous rappeler que M. Demangeat, qui, dans son *Cours élémentaire de droit romain* (tome II, page 354), admet le système de Niebuhr, enseignait, il y a deux ans, que l'opinion de Sigonius est la meilleure.

les textes à nous connus expriment de cette manière-là
le taux de l'intérêt, et que nos adversaires, se bornant à
des affirmations, ne démontrent pas qu'au temps de la
loi des Douze-Tables un autre chiffre que ce chiffre 100
fût pris comme type du capital. En outre, nous admettons qne le payement des intérêts avait lieu tous les
mois, car telle était la coutume en Grèce, et précisément
l'habitude de prendre le chiffre 100 comme type du capital dans la fixation des intérêts a été trouvée par les
Romains en Grèce ; d'ailleurs une foule de textes nous
indiquent qu'à Rome les intérêts se payaient tous les
mois et nous n'en connaissons pas un seul qui nous dise
clairement que le payement des intérêts était annuel.
Ainsi l'*unciarium fœnus*, dans ce quatrième système, c'est
une once pour cent par mois, 1 °/₀ par mois ; donc c'est
un intérêt de 10 ou 12 0/0 par an, suivant qu'on parle
d'une année de dix mois ou d'une année de douze mois.

Voilà le système. On reconnaît aisément qu'il cadre
avec la nomenclature dont nous avons parlé. Prenons,
par exemple, les expressions *semisses usuræ* et *as usurarium* que nous rencontrons souvent dans les textes et
nous verrons qu'elles s'expliquent très-bien dans le système de Sigonius. D'abord, l'expression *as usurarium*
est employée sans cesse comme représentant le taux
maximum ; et en effet, l'as valant 12 onces, *as usurarium* doit représenter un intérêt de 12 onces pour cent,
12 °/₀ par an, c'est-à-dire précisément l'intérêt maximum (1). Quant aux *semisses usuræ* ce sont des intérêts

---

(1) Il faut remarquer, toutefois, que l'expression *as usurarium* ne représente le taux maximum qu'à partir de l'époque où on compte par années de
douze mois ; au temps où l'année était de dix mois, le débiteur ne devait que

qui s'élèvent à la moitié de l'as, c'est-à-dire à six onces ; cette expression est donc employée pour désigner l'intérêt à 6 %. ; c'est l'intérêt qui produit pour cent onces une demi-once par mois, par suite six onces par an.

En outre, tout le monde sait (et c'est là une remarque qui a bien son importance) qu'à une époque postérieure à la loi des Douze-Tables l'intérêt maximum a été appelé *centesima usura*. Cette *centesima usura* était 1 %. par mois, c'est-à-dire 12 %. par an (personne ne le conteste); or, elle est très-souvent désignée sous le nom de *legitima usura*, et on sait que l'adjectif *legitimus* s'applique par excellence aux décisions de la loi des Douze-Tables.

Maintenant, voici une objection que l'on peut formuler contre ce quatrième système. Il est certain qu'*as usurarium* signifie 12 %., que *septunces*, *quincunces* désignent 7 %., 5 %., non pas par mois, mais par an ; donc *unciarium fœnus*, qui signifie bien évidemment 1 %., ne devrait pas désigner 1 %. par mois, mais par an, et cependant on a vu que dans ce quatrième système on entend par *unciarium fœnus* une once d'intérêt *par mois*. L'objection est sérieuse et nous ne voulons pas en dissimuler la gravité ; nous croyons toutefois qu'on peut ne pas la laisser sans réponse : A Rome, les intérêts se payaient tous les mois, les textes nous le montrent clairement et nous l'avons admis ; par suite de cette habitude, il devenait absolument indispensable d'avoir une expression qui s'appliquât a ce payement mensuel, qui représentât l'intérêt du capital pour un mois ; comme, d'autre part, il était extraordinairement rare qu'un intérêt d'une once

---

10 %., et *as usurarium* qui représente 12 %., puisque l'as vaut 12 onces, représentait alors plus que le taux maximum.

pour cent par an se présentât, cet intérêt étant par trop minime, on peut admettre que l'expression *unciarium fœnus* a été détournée, par la force des choses, de son sens primitif et grammatical, et que les Romains, au lieu de la prendre comme désignant l'intérêt à 1 °/₀ par an (intérêt qui ne se présentait jamais et pour lequel il était par suite peu nécessaire d'avoir une expression particulière), l'ont employée pour désigner l'intérêt à 1 °/₀ par mois, intérêt excessivement fréquent et pour lequel il n'existait pas d'expression propre. Du reste, nous le répétons, l'objection est sérieuse.

En résumé aucun des quatre systèmes ne satisfait complétement l'esprit et il pourrait se faire que nous ignorions encore ce qu'était l'*unciarium fœnus* de la loi des Douze-Tables. Nous établissons cependant une grande différence entre les trois premiers systèmes, qui sont insoutenables, selon nous, et le quatrième, qui prête bien, sans doute, à la critique, mais qui, en définitive, s'appuie sur des bases solides. En voilà, du reste, bien assez sur cette question de l'*unciarium fœnus*.

L'intérêt autorisé par la loi des Douze-Tables n'était pas exorbitant; il faut bien le reconnaître (soit qu'on adopte, comme nous, l'opinion de Sigonius, soit qu'on préfère celle de Niebuhr) et cependant il ne tarda pas à accabler de nouveau les plébéiens. Les intérêts arriérés devenaient en effet, à leur tour, des capitaux productifs de nouveaux intérêts; de plus, les campagnes étaient de plus en plus longues et les soldats se voyaient contraints chaque année, pendant un temps dont la durée croissait sans cesse, de quitter leurs affaires : l'intérêt devint donc pour eux de plus en plus lourd à supporter et les dettes recommencèrent à être le sujet de révoltes. Une loi rendue en 366 (388 de la fondation de Rome) donna au peuple le consulat, le partage des terres et la diminution des dettes. Elle imputa sur le capital principal les intérêts perçus, et le payement du surplus devait se faire sans intérêts en trois payements partiels. Cette loi était la *loi Licinienne.*

Cette loi Licinienne qui n'était, du reste, qu'une véritable banqueroute, n'eut pas le résultat qu'on pouvait en attendre, et les plaintes des plébéiens continuèrent. Vainement, en 346, une loi réduisit-elle le taux de l'intérêt au *semi-unciarium fœnus :* nous voyons dans les années suivantes, le peuple murmurer encore et les séditions éclater de nouveau ; enfin, un tribun, Genucius, proposa l'abolition complète de l'intérêt. La proposition de Genucius aboutit-elle ? Tacite paraît le croire ; Tite-Live semble, au contraire, en douter. C'est là un point obscur. Il est bien probable que l'intérêt fut aboli, mais il est certain que cette mesure ne survécut que très-peu de temps à son auteur, car Plaute, qui vivait peu d'années après la loi Genucia , rappelle sans cesse, dans ses comédies, le prêt à intérêt comme un acte tout-à-fait habituel à Rome et permis par les lois.

Non-seulement le prêt à intérêt continua d'exister à Rome, mais il y joua chaque jour un rôle plus important, et finit par devenir un levier puissant dont se servaient les ambitieux pour arriver à leur but : tout le monde sait qu'en 55, lors de l'élection des tribuns, Jules César, qui préparait déjà par la corruption l'asservissement de son pays, promit dix millions de sesterces à la première centurie pour faire triompher ses candidats contre ceux du parti de Pompée ; en vingt-quatre heures le taux de l'intérêt de l'argent monta du double.

Enfin, le taux de l'intérêt fixé par la loi des douze Tables à 12 °/₀ (on sait que nous adoptons l'opinion de Sigonius) abaissé plus tard à 6 °/₀, fut élevé de nouveau à 12 °/₀ par un sénatus-consulte du temps de Cicéron (1). Ce sénatus-consulte est de l'an 51 (703 de la fondation de Rome). L'intérêt de 12 °/₀, fixé d'une manière définitive par le sénatus-consulte de 51, porta, depuis cette époque, le nom de *centesima usura*. Du reste, quoique le taux légal fût 12 °/₀, il y avait des cas où les intérêts accordés par la loi pouvaient être inférieurs à 12 °/₀ : ainsi, dans les actions *bonæ fidei* le juge allouait ordinairement 5 ou 6 °/₀; dans les cas de mise en demeure, le débiteur devait seulement les intérêts en usage dans la contrée.

Le taux de l'intérêt fixé, après de nombreuses variations, par le sénatus-consulte de 51, était encore en vigueur sous Dioclétien.

Quant au payement des intérêts, il avait lieu ordinairement tous les mois, aux kalendes ; le livre de compte

---

(1) Notons que le taux de 12 °/₀, avant d'être fixé officiellement et d'une manière définitive par le sénatus-consulte dont nous parlons, avait déjà recommencé à être en vigueur ; ainsi nous voyons, dans la guerre contre Mithridate, Lucullus, qui commandait l'armée romaine, établir dans la province où il se trouvait, que le taux des intérêts ne dépasserait pas 1 °/₀ par mois, et qu'ils s'arrêteraient quand ils auraient atteint le capital ; quelques années plus tard, Cicéron nous atteste, par son édit pour la province de Cilicie, antérieur à l'année 51, que le taux de 12 °/₀ était universellement répandu. Ainsi, le sénatus-consulte de 51 ne fit que consacrer officiellement et législativement l'usage adopté par la pratique.

sur lequel étaient marqués les intérêts payables aux kalendes était le *kalendarium*.

Dès la fin du troisième siècle avant l'ère chrétienne il
y eut une classe d'hommes faisant profession de prêter à
intérêt sous la protection du pouvoir public : ce furent
les banquiers appelés *trapezitæ* ou *mensarii*, plus souvent *argentarii*. Ils tenaient des comptoirs, dits *tabernæ
argentariæ*, ouverts toute l'année et situés au Forum. Ils
recevaient les fonds des particuliers et leur payaient des
intérêts, faisaient le change, essayaient les monnaies,
prêtaient à ceux qui avaient besoin d'argent. Du reste,
les particuliers purent toujours faire valoir leur argent
à intérêt sans recourir aux banquiers : les banquiers
n'eurent donc jamais le monopole du prêt à intérêt.

Nous avons déjà dit que la loi des douze Tables avait
porté la peine du *quadruple* contre les prêteurs qui
avaient dépassé le taux légal : cette peine était peu à peu
tombée en désuétude et lorsque des intérêts excessifs
étaient payés on les imputait sur le capital; si les intérêts ainsi payés dépassaient le capital, ou si le capital avait été déjà payé, on accordait au débiteur la *condictio indebiti*. En 386, la peine du quadruple fut rétablie par les empereurs Valentinien III et Théodose II.

De Dioclétien à Justinien, nous voyons le christinia-
nisme prendre une place importante dans l'État et exercer une grande influence sur le prêt à intérêt. Plus tard,
en nous occupant du droit canonique et de la prohibition
du prêt à intérêt, nous aurons à étudier en détail l'origine
et le développement des doctrines de l'Église sur le sujet
qui nous occupe ; pour le moment, disons seulement que
les défenses de l'Église à l'égard du prêt s'étendaient d'a-
bord aux clercs seuls (44ᵐᵉ canon des apôtres), mais que

peu à peu l'Église voulut soumettre les laïques eux-mêmes à l'observation du prêt gratuit ; les plus célèbres des Pères Grecs, saint Basile, saint Grégoire de Nysse, saint Grégoire de Nazianze, saint Jean Chrisostôme, essayèrent de faire entrer la société civile dans les voies de la perfection évangélique. Ils ne réussirent pas. Justinien, par une de ses constitutions, abaissa le taux de l'intérêt, mais il se garda bien de le supprimer. Nous allons donner quelques détails sur la limitation du taux de l'intérêt, et sur l'organisation de cette limitation, dans le droit de Justinien.

Quel fut le taux maximum fixé par Justinien ? Ce taux maximum n'était pas le même pour tous : en règle générale, l'intérêt conventionnel ne devait pas dépasser 6 %, par an ; mais, par exception à cette règle, il fut permis aux commerçants de prêter à 8 % et défendu aux personnes illustres de prêter au dessus de 4 %. Ces dispositions furent étendues, ce qui était peu équitable, aux stipulations d'intérêts antérieures à la constitution de Justinien. (1)

Plus tard, par la Novelle 32, Justinien établit que ceux qui prêtent de l'agent aux cultivateurs ne peuvent recevoir plus de 4 %.

Il avait déjà été défendu de stipuler des intérêts supérieurs au taux légal, même à titre de peine, par exemple pour le cas où le capital ne serait pas rendu par le débiteur au jour indiqué (2). Cette prohibition fut maintenue par Justinien.

---

(1) L. 26, § 1, et L. 27, pr., C., h. t.
(2) L. 9, D., h. t., et L. 15, C., h. t.

Quant à la peine du quadruple, prononcée par la loi des douze Tables contre les prêteurs qui avaient dépassé le taux légal, tombée plus tard en désuétude, et rétablie par les empereurs Valentinien III et Théodose II (1), Justinien l'abroge définitivement et revient au droit du Digeste. Quel était donc, sur cette matière, le droit du Digeste? C'est ce que nous allons examiner.

Si des intérêts supérieurs au taux légal sont stipulés, cette stipulation sera nulle pour tout ce qui dépasse le taux légal, mais elle vaudra jusqu'à concurrence de ce taux (2) ; et ce que nous disons là s'applique aussi aux intérêts stipulés à titre de peine pour défaut de payement du capital : ils doivent être réduits au taux légal, s'ils dépassent ce taux. Quant au capital lui-même, la stipulation d'intérêts trop élevés n'empêche évidemment pas le créancier de pouvoir l'exiger (3).

Mais les intérêts qui excèdent le taux légal sont-ils au moins dus *naturellement* ? La réponse doit être certainement négative. Les empereurs Dioclétien et Maximien décident même que le créancier auquel le débiteur a remis un gage ne pourra plus retenir ce gage dès que les intérêts lui auront été payés au taux légal : vainement alléguera-t-il que les intérêts stipulés sont plus élevés ; pour la partie de ces intérêts qui excède le taux légal, il n'a pas le droit de garder le gage. (4).

Une question se présente ici tout naturellement : les

---

(1) L. 2, C. Théod., *De usuris* (II, 33).
(2) L. 29, D., h. t.
(3) L. 20, D., h. t.
(4) L. 19, C., *Mandati vel contra* (IV, 35).

intérêts qui dépassent le taux légal, ces intérêts qui ne sont pas dus même naturellement, peuvent-ils être répétés par le débiteur qui les a payés ? Il est certain que si le débiteur, qui paye des intérêts *supra legitimum modum*, a déjà payé le capital, il pourra répéter ces intérêts excessifs ; et il faut admettre la même solution dans le cas où le capital et les intérêts auront été payés en même temps. Mais si le capital lui-même n'est pas encore payé lorsque les intérêts le sont, les intérêts excessifs ne pourront être répétés : on les imputera alors sur le capital, et, si plus tard le capital est payé en entier, le débiteur pourra alors répéter ces intérêts indument payés. (1).

Voilà des points sur lesquels Justinien n'a pas innové.

Au temps des jurisconsultes classiques, nous l'avons déjà dit en parlant des causes qui arrêtent le cours des intérêts, les intérêts cessaient de courir lorsque accumulés ils atteignaient une somme égale au capital ; ce résultat n'avait pas lieu lorsque le débiteur avait payé régulièrement les intérêts, quand même les intérêts ainsi payés par le débiteur auraient atteint une somme très-supérieure au capital (2). Justinien modifia profondément la règle précédente en décidant que les intérêts seraient arrêtés quand le capital aurait produit une somme d'intérêts égale à lui-même, ces intérêts eussent-ils été très-régulièrement payés. (3). Il est impossible d'approuver cette innovation de Justinien.

---

(1) L. 26, D., h. t.
(2) L. 10, C., h. t.
(3) L. 29, C., h. t.

Le taux de l'intérêt devait être fixé dans la convention relative aux intérêts. Si les parties s'étaient bornées à stipuler que des intérêts seront payés au prêteur, sans en déterminer le taux, cette stipulation d'intérêts ne produisait aucun effet : telle est la doctrine qui résulte formellement de deux lois du Digeste (1). Une exception à cette règle générale fut admise par Justinien, dans sa Novelle 136, ch. v., par laquelle il accorda aux banquiers le privilége de pouvoir exiger des intérêts à 8 %, quand même la convention relative aux intérêts n'aurait déterminé aucun taux (2).

Avant d'examiner les cas exceptionnels où, dans le droit de Justinien, l'intérêt légal peut être dépassé, faisons encore deux observations relatives aux innovations de Justinien.

Pour rendre absolument efficaces les règles par lesquelles il avait établi et organisé la limitation du taux de l'intérêt, Justinien défendit formellement aux juges d'accorder, sous le prétexte d'un usage en vigueur dans le pays où ils siégeaient, des intérêts plus élevés que ceux qu'il avait fixés : *nec licet judici memoratam augere taxationem occasione consuetudinis in regione obtinentis.*

Justinien défendit aussi à toute personne qui ne

---

(1) LL. 31 et 41, D., h. t.

(2) L'exception admise par Justinien dans la Novelle 136 en faveur des banquiers est devenue précisément la règle générale dans notre législation, depuis 1807. A partir de cette époque, il est bien nécessaire, comme à Rome, qu'il y ait une convention relative aux intérêts ; mais du moment que cette convention existe, quand même le taux des intérêts n'y serait pas fixé, le prêteur a droit aux intérêts légaux.

pourrait prêter qu'à un taux inférieur de prêter par personne interposée afin d'obtenir par là un intérêt plus élevé ; si un prêt de ce genre a lieu, le taux des intérêts stipulés par la personne interposée doit être réduit et ne pas dépasser le taux que pouvait stipuler le prêteur (le prêteur est ici celui qui a eu recours à la personne interposée) : *jubemus, si quid tale fuerit attentatum, ita usuras computari, ut necesse esset, tanquam si ipse qui alium interposuit fuisset stipulatus.*

Ces deux décisions se trouvent dans la loi **26**, § **1**, de notre titre, au Code de Justinien.

Pour terminer tout ce qui nous reste à dire sur le taux de l'intérêt, examinons les cas où l'intérêt légal peut être dépassé.

1° Dans le prêt à la grosse aventure (*nauticum fœnus*) on pouvait stipuler des intérêts supérieurs au taux légal. Bornons-nous pour le moment a cette indication : nous étudierons plus loin le *nauticum fœnus*.

2° La loi I, au Code Théodosien, *De usuris* (II, 33) permettait, dans le *mutuum* de certaines denrées, *fruges vel humidas vel arentes*, comprenant l'orge, le froment, l'huile, le vin, etc., de stipuler un intérêt de 50 %. La loi 23 de notre titre, au Code de Justinien, dit que pour les prêts de denrées on pourra stipuler des intérêts supérieurs au taux légal ; mais, il en est autrement si l'on a prêté de l'argent et qu'on stipule des intérêts en denrées. C'est la nature du capital prêté et non celle des intérêts qu'il faut considérer : ainsi on ne peut, pour un prêt d'argent, stipuler en denrées des intérêts supérieurs au taux légal (1).

______

(1) L. 16, C., h. t.

Plus tard, par la Novelle 32 et par la Novelle 34, ch. I, Justinien défendit à ceux qui prêtaient des denrées aux cultivateurs d'en exiger un intérêt plus élevé que 12 1/2 °/₀. Le créancier qui, en prêtant aux cultivateurs, a excédé les bornes fixées par ces novelles, perd toute sa créance.

3° Supposons qu'un homme prête une somme sous la condition qu'il jouira d'une maison ou d'un champ, cette jouissance devant lui tenir lieu d'intérêts. Voilà une convention qui est valable, quand même la jouissance de la maison ou du champ représenterait une valeur très-supérieure à l'intérêt légal de la somme prêtée, quand même la somme prêtée n'aurait rapporté, placée au taux légal, que 20, tandis que la jouissance de la maison ou du champ représente une valeur de 40. Seulement il faut, pour que la convention soit valable, que le prêteur jouisse directement de la chose et ne la loue pas (1).

Nous venons d'étudier la législation de Justinien sur le taux de l'intérêt. Nous avons vu comment cet empereur avait limité le taux de l'intérêt et comment il avait organisé cette limitation. Pour terminer l'étude des variations par lesquelles ce taux a passé, dans la société romaine, nous avons une seule observation à ajouter : Justinien avait limité l'intérêt, mais il ne l'avait pas supprimé ; l'empereur Basile crut pouvoir faire ce que Justinien n'avait pas fait et il abolit complétement l'intérêt. Cette tentative ne devait pas avoir de résultats durables,

____

(1) LL. 14 et 17, C., h. t.

car le successeur de Basile, Léon, admit de nouveau l'intérêt, et, comme Justinien, se borna à le limiter.

SECTION V.

De l'Anatocisme.

L'anatocisme est cette convention qui consiste à faire produire des intérêts aux intérêts eux-mêmes.

L'anatocisme était permis à l'origine; mais un sénatus-consulte, du temps de Cicéron, le défendit. Les constitutions impériales renouvelèrent souvent cette prohibition : Dioclétien prononça la note d'infamie contre ceux qui auraient reçu *usuras usurarum*. Mais les créanciers trouvaient des détours pour éluder la loi : par exemple, ils employaient une novation et donnaient ainsi aux intérêts échus le caractère d'une dette principale. Justinien prohiba formellement toutes ces conventions plus ou moins dissimulées d'anatocisme. La loi 28, C. *De usuris,* est formelle sur ce point; elle décide qu'il ne sera plus permis à personne, et en aucune manière, d'ajouter au capital les intérêts du temps écoulé ou futur (... *nullo modo licere cuiquam usuras præteriti temporis vel futuri in sortem redigere et earum iterum usuras stipulari*).

SECTION VI.

Du Nauticum fœnus.

Nous avons eu l'occasion de parler déjà deux fois du

nauticum fœnus : la première fois, en nous occupant des intérêts qui peuvent être dus en vertu d'un simple pacte, la seconde fois en examinant les cas où le taux des intérêts peut dépasser le maximum légal.

Le *nauticum fœnus* est le contrat que nous appelons aujourd'hui *prêt à la grosse aventure.* « Il y a *nauticum fœnus* lorsqu'une personne transfère à un armateur la propriété d'une somme d'argent pour acheter un navire ou les marchandises qui doivent lui servir de cargaison, ou bien encore pour être transportée au lieu où ces marchandises seront achetées, à la condition que celui qui a ainsi donné son argent prend à sa charge les risques de la navigation, qui doit avoir lieu à telle époque, de tel endroit à tel autre, en sorte que, si ce navire fait naufrage, il ne lui sera rien dû, tandis que, dans le cas contraire, on lui devra et la somme donnée et une somme en plus fixée par les parties comme elles l'entendent, somme considérée comme le prix du risque (*periculi pretium*) et appelée dans les textes *usuræ maritimæ* » (1).

Pour que le *nauticum fœnus* existe, il est donc nécessaire que deux conditions soient réunies :

1° Il faut que la somme d'argent prêtée (plus exactement *la chose fongible prêtée*) soit destinée à acheter un navire ou des marchandises qui doivent être transportées par la voie de mer, ou bien à être transportée elle-même au lieu où ces marchandises doivent être achetées.

2° Il faut qu'une convention intervenue entre le créancier et le débiteur porte que le débiteur sera com-

---

(1) M. Vernet : *Textes choisis de la théorie des obligations* (page 57).

plétemeut libéré si le navire ou les marchandises périssent *ex navigatione maris*, tandis que le créancier, si la traversée est heureuse, pourra réclamer, en sus de la somme par lui prêtée, des intérêts convenus.

Dans l'étude du *nauticum fœnus*, la première question que nous ayons à nous poser est évidemment celle-ci : Faut-il voir dans le *nauticum fœnus* un *mutuum* régi par des règles spéciales?

Sur ce point, voici d'abord l'opinion de Cujas : Cujas admet que, dans le *nauticum fœnus*, il y a *mutuum* quant à la somme prêtée, puisque la propriété de cette somme passe bien du prêteur à l'emprunteur et que celui-ci s'oblige à rendre, pour le cas où la traversée sera heureuse, une pareille somme; mais, en ce qui touche les intérêts convenus, il voit là un contrat innomé.

M. de Savigny va plus loin que Cujas; il ne voit, dans le *nauticum fœnus*, que l'apparence extérieure du prêt et trouve qu'en réalité ce contrat, tant pour le capital que pour les intérêts, est un contrat innomé.

Ces deux opinions nous paraissent également inadmissibles en présence des textes qui appliquent sans cesse au *nauticum fœnus* les expressions reçues en matière de *mutuum*. Parmi ces textes, citons en deux, dont les termes ne laissent place à aucun doute. Paul nous dit, dans la loi 6, D. *De nautico fœnore*, XXII, 2 : *fœnerator pecuniam usuris maritimis mutuam dando*, et les empereurs Dioclétien et Maximien, dans la loi 4, C. *De nautico fœnore*, IV, 33 : *trajectitiæ quidem pecuniæ quæ periculo creditoris mutuo datur* (1). Nous croyons donc

----

(1) *Trajectitia pecunia* est très-souvent pris comme synonyme de *nauticum*

6

qu'il faut considérer le *nauticum fœnus* comme un *mutuum* régi par des règles spéciales et qu'il faudra lui appliquer, toutes les fois qu'on ne se trouvera pas sous l'empire de principes qui lui sont spéciaux, les règles du *mutuum*.

Le *nauticum fœnus*, comme le *mutuum*, pouvait avoir pour objet toutes les choses fongibles; seulement, dans la pratique, on ne prêtait jamais ainsi que de l'argent. Dans le *nauticum fœnus*, aussi bien que dans le *mutuum*, il fallait que le prêteur pût aliéner la chose prêtée et que l'emprunteur pût s'obliger. Mais certaines règles étaient spéciales au *nauticum fœnus*, et c'est par ces règles, qui sont au nombre de quatre, qu'il diffère du *mutuum*.

Première différence entre le nauticum fœnus *et le* mutuum.

Dans le mutuum *ordinaire, la chose prêtée est aux risques de l'emprunteur; dans le* nauticum fœnus, *l'argent prêté est aux risques du prêteur.*

Pour qu'il y ait *nauticum fœnus*, il faut que les risques soient à la charge du prêteur. Ainsi, il ne suffit pas que la somme prêtée soit destinée à être transportée par mer ou destinée à acheter des marchandises qui seront transportées par mer; il faut encore que ce transport par mer soit aux risques du prêteur (1). Du reste, il n'en est

---

fœnus; mais, très-exactement, *trajectitia pecunia* s'entend spécialement du cas où la somme prêtée doit être transportée d'un lieu dans un autre.

(1) L. 1, D., *De naut. fœn.* (XXII, 2).

ainsi que si le prêteur s'en est expressément chargé : il faut donc qu'il se trouve dans le contrat une convention expresse à ce sujet. Si les parties n'ont rien décidé relativement aux risques, nous avons un *mutuum* ordinaire.

Quels sont, dans le *nauticum fœnus* les risques dont répond le prêteur ?

Le prêteur ne répond évidemment que des risques qui naissent *ex navigatione maris*: maintenant, répondra-t-il seulement de ceux qui peuvent résulter des vents et des flots, ou répondra-t-il aussi de ceux qui ne résultent de la mer qu'indirectement (incendie, attaque de pirates, etc.)? Si les parties ne se sont pas expliquées sur ce point, le prêteur répondra des uns et des autres, mais il aurait très-bien pu stipuler qu'il ne répondrait que des premiers. Quant aux pertes survenues en mer par la faute du débiteur, le prêteur n'en répond pas : ainsi Primus prête *nantico fœnore* à Secundus une somme d'argent; avec cette somme Secundus achète des marchandises et les transporte en Afrique, mais il charge en même temps sur son navire des marchandises prohibées : aussi, le navire est-il saisi et sa cargaison tout entière confisquée. On doit décider, bien que les marchandises n'arrivent pas à bon port, que Secundus rendra à Primus le montant du prêt. Il faut admettre la même solution si le navire a fait naufrage parcequ'il était en mauvais état, si le navire a fait naufrage par ce que l'emprunteur s'est écarté de la route convenue, etc. On doit même décider que le prêteur est libéré de tous risques, par cela seul que le navire a abandonné la route convenue, sans y être forcé par les hasards de la navigation : on comprend, en effet, qu'un changement de direction puisse augmenter de beaucoup les dangers de la navigation et par suite les chances de perte pour le créancier, et il est juste qu'il soit alors libéré de tous risques.

Ainsi le prêteur ne répond que des risques résultant de la navigation et exempts de toute faute de la part du débiteur.

Mais à partir de quel moment et pendant combien de temps le prêteur répond-il des risques?

Si les parties ne se sont pas expliquées, dans leur contrat, sur la durée des risques, le prêteur répondra des risques tant que durera le voyage par mer (1). Si, au contraire, les parties dans le contrat limitent le temps pendant lequel les risques sont à la charge du prêteur, cette convention fait loi, ainsi que le prouve clairement un texte du Digeste (2). Ce texte a donné lieu à de très-vives controverses; bornons-nous a indiquer l'espèce qu'il prévoit: Callimaque a emprunté *nautico fœnore*, à Béryte, de Stichus, esclave ordinaire de Titius, une somme d'argent qui doit servir à acheter, à Béryte, des marchandises; ces marchandises doivent être transportées par mer à Brindes et là échangées contre d'autres marchandises qui seront transportées et vendues à Béryte. *Stichus se charge des risques de la navigation pourvu qu'elle dure au plus deux cents jours et que Callimaque quitte Brindes avant les ides de septembre*, et il est convenu que si Callimaque n'est pas reparti de Brindes à cette époque il devra à Stichus tout ce qu'il lui devrait si Stichus avait couru le risque total, c'est-à-dire le ris-

____

(1) L. 3, D., *De naut. fœn.* L. 1, C., *De naut. fœu.*
(2) L. 122, §1, D., *De verb. obli.* (xlv, 1).

que de la navigation de Béryte à Brindes et de Brindes à Béryte. Cela étant, Stichus charge son esclave vicaire Eros d'accompagner les marchandises et de toucher à Brindes, si Callimaque y est encore aux ides de septembre, tout ce que ce dernier lui devra. Il arrive que Callimaque remplit toutes les conditions et que le navire périt dans son retour à Béryte. D'après ce que nous avons dit plus haut, Stichus ne devrait rien pouvoir réclamer à Callimaque puisque celui-ci a perdu son navire et ses marchandises *ex navigatione maris*, sans avoir violé les conditions du contrat. Or, le jurisconsulte décide précisément que Callimaque devra restituer à Stichus la somme prêtée. Pour expliquer la conséquence inadmissible à laquelle arrive le jurisconsulte on a présenté bien des systèmes, mais leur examen ne peut trouver place dans une étude sur le *nauticum fœnis* faite principalement au point de vue des intérêts. Les solutions proposées sont du reste toutes évidémment inacceptables : celle qu'on admet le plus généralement consiste à ajouter dans le texte, avant ces mots *ante idus suprascriptas*, le mot *non*. Or, on conviendra qu'en ajoutant ou en supprimant (il est tout aussi permis de supprimer un mot que de l'ajouter) le mot *non* toutes les fois qu'une difficulté quelconque se présente dans l'explication d'un texte de droit romain, on ferait disparaître aisément toutes les difficultés. La correction proposée nous semble donc beaucoup trop commode pour être admise.

Quoi qu'il en soit, cette loi montre clairement que le préteur peut limiter, dans le contrat même, quant à leur durée, les risques qu'il prend à sa charge.

Ainsi le préteur, en résumé, répond des risques pendant toute la durée du voyage, s'il n'y a pas eu clause contraire, et, si la convention s'est expliquée sur ce point, pendant tout le temps fixé par cette convention.

Seconde différence entre le nauticum fœnus *et le* mutuum.

Dans le mutuum *ordinaire, l'intérêt n'est dû que s'il y a eu stipulation; dans le* nauticum fœnus, *l'intérêt est dû en vertu d'un simple pacte.*

Nous avons vu que, dans le *mutuum* ordinaire, le pacte ne pouvait pas engendrer une créance d'intérêts (1). Il ressort, au contraire, très-clairement de la loi 7, D., *De naut. fœn.*, que, dans le *nauticum fœnus*, les intérêts sont dus en vertu d'un simple pacte aussi bien qu'en vertu d'une stipulation.

Troisième différence entre le nauticum fœnus *et le* mutuum.

Dans le mutuum, *l'intérêt ne peut dépasser un certain taux; dans le* nauticum fœnus, *aucune limite n'est imposée à l'intérêt jusqu'à Justinien, et Justinien qui en fixe une décide qu'elle sera plus élevée qu'en matière de* mutuum *ordinaire.*

Les lois avaient imposé aux intérêts, dans le *mutuum* ordinaire, un maximum qu'il n'était point permis de dé- passer. Dans le *nauticum fœnus*, au contraire (nous nous plaçons avant Justinien), le taux de l'intérêt était illimité. Cela résulte formellement d'un passage de Paul,

____

(1) L. 11, § 1, D., *De reb. cred.*

où ce jurisconsulte nous dit : *Trajectitia pecunia propter periculum creditoris, quamdiu navigat navis, infinitas usuras recipere potest.* (Sentences, livre II, titre XIV, § 3). Du reste, le taux de l'intérêt, dans le *nauticum fœnus*, non limité par les lois, le fut par la coutume : les prêteurs à la grosse réclamaient le plus souvent, non pas par an, mais par voyage, un intérêt de 10 °/₀, en se réservant le droit de charger sur le navire un boisseau d'orge ou de blé par chaque solide prêté ; quelquefois ils n'usaient pas de cette faculté de charger des grains sur le navire et prenaient alors un intérêt de 12 1/2 °/₀.

Justinien décida que les prêteurs à la grosse ne pourraient pas réclamer, à titre d'intérêts, au delà de la *centesima usura*, c'est-à-dire 12 °/₀ : c'est ce que déclare formellement la loi 26, C. *De usuris.* On a prétendu que cette loi 26 ne s'appliquait qu'au cas de péril léger : mais les termes de la loi 26 ne distinguent pas. On a prétendu aussi que cette loi s'applique seulement à l'hypothèse où les risques restent à la charge de l'emprunteur : nous répondrons que, dans le cas où le prêteur d'une somme destinée au commerce maritime ne se charge pas des risques, il y a un *mutuum* ordinaire et que par suite le prêteur ne peut pas stipuler un intérêt de 12 °/₀ puisque dans le *mutuum* ordinaire, sous Justinien, des intérêts ne peuvent jamais être stipulés au taux de 12 °/₀ (le taux légal étant 4 °/₀, ou 6 °/₀, ou 8 °/₀, suivant les cas, mais ne s'élevant jamais à 12 °/₀) : on voit donc bien que la loi 26 permettant à celui qui prête *nautico fœnore* une somme d'argent de stipuler un intérêt de 12 °/₀, cette loi ne peut pas s'appliquer au cas où le prêteur ne se charge pas des risques. Il faut reconnaître que, par la loi 26,

Justinien a purement et simplement limité à 12 % le taux de l'intérêt en matière de *nauticum fœnus*, et que la règle qu'il pose est applicable dans tous les cas où nous avons *nauticum fœnus*.

Dans la Novelle 106, Justinien revint au droit ancien ; mais ce ne fut que pour peu de temps : dans la Novelle 110, il édicta de nouveau la règle de la loi 26.

Nous avons vu que, dans le *mutuum*, les intérêts cessent de courir quand ils atteignent le montant du capital et même que Justinien avait décidé, par les Novelles 121 et 138, qu'on devait tenir compte, dans ce calcul, non-seulement des intérêts échus et non payés, mais des intérêts que le créancier avait déjà touchés. Ces règles ne s'appliquent pas dans le *nauticum fœnus* : là les intérêts peuvent dépasser le capital sans cesser de courir.

Quant à ce taux de 12 %, qui est fixé par Justinien et que l'intérêt maritime ne pourra plus dépasser désormais, était-il fixé par an ou par voyage? Il est bien probable qu'il était fixé par année. En effet, comme nous l'avons déjà dit, il a été fixé par la loi 26, C. *De usuris* : or, les autres intérêts dont Justinien limite aussi le taux dans cette loi se calculent par année; on doit donc supposer qu'il en était de même des intérêts dus en matière de *nauticum fœnus*, car si une exception avait dû être faite pour eux, Justinien nous l'aurait certainement dit. Il faut naturellement admettre, le texte étant absolument muet sur ce point, qu'ils se calculent aussi par an.

En ce qui concerne le payement des intérêts maritimes, il faut noter que ce payement avait lieu ordinairement en même temps que le remboursement du capital;

dans le *mutuum*, au contraire, l'intérêt se payait tous les mois, à l'époque des kalendes.

Quatrième différence entre le nauticum fœnus *et le* mutuum.

Le mutuum *ordinaire est parfait par le transfert de propriété de la somme prêtée; le* nauticum fœnus *n'acquiert son caractère particulier que lorsque le risque commence.*

Ainsi le *nauticum fœnus* ne peut recevoir ses règles spéciales que pendant le temps où le créancier court un risque *ex navigatione maris*. Dés que le risque résultant de la traversée a cessé, le prêteur doit être traité comme un prêteur ordinaire, comme s'il n'avait pas voulu prendre les risques à sa charge : cela résulte formellement de la loi 4, pr. D. *De naut. fœn.;* cette loi est de Papinien. Le prêteur, bien que non encore remboursé, ne pourra plus réclamer l'intérêt maritime à partir du jour où le navire est entré dans le port de destination : cependant, comme son capital ne lui est pas encore rendu, il pourra se faire indemniser, par un intérêt, de la privation qu'il éprouve, mais, cet intérêt ne sera plus un intérêt maritime et il ne pourra pas dépasser le taux légal (1). Ajoutons qu'il devra être stipulé, car nous n'avons plus ici qu'un *mutuum* ordinaire, et, dans le *mutuum*, les intérêts doivent être stipulés. Du reste, les lois 4, D. *De naut. fœn.*, et 23, D. *de oblig*. *et act.* (XLIV, 7) nous disent formellement que la stipulation est ici nécessaire.

---

(1) L. 44, D., *De usur. et fruct.*

Mais sur quelle somme devra être calculé cet intérêt ? Sera-ce sur le somme prêtée, augmentée de l'intérêt maritime ? Sera-ce seulement sur la somme prêtée ? Pothier admet cette dernière opinion parce que faire produire à l'intérêt maritime un intérêt serait, dit-il, transgresser les lois qui défendent l'anatocisme ; mais nous ne pouvons nous ranger à l'avis de Pothier, et voici pourquoi : si la loi prohibe l'anatocisme, si elle ne fait pas produire des intérêts aux intérêts, c'est qu'elle suppose que le créancier n'aurait pas placé ces intérêts, s'ils lui eussent été payés, mais les aurait dépensés ; or, il est bien évident, dans le *nauticum fœnus*, que le prêteur doit capitaliser les profits que lui procure son commerce : ce créancier a dû compter que, dès la fin du voyage, dès que l'opération serait réalisée, il serait payé, non-seulement du capital, mais encore du profit maritime, et le non-payement du profit maritime lui fait éprouver une lésion tout aussi bien que le non payement du capital.

Souvent, le prêteur faisait monter sur le navire, objet du risque, un esclave qui avait pour mission de toucher le prix dû par l'emprunteur, au lieu fixé par la convention ; le prêteur, ainsi privé pendant un certain temps des services de son esclave, pouvait se faire indemniser de cette privation : tant que durait le risque, cette indemnité se confondait très-naturellement avec l'intérêt maritime et pouvait par suite dépasser le taux légal ; mais, une fois le péril passé et pendant le temps que le débiteur rétardait le payement de la somme due, nous croyons que la somme exigée comme prix des travaux de l'esclave, somme qui, du reste, devait être formellement stipulée (puisque, le péril étant passé nous n'avons plus *nauticum fœnus* mais simple *mutuum*), ne peut, jointe aux intérêts stipulés en cas de retard, dépasser le maximum légal. Ainsi, la peine imposée au débiteur en retard, peine qui comprend deux parties bien distinctes, savoir les intérêts stipulés pour le retard lui-même et les intérêts stipulés pour le travail de l'esclave, cessera de courir dès que le capital sera égalé par la somme des termes échus, qu'ils aient été ou non payés : quand nous disons *qu'ils aient été ou non payés*, nous nous plaçons évidemment sous la législation de Justinien, car, avant Justinien, pour calculer à partir de quel moment la *pœna* cesserait d'être due on n'aurait pas tenu compte des termes payés (1).

Des intérêts, avons-nous dit, ne peuvent être réclamés par le prêteur à la grosse, en cas de retard, que s'ils ont été *stipulés* : ce n'est là, du reste, qu'une application pure et simple des régles du *mutuum* ; on sait, en effet, que dans le *mutuum* et dans tous les contrats *stricti juris*, il n'est jamais dû d'intérêts moratoires. La *pœna* veut être *stipulée*, et elle sera due dès que le jour fixé pour le payement se sera écoulé sans que le payement ait été effectué, à moins que le non-payement provienne du fait du créancier (2).

Pour terminer notre étude du *nauticum fœnus*, nous n'avons plus à nous poser que deux questions :

1° Quelles sont les garanties qui pouvaient appartenir au prêteur à la grosse?

2° Quelle action était accordée au prêteur à la grosse ?

---

(1) L. 4, § 1, D., *De naut. fœn.*
(2) L. 12, C., *De contr. et comm. stipul.* (VIII, 38).

La première de ces deux questions est celle qui nous occupera le plus longtemps.

Quelles sont les garanties qui pouvaient appartenir au prêteur à la grosse?

Le prêteur à la grosse pouvait évidemment stipuler, comme le pouvait, du reste, tout prêteur dans un *mutuum*, que l'emprunteur lui fournirait une caution; et cette caution répondait du payement, non-seulement du capital, mais de l'intérêt maritime et de la peine stipulée en cas de retard.

Le plus souvent, l'emprunteur consêntait au prêteur un gage ou une hypothèque, et cette hypothèque portait presque toujours sur le navire et son chargement (1). L'emprunteur ne pouvait consentir de nouveaux droits sur ces objets sans y être autorisé par le prêteur; lorsque plusieurs hypothèques étaient constituées valablement, (*valablement*, c'est-à-dire avec l'autorisation du prêteur) sur les objets affectés à la sûreté du prêteur, leur rang se réglait par la date du contrat, selon le droit commun, à moins que l'un des créanciers n'eût sur les autres un droit de préférence, par exemple parce qu'il aurait conservé le gage commun (2). Ajoutons que l'hypothèque consentie par l'emprunteur garantit non-seulement le capital prêté mais les intérèts et autres accessoires de la dette.

Nous àvons deux remarques essentielles à faire sur l'hypothéque qui garantit un prêt à la grosse. D'abord, lorsqu'elle porte sur des marchandises qui sont transpor-

---

(1) L. 122, § 1, D., *De verb. oblig.* (IV, 41). L. 4, D., *De naut. fœn.*
(2) LL. 4 et 5, D., *qui potiores in pignore* (XX, 4).

tées par mer, elle n'empêche pas ces marchandises d'être vendues; mais elle portera sur les marchandises nouvelles qui les remplaceront sur le navire. En suite, elle est toujours subordonnée à une condition, car le prêteur ne pourra se prévaloir des droits qu'elle lui confère que s'il ne survient aucun accident pendant tout le temps durant lequel les risques étaient à sa charge; l'emprunteur sera libéré de toute obligation si le navire périt pendant qu'il est aux risques du prêteur, quand même les gages consentis subsisteraient encore. Telle est la solution donnée par la loi 6, D. *De naut. fœn.* Voici l'espèce prévue par cette loi : Primus a prêté *nautico fœnore* une somme à Secundus et il a été convenu qu'il ne se chargerait des risques que pendant un certain temps. Primus reçoit un droit de gage sur les marchandises que transporte le navire, objet du risque, et, en cas d'insuffisance, sur des marchandises transportées par d'autres navires et déjà engagées à d'autres prêteurs à la grosse. Le navire, étant encore aux risques de Primus, périt avec les marchandises qu'il porte et qui eussent suffi pour désintéresser le prêteur; Primus pourra-t-il néanmoins exercer sur les marchandises des autres navires, lesquelles sont arrivées à bon port, le droit de gage qui lui a été consenti? La loi 6. D. *De naut. fœn.*, décide que non.

Lorsque le prêteur à la grosse a négligé de se faire donner des garanties spéciales, il a un *privilegium* sur le navire que l'emprunteur a pu acheter ou réparer avec la somme prêtée et non sur les marchandises que cette somme a permis d'acheter (1). On sait que le *privilegium*

---

(1) LL. **26** et **34**, D., *De rebus auctoritate judicis* (XLII, 5).

des Romains n'est pas notre *privilége* : Le *privilegium* ne confère à celui qui le possède que le droit d'être préféré aux créanciers de même nature. On a soutenu que le prêteur à la grosse avait sur le navire, acheté par l'emprunteur, une hypothèque privilégiée ; mais aucun texte ne le dit et les cas d'hypothèque tacite ne doivent pas être étendus.

Nous voici arrivés au dernier point que nous ayons à examiner.

Quelle action était accordée au prêteur dans le nauticum fœnus ?

Dans l'opinion de Cujas, le prêteur a pour la restitution du capital, une *condictio certi*, puisque Cujas admet que le *nauticum fœnus* est, pour le capital, un véritable *mutuum*. Quant aux intérêts, que Cujas regarde comme dus, en vertu d'un contrat innomé, le prêteur les réclamera par l'action *prœscriptis verbis*.

Dans l'opinion de **M.** de Savigny, le *nauticum fœnus* étant un contrat innomé tant pour le capital que pour les intérêts, le prêteur réclamera, soit le capital, soit les intérêts, par l'action *prœscriptis verbis*.

Mais il est facile de voir que l'action *prœscriptis verbis* est tout-à-fait inadmssible, en matière de *nauticum fœnus*. D'abord, avant que l'action *prœscriptis verbis* fût admise en droit romain, le *nauticum fœnus* était parfaitement connu et usité : quelle était donc alors l'action dont se servait le prêteur à la grosse ?

Voilà une première objection et la gravité en est évidente ; mais ce n'est pas tout : Lorsque l'action *prœscriptis verbis* a été introduite en droit romain, elle fut admise par les Proculiens, mais repoussée par les Sabiniens; ainsi, les Sabiniens ne devaient pas accorder cette action au prêteur à la grosse : Or, les textes nous prouvent que le *nauticum fœnus* ne soulevait entre les deux écoles aucune contestation. Enfin, la loi 2, § 8, D., *De eo quod certo, etc.* (XIII, 4) nous dit que l'action *de eo quod certo loco* est possible en matière de *nauticum fœnus;* Or, la loi 7, D. *De eo quod certo loco*, nous déclare que l'action *de eo quod certo loco* ne s'applique jamais lorsqu'il s'agit d'un contrat sanctionné par une action de bonne foi (et tout le monde admet que l'action *præscriptis verbis* est de bonne foi). De plus, si l'action qu'a le prêteur à la grosse est l'action *præscriptis verbis*, c'est-à-dire une action de bonne foi, ce prêteur ne peut jamais avoir besoin de l'action *de eo quod certo loco*, car la formule de l'action de bonne foi laisse assez de latitude au juge pour que aucune plus-pétition *loco* ne soit possible, et, la plus-pétition *loco* n'étant pas à craindre, le créancier n'aura évidemment aucun besoin de l'action *de eo quod certo loco.*

Quant à nous, comme nous l'avons déjà indiqué, nous regardons le *nauticum fœnus*, tant pour le capital que pour les intérêts, comme un *mutuum* soumis à des règles particulières; et par suite nous croyons que le prêteur à la grosse pouvait réclamer, et le capital, et les intérêts, par une *condictio.*

CHAPITRE V.

PROHIBITION DU PRÊT A INTÉRÊT PAR L'ÉGLISE; INFLUENCE QU'EXERÇA CETTE PROHIBITION SUR LA LOI CIVILE.

L'Église a exercé la plus grande influence sur les destinées du prêt à intérêt : nous allons étudier cette influence dès l'origine même du christianisme et voir ce que devint le prêt à intérêt, soit dans l'Église grecque, soit dans l'Église latine.

C'est dans un texte de l'évangile de saint Luc (chap. VI, versets 34 et 35) qu'on a prétendu trouver la prohibition du prêt à intérêt ; Jésus dit, en effet, à ses disciples et au peuple : prêtez sans rien espérer (*mutuum date nil inde sperantes*). Mais, ce texte a-t-il le sens absolu que lui ont attribué les théologiens? Nous offre-t-il un précepte formel ou seulement un conseil de charité chrétienne et d'amour fraternel? Tout le monde sait que les idées de douceur, de tolérance, d'amour, de justice, forment le fond de l'enseignement de Jésus; ce n'est cependant pas lui qui les a apportées au monde : elles étaient connues de l'ancienne alliance qui prescrivait d'avoir soin de l'orphelin, de la veuve, du faible, de ne pas rendre la route difficile à l'aveugle, même d'aider son ennemi dans le besoin ; mais Jésus a tellement développé et complété ces sentiments, il les a tellement grandis et sanctifiés qu'après lui ils ont absolument prévalu et qu'ils ont toujours exercé la plus heureuse influence sur les pays chrétiens. Ils forment donc en quelque sorte le véritable patrimoine de Jésus et c'est à eux que se rapportent toutes ses paroles, du moins celles dont l'authenticité est incontestable ; c'est ainsi qu'il a dit : « Faites du bien à ceux qui vous haïssent ; bénissez ceux qui vous maudissent ; si l'on vous donne un soufflet tendez l'autre joue ; laissez prendre votre habit à celui qui vous ôte votre tunique ; donnez à qui demande ; quand on vous ôte ce qui est à vous, ne le réclamez pas, etc. » Jésus a ainsi promulgué l'idéal de la perfection humaine : il a donné des conseils que chacun doit suivre, dans la mesure de ses forces, pour arriver à la perfection ; des principes de douceur et de charité d'où nous devons tirer nous-mêmes les règles de notre conduite, règles qui varient avec les hommes et les circonstances où ils se trouvent. Tel a été, du reste, le caractère de l'enseignement de Jésus tout entier : on ne trouverait pas dans les évangiles un seul précepte qui soit applicable dans son sens littéral, car les préceptes des évangiles nous disent en quoi consiste la perfection, et l'homme, qui doit se rapprocher sans cesse de la perfection, n'y arrive jamais, c'est-à-dire qu'il ne peut jamais suivre à la lettre un seul de ces préceptes ; on ne trouverait pas davantage dans les évangiles un seul précepte de justice rigoureuse nettement formulé, car un pareil précepte eût été bon chez un peuple, mauvais chez un autre, applicable dans une société, inapplicable dans telle autre, trop rigide pour celui-ci, trop facile pour celui-là ; et le but de Jésus était de laisser au monde, non pas des ordres formels, des prohibitions positives, mais des idées éternellement et universellement vraies, des préceptes qui pussent guider tous les hommes en leur offrant une sorte d'idéal dont ils auraient tous à s'approcher sans qu'aucun d'eux pût l'atteindre jamais.

Les préceptes que laissa Jésus étaient donc, non pas des commandements, mais d'admirables conseils. Il avait dit : « *bénissez ceux qui vous maudissent;* » c'est en suivant ce conseil que l'homme peut arriver, non pas à bénir ceux qui le maudissent (ce qui serait la perfection), mais à ne pas rendre le mal pour le mal. Jésus a dit : « *si l'on vous donne un soufflet, tendez l'autre joue* » ; il n'y a jamais eu une société où l'homme dût observer ce précepte à la lettre, mais c'est en l'ayant devant les yeux que nous arrivons à pardonner les offenses. Jésus a dit : « *quand on vous ôte votre tunique, laissez prendre votre habit* » ; c'est en tâchant de se conformer à cette règle que le riche ne se lasse jamais de donner au pauvre. Il en est de même de tous les conseils que nous trouvons dans les évangiles; il en est ainsi de celui que les théologiens ont si mal interprété : *prêtez sans rien espérer* (1). Il faut voir là un précepte de charité : nous devons nous secourir les uns les autres. Si je vois mon semblable dans le besoin et que je lui vende mes secours, je manque aux devoirs de l'humanité : Dans une circonstance pareille, je dois, si je le puis, lui prêter sans intérêt ou même lui donner. Mais, faire de ce précepte de charité un précepte de justice rigoureuse, c'est choquer la raison et ne pas comprendre l'esprit général de l'enseignement de Jésus ; c'est, en outre, choquer le sens du texte, car, les théologiens n'ont jamais prétendu que les premiers mots du

---

(1) Il faut bien remarquer que ce passage se trouve dans le même chapitre que toutes les maximes précédemment citées, et à leur suite.

texte, *mutuum date* (*prêtez*), renferment autre chose qu'un précepte de charité : or, si le commencement de la phrase s'entend d'un devoir de charité, la fin de la phrase (*nil inde sperantes*) ne peut s'entendre d'un devoir de justice. Si le prêt n'est pas un précepte rigoureux, la condition du prêt ne peut en être un. Jésus ne peut avoir dit : « vous êtes libre de prêter ou de ne pas prêter. Quand même en ne prêtant pas vous laisseriez mourir de faim votre semblable, vous pouvez ne pas lui prêter; seulement, si vous lui prêtez, c'est-à-dire si vous lui rendez un service, ce serait un péché d'accepter l'intérêt qu'il vous offre. » Remarquons, en outre, que les versets de saint Luc ne parlent nullement d'intérêt; ils ordonnent de prêter sans rien espérer recevoir : *rien*, c'est-à-dire ni intérêts, ni capital. Est-ce que les théologiens sont allés jusque-là ? Ne transformons donc pas en règles extérieurement obligatoires des avertissements qui n'ont en vue que la perfection spirituelle. Montesquieu avait raison de dire : « c'est une action très-bonne de prêter son argent sans intérêt, mais on sent que ce ne peut être qu'un conseil de religion et non une loi civile. »

Ce texte de saint Luc ne dit donc pas ce que les théologiens lui ont fait dire, et le Nouveau Testament ne condamne pas le prêt à intérêt. Loin de là, la parabole du serviteur réprimandé par son maître pour n'avoir pas fait valoir l'argent que ce dernier lui avait confié, pour ne pas le lui avoir rendu *cum usurâ* (Matth. chap. iv, vers. 26 et 27), nous montre clairement que le prêt à intérêt n'a jamais été\proscrit dans l'enseignement de Jésus (1).

---

(1) Quant aux versets de l'Ancien Testament, ils prohibent bien la perception

Quoi qu'il en soit, l'Église s'appuya sur le texte de saint Luc, pour défendre le prêt à intérêt, et le quarante-quatrième canon des apôtres ordonna aux clercs de s'en abstenir : *Episcopus, aut presbyter, aut diaconus, usuras a debitoribus exigens, certe damnatur.* Le concile de Nicée, premier concile œcuménique, fut conçu dans les mêmes idées ; mais il n'étendit pas ses prohibitions jusqu'à la société civile. A la même époque, en effet, Constantin porta des lois qui maintenaient à 12 %, par an le taux de l'intérêt de l'argent, à 50 % l'intérêt des fruits secs et liquides ; et ces lois ne furent pas censurées par l'Église.

Mais peu à peu la sévérité du clergé s'étendit plus loin, et l'Église, après avoir défendu le prêt à intérêt aux clercs, pensa qu'il fallait étendre la réforme aux laïques. Lactance forma ce projet dès le règne de Constantin, mais Constantin le fit échouer.

Plus tard cette pensée fut reprise en Orient et en Occident. Laissons de côté, pour le moment, l'Église d'Occident et occupons-nous du prêt à intérêt dans l'Église d'Orient.

Saint Basile (1), archevêque de Césarée ; saint Grégoire, évêque de Nysse, frère de saint Basile ; saint Grégoire de Nazianze, compatriote et ami de saint Basile (2), s'élèvent

---

des intérêts, mais en tant seulement qu'ils sont exigés des débiteurs indigents. *Si vous prêtez aux pauvres, ne les accablez point par des usures* (Exode, v, 25). *Si votre frère est devenu fort pauvre et qu'il ne puisse plus travailler, ne lui donnez pas votre argent à usure.* (Lévitique, v, 35 et 37.)

(1) Mort en 379.

(2) Il était Cappadocien, et Césarée était en Cappadoce,

contre le prêt à intérêt. Le prêt à intérêt, disent-ils, est la source d'une infinité de crimes ; les emprunts, comme le proclamait le prophète David, sont une occasion de mensonge, d'ingratitude, de perfidie : *Sumere mutuo initium mendacii, ingratitudinis occasio, perfidiæ et perjurii* (psaume 14). Les Pères détournent donc les fidèles d'emprunter à intérêt ; ils leur conseillent d'apprendre un métier, d'employer leurs mains, leur adresse, d'imiter la fourmi et l'abeille qui travaillent et n'empruntent pas. Du reste, comme l'a dit Aristote, l'argent est une chose stérile et les choses stériles ne sont pas productives ; invoquant l'autorité de ce philosophe, les Pères recommandent le prêt gratuit, mais réprouvent complétement le prêt à intérêt.

Notons qu'à cette époque, les conciles n'avaient encore atteint, par leurs décrets, que les clercs ; les laïques pouvaient vivre à l'abri des lois, qui permettaient le prêt à intérêt. Saint Grégoire de Nysse le reconnaît et s'en étonne ; il voudrait qu'on appliquât au prêteur à intérêt la pénitence publique, comme à l'idolâtre, à l'adultère et à l'homicide. Ce n'est que beaucoup plus tard que les peines canoniques atteignirent le prêt à intérêt dans la société laïque, il n'en fut même jamais ainsi dans l'Église d'Orient. Quoi qu'il en soit, le témoignage de saint Grégoire nous montre que la primitive Église n'était pas aussi sévère pour le prêt à intérêt que les théologiens plus récents.

Saint Jean-Chrysostome (1), patriarche de Constantinople, s'attaque à la loi civile elle-même, et bien qu'il

---

(1) Mort en 407.

sache se heurter à de nombreux préjugés (*non sum nescius multis hæc molesta videri*), il la déclare trop indulgente : Ne me parlez pas, dit-il, des lois écrites..., le publicain observait bien les lois extérieures et cependant il fut puni (*Nec de illis quidquam mihi dicas quæ exterioris legis sunt..., publicanus exteriorem servat legem et tamen punitur*). Puis, il interroge les philosophes païens et montre qu'eux aussi, bien qu'ils ne fussent pas chrétiens, regardaient le prêt à intérêt comme un acte injuste. Saint Basile avait déjà emprunté, pour combattre le prêt à intérêt, des arguments à la littérature païenne : on peut remarquer cette alliance entre la philosophie chrétienne et celle du paganisme.

La tentative des Pères grecs échoua et le pouvoir civil continua à porter des lois sur le taux de l'intérêt ; nous avons vu que l'empereur Basile essaya de supprimer l'intérêt, mais que Léon le Philosophe revint aux lois de Justinien. L'Église d'Orient elle-même ne songea bientôt plus à défendre le prêt à intérêt dans la société laïque ; elle alla même plus loin et se relâcha des rigueurs du concile de Nicée à l'endroit des clercs : le concile appelé *in Trullo* ne défendit le prêt à intérêt qu'aux clercs majeurs (évêque, prêtre, diacre), tandis que le concile de Nicée l'avait interdit à tous les clercs. Ajoutons que la prohibition du concile *in Trullo* s'étendait seulement à ceux *qui accipiunt usuras centesimas*. Ainsi, le précepte évangélique ne devint pas un précepte civil s'appliquant aux laïques, et même il ne s'appliqua, comme nous venons de le voir, qu'à certains ecclésiastiques. Il en était encore de même plusieurs siècles plus tard dans l'Église d'Orient.

Arrivons à l'Église d'Occident.

Là le prêt à intérêt devait avoir une autre destinée qu'en Orient. Dès le quatrième et le cinquième siècles, saint Ambroise (1), évêque de Milan, saint Jérôme (2), saint Augustin (3), évêque d'Hippone, s'élèvent avec une vive indignation, comme leurs contemporains, les Pères grecs, contre ceux qui placent leurs fonds à intérêt. Ils montrent les kalendes toujours redoutées dans leur retour périodique et augmentant les charges de l'emprunteur; ils flétrissent les créanciers qui font vendre les enfants de leurs débiteurs, qui empêchent de porter en terre le corps du débiteur décédé. Ils exposent les progrès de la morale chrétienne sur la morale ancienne : Moïse avait dit aux Juifs de ne pas prêter à intérêt à leurs frères, mais leur avait permis de prêter aux étrangers (*fratri tuo non fœnerabis, alieno autem fœnerabis*); Jésus va plus loin : Il ne veut même pas qu'on prête à intérêt aux étrangers (*mutuum date nil inde sperantes*) (4). Voilà, s'écrie saint Jérôme, le progrès de la morale de Jésus sur la morale de Moïse! C'est en vain qu'on lui répond : « Si je prête à mon semblable un boisseau de grain, lequel ayant été semé, en a produit dix, j'ai bien le droit de prendre, outre le boisseau que j'ai prêté, un autre boisseau, puisque l'emprunteur en a neuf par mon bienfait. » Il ne veut

---

(1) Mort en 397.

(2) Mort en 420.

(3) Mort en 430. .

(4) Nous avons fait remarquer, en traitant du prêt à intérêt chez les Juifs, qu'on ne doit pas considérer Jésus comme ayant généralisé la prohibition mosaïque.

rien entendre : « Répondez, dit-il, avez-vous prêté à celui
qui avait ou à celui qui n'avait pas? S'il avait, pourquoi
lui prêter? S'il n'avait pas, pourquoi lui demandez-vous
davantage, comme s'il avait. (*Respondeat fœnerator,
utrum habenti dederit aut non habenti? Si habenti utique
dare non debuerat? Sed dedit quasi non habenti? Ergo
quare plus exigit quasi ab habenti.*)

Saint Augustin ose même franchir les limites de la
spiritualité et aborder d'une manière expresse l'antagonisme de la loi religieuse et de la loi civile : dans ses
sermons, et surtout dans ses épîtres, il se demande ce
qu'il faut penser des intérêts autorisés par les lois : ce
sont des biens mal acquis, dit-il, et je voudrais qu'on les
rendît. (*Hæc (usuræ) atque hujus modi male utique pos-
sidentur et vellem restituerentur.*)

Au reste, les Pères ne se contentent pas de prêcher
eux-mêmes leur doctrine; ils invitent énergiquement les
évêques et les prêtres à travailler de leur côté pour extir-
per un mal aussi grand.

On le voit, les Pères de l'Église latine sont unanimes :
néanmoins, l'autorité du droit civil n'est pas sérieusement compromise; les conciles ne prononcent pas de
peines contre ceux qui suivent la loi civile; ils se bornent à les blâmer. Mais, avec le pape saint Léon,
l'Église, devenue plus puissante, ose enfin réprimer
d'une manière expresse, dans la société laïque, ce qu'elle
a blâmé jusque là : Saint Léon ordonne de punir avec
sévérité les prêteurs à intérêt. C'était le premier coup
porté à la loi civile. Mais le pouvoir spirituel, bien que
l'absence des empereurs et les invasions barbares lui
donnassent chaque jour plus d'étendue et d'importance,

n'était encore très-puissant qu'en Italie ; il ne pouvait agir que faiblement sur les contrées éloignées : aussi, dans la seconde moitié du cinquième siècle, voyons-nous le prêt à intérêt, proscrit de l'Italie, exister en Gaule sous la protection des lois (1). Il devait en être ainsi pendant trois siècles encore.

C'est seulement sous Charlemagne que l'Eglise et l'État proscrivent d'un commun accord le prêt à intérêt, et que les lois impériales relatives à ce contrat sont abrogées : *Omnino omnibus interdictum est ad usuram aliquid dare*, dit un Capitulaire de 789 (2) ; *usuram non solum clerici, sed nec laïci christiani exigere debent*, ajoute un Capitulaire de 813 (3). Sous les successeurs de Charlemagne, les défenses sont renouvelées (4). Les prêteurs à intérêt sont frappés d'excommunication : *Canonicam in eos sententiam proferant* (5)..... *Usurarum turpia lucra canonica severitate inhibemus* (6)..... Ils sont considérés comme infâmes, écartés des lieux saints, privés de la sépulture ecclésiastique : et cela, quand même le prêt à intérêt aurait pour but une bonne œuvre, par exemple le rachat de chrétiens prisonniers des infi-

---

(1) Sidoine Apollinaire, évêque de Clermont (IV, épist. 24, p. 122), et Grégoire de Tours (III, 34) nous font deux récits, relatifs, le premier à un ami de Sidoine Apollinaire, Maxime, et le second à un évêque de Verdun, Didier, qui prouvent que le prêt à intérêt était pratiqué en Gaule par les hommes les plus puissants, les plus honorables et les plus respectés.

(2) Capit. d'Aix-la-Chapelle, lib. 1, c. 5.

(3) Lib. 5, c. 38.

(4) Capit. tiré du sixième concile de Paris.

(5) Concile de Meaux, de 845.

(6) Concile de Paris, de 850.

dèles. La prohibition est absolue. Les choses restent dans cet état jusqu'à la fin du douzième siècle, époque de la renaissance du droit romain en Italie, et par suite en Gaule. On sait que cette rénovation eut une influence décisive sur la société du moyen âge pendant les siècles suivants, et le prêt à intérêt en ressentit les effets. La jurisprudence devint alors, en effet, l'objet d'une étude générale : en lisant ces lois romaines, qui avaient considéré le prêt à intérêt comme un contrat parfaitement licite, on se demanda si toutes les préventions dont il se voyait l'objet depuis plusieurs siècles n'étaient pas injustes. Peu à peu ces préventions s'affaiblirent, et si, à cette époque, les théologiens réprouvaient encore universellement le prêt à intérêt, beaucoup de jurisconsultes en arrivèrent à le trouver légitime. Dans cet état de choses, le concile de Latran, tenu sous Alexandre III, renouvela les peines contre les prêteurs à intérêt, et décida qu'ils ne seraient reçus ni à la communion ni à la sépulture ecclésiastique ; partout les règlements et les défenses furent multipliés ; le concile de Vienne alla jusqu'à fulminer l'excommunication contre les magistrats qui refuseraient de se conformer, dans leurs arrêts, aux prohibitions de l'Église. Du reste, le pouvoir civil n'abandonna pas, dans ces circonstances, l'autorité ecclésiastique, et les décrets de l'Église furent sanctionnés par les ordonnances de nos rois.

Ainsi la puissance séculière introduisait les prescriptions ecclésiastiques dans sa propre législation. Les Juifs et les Lombards obtenaient toutefois le droit de prêter à intérêt ; ce droit leur était cédé (comme un droit régalien que le prince pouvait communiquer) moyennant de forts tributs qu'ils payaient au trésor royal. On peut donc dire que les souverains, qui prohibaient le prêt à intérêt, en avaient fait en quelque sorte un privilége à leur profit en l'exerçant indirectement et par complicité, comme si les prohibitions n'existaient pas pour eux, comme si le droit ne devait pas être le même pour les princes et pour les sujets.

Ces concessions faites par les rois aux Juifs et aux Lombards se présentaient non-seulement en France mais dans les autres Etats de l'Europe occidentale : en Italie, en Espagne, ils pouvaient même prêter à un taux tellement élevé que les intérêts doublaient le capital en trois ans et quatre mois. En Angleterre, en Allemagne, des taux plus modérés leur étaient imposés, et leurs opérations étaient surveillées. Telle fut, chez nous, la politique des premiers rois Capétiens : les Juifs et les Lombards pouvaient prêter à intérêt, mais sous la surveillance du gouvernement et à certaines conditions imposées par lui. Louis IX alla plus loin : il refusa même de leur céder le droit de prêter à intérêt (ordonn. de 1268). Ses ministres lui représentèrent que, sans emprunts, le peuple ne pouvait ni se livrer au commerce ni cultiver ses terres (*populus non potest vivere sine mutuo*); mais leurs efforts furent inutiles : respectueux observateur des canons, Louis IX crut devoir les faire passer avant l'intérêt public et prononça une interdiction absolue du prêt à intérêt, sans exception pour les Juifs et les Lombards.

Philippe IV chassa de France les Juifs et les Lombards, fit confisquer et vendre leurs immeubles; seulement, dans l'intérêt du commerce, il permit les *usures foraines* : dans les foires, des permissions exceptionnelles autorisèrent entre marchands les règlements d'une foire à l'autre avec intérêts ; mais, même dans ces cas particuliers, les ordonnances de 1311 et 1312 punissent les intérêts supérieurs à 20 0/0. Dans tous les autres cas, le prêt à intérêt fut défendu. On peut remarquer que Philippe IV, qui interdisait à ses sujets le prêt à intérêt, trouvait tout naturel de se livrer pour son propre compte à la fabrication de la fausse monnaie.

Sous Philippe VI, une première ordonnance permit au débiteur d'un Juif ou d'un Lombard de payer le principal seulement de sa dette, une seconde lui permet de ne payer que les trois quarts du principal, une troisième autorise le prêt, une quatrième le prohibe en défendant de payer les usuriers, une cinquième confisque au profit du trésor tout ce qui était dû aux juifs et aux Lombards. Sous Jean II, une ordonnance de 1360 autorise formellement le prêt à intérêt en faveur des Juifs et des Lombards ; mais, on ne leur permettait cependant de prendre que quatre deniers par livre, chaque semaine, et, s'ils exigeaient davantage, le capital devait leur être payé sans intérêts. Ce droit, accordé par Jean II, fut étendu et régularisé sous Charles V ; mais les persécutions les frappèrent de nouveau pendant le régne long et malheureux de Charles VI ; elles cessérent enfin sous Louis XI.

Du reste, le droit de prêter à intérêt était souvent retiré d'une manière subite aux Juifs et aux Lombards par le prince même qui le leur avait accordé, et qui, ayant besoin d'argent, trouvait fort simple de les forcer à payer une seconde fois cette autorisation. Sans cesse exposés à une révocation de la concession royale, les Juifs et les Lombards étaient donc toujours dans une position précaire, incertaine, et ils faisaient naturellement payer le risque qu'ils couraient. Leur commerce était périlleux ; donc il devait être cher. Telle était la raison principale de l'élévation des intérêts perçus par eux. C'est aussi parce qu'ils n'avaient pas une grande confiance dans la solidité et la durée des concessions qui leur étaient faites, que souvent ils cachaient sous l'apparence d'intérêts moratoires les intérêts qu'ils prélevaient : L'emprunteur promettait que si, à telle époque, le capital n'était pas remboursé, il payerait au créancier un marc pour dix (c'est-à-dire six pour dix), pour chaque deux mois, afin de l'indemniser des dépenses et des pertes occasionnées par son retard.

Les Lombards, dès l'origine de leur commerce en France, furent excommuniés. Quant aux Juifs, ils étaient de plein droit excommuniés ; aussi l'Eglise ne lançait-elle pas ses foudres contre eux : seulement elle défendit aux fidèles d'avoir avec eux aucune espèce de commerce, sous peine d'excommunication. Remarquons, du reste, qu'elle se relâcha peu à peu de ses sévérités et qu'elle finit par permettre aux Juifs de prêter à intérêt, pourvu qu'ils le fissent avec modération (quatrième concile de Latran, en 1215) : elle pensait, en permettant aux Juifs la pratique du prêt à intérêt (qui ne pouvait compromettre leur salut, puisque déjà, comme Juifs, ils étaient damnés) purger la société chrétienne de ce contrat. Telle était la morale de l'Eglise ; nous voilà bien loin de l'enseignement de Jésus, qui prêchait l'amour et la charité, non pas envers quelques-uns, mais envers tous.

Nous n'en dirons pas davantage sur les Juifs et les

Lombards. Faire une étude plus approfondie du rôle qu'ils ont joué au moyen âge excéderait les limites de notre travail.

Nous avons parlé jusqu'ici de la prohibition du prêt à intérêt, sans dire par quels arguments les adversaires du prêt à intérêt justifiaient ou plutôt essayaient de justifier cette prohibition. Voyons quel était leur raisonnement. Nous n'en dirons d'ailleurs que quelques mots, car nous l'avons déjà exposé et réfuté en traitant d'une manière générale de la légitimité de l'intérêt, au chapitre II de cette thèse.

Les Romains, disaient les adversaires de l'intérêt, ne classaient pas le prêt à intérêt parmi les contrats de droit naturel ; on en trouve la preuve dans la combinaison des deux contrats de droit strict par laquelle ils constituaient l'opération. Mais ceux qui tenaient un langage pareil méconnaissaient singulièrement la nature du droit romain et oubliaient que le seul but de son formalisme rigoureux était de donner à une obligation naturelle la force d'une obligation civile.

Dans le contrat de vente, ajoutait-on, il doit y avoir un prix, car, il faut que le vendeur reçoive le prix de la chose dont il a transféré la propriété à l'acheteur. Mais dans le prêt, puisque la chose doit être rendue, pourquoi un prix ? Pourquoi quelque chose de plus que ce qui a été prêté ? Ce ne peut être pour l'usage de la chose prêtée, car l'emprunteur est propriétaire de la chose prêtée, et par suite, il n'a pas à en payer l'usage.

Cet argument ne supporte pas l'examen : sans doute l'emprunteur devient propriétaire de l'argent considéré physiquement comme une certaine quantité de métal ;

mais il n'est pas propriétaire de la valeur de cet argent, puisque cette valeur ne lui est confiée que pour un temps, et pour être rendue à l'échéance. D'ailleurs, supposons que l'emprunteur soit propriétaire de l'argent prêté : qu'en conclurez-vous? Concluez-en, si vous le voulez, que l'emprunteur ne doit pas payer l'usage d'une chose dont il a déjà acquis la propriété, mais n'en concluez pas que, lorsque l'emprunteur s'est déterminé à acquérir cette propriété, le prêteur et l'emprunteur n'aient pu en fixer le prix d'après la considération de cet usage attaché à la propriété. Il est bien évident que l'emprunteur ne peut être propriétaire de la chose que s'il l'achète. Or ici, en l'achetant, que donne-t-il en échange? L'engagement de rembourser une certaine somme à une certaine époque. Quand il a pris cet engagement, l'emprunteur a très-bien pu avoir égard à l'utilité dont serait pour lui cette propriété qu'il acquiert, et, si, ayant égard à cette utilité, il s'engage à rendre dans un an plus qu'il ne reçoit aujourd'hui, il ne devient réellement propriétaire de la somme empruntée qu'en devenant débiteur de la somme plus considérable par lui promise : de même que l'homme qui achète un cheval au prix de quatre cent cinquante francs devient débiteur de quatre cent cinquante francs et non pas d'une somme moins considérable. Donc, de la comparaison du prêt à intérêt avec la vente, on ne peut tirer aucun argument contre la légitimité de l'intérêt.

Les adversaires du prêt à intérêt ne sont pas plus heureux en comparant le prêt à intérêt au louage. Dans le contrat de louage, disent-ils, il est juste qu'il y ait un prix, car les risques de la chose louée sont pour le bailleur, et il ne serait pas juste que le preneur retirât gratuitement des avantages de la chose d'un autre, tandis que celui-ci en souffrirait la perte ou la diminution. Au contraire l'emprunteur est toujours obligé de rendre, quand même la chose aurait péri entre ses mains; la chose est à ses risques et périls : le prêteur, en prenant un prix, prend donc un profit sur la chose là ou celui qui emprunte peut n'avoir que de la perte. Cela n'est pas juste.

Sans doute, répondrons-nous, le prêteur est affranchi des risques que court la chose par suite de force majeure, mais il peut redouter l'insolvabilité de l'emprunteur : Le bailleur n'a pas à craindre que le preneur emporte la maison, la ferme, le champ, loués; le prêteur, au contraire, peut craindre que l'emprunteur (maître d'user et d'abuser, puisqu'il est propriétaire) ne consomme la chose, la fasse disparaître et laisse le créancier sans garantie.

Mais, ajoutaient les théologiens et les canonistes, l'argent est stérile : le travail humain, comme l'a dit Aristote, trouve sa récompense dans les fruits naturels que le cultivateur ou l'artisan obtiendra de la terre rendue fertile par ses soins; quant à l'argent, il est stérile, ce n'est qu'un moyen d'échange ; on ne peut donc en faire une source d'acquisition.

Ce raisonnement fut répété au moyen âge par tous les adversaires du prêt à intérêt : à cette époque Aristote était l'expression de la sagesse, et, lorsqu'on avait pour soi l'opinion d'Aristote, on était sûr du succès. Le maître avait parlé : toutes les difficultés devaient disparaître, la question était tranchée. Mais, nous, qui ne voyons plus dans le grand philosophe grec un demi-dieu, que penserons-nous de son argument sur la prétendue stérilité de l'argent ? Sans doute, l'argent est stérile, mais est-il une chose qui ne soit stérile par elle-même ? Il n'y a de productif dans la nature que ce qui est fertilisé par le travail et utilisé par des besoins. Les champs et les maisons ne produisent pas d'autres champs et d'autres maisons; cependant, nos maisons sont rendues productives par le besoin de s'y loger qu'éprouvent les personnes n'ayant pas de maisons, et nos champs sont rendus productifs, si nous les travaillons avec la bêche ou la charrue et si nous les ensemençons. De la même manière, l'argent, improductif par lui-même, devient productif parce qu'il est indispensable aux transactions humaines, parce qu'il élargit la sphère commerciale, parce que nous en avons à chaque instant besoin.

Mais, répondent les adversaires de l'intérêt, quand même on admettrait que l'argent doit donner un profit, s'il est mis en usage par l'industrie, peut-on conclure à la légitimité de l'intérêt ? Non, car ici l'industrie, qui rend l'argent productif, est celle de l'emprunteur ; pourquoi le prêteur, qui ne participe pas aux hasards et aux chances courus par l'emprunteur, préléverait-il à coup sûr une part d'un profit incertain ?

Singulier raisonnement, en vérité ! Qu'importe au prêteur l'usage que l'emprunteur fait de l'argent prêté ? Le prix que reçoit le prêteur n'est pas une part du bénéfice que l'emprunteur fera par son industrie ; c'est le prix du transport que le prêteur lui fait de la propriété d'une somme, prix légitime puisque le prêteur s'impose une privation et que l'emprunteur en retire un avantage.

Comme nous le voyons clairement, le raisonnement des théologiens contre la légitimité de l'intérêt ne nous offre qu'un ramas de sophismes futiles. On doit se demander comment des raisons pareilles ont pu obscurcir les principes sur lesquels repose la légitimité de l'intérêt, comment les théologiens sont parvenus à se tromper aussi grossièrement. Dira-t-on qu'ils ont imaginé ces raisons parce que, l'évangile défendant, à leurs yeux, le prêt à intérêt, il fallait bien qu'ils expliquassent cette prohibition, même au point de vue juridique et économique ? Nous ne pouvons admettre que ce motif soit le vrai. Dès l'origine, en effet, les théologiens ont eux-mêmes reconnu avec raison que le texte de saint Luc, que nous avons cité et expliqué plus haut, ne pouvait pas servir de base bien solide à l'opinion qui condamne le prêt à intérêt : sans doute, ils ont continué à le mettre en avant; mais peut-on croire que ce texte eût suffi pour leur faire entreprendre et continuer pendant des siècles cette lutte contre ceux qui prêtent, si le prêt à intérêt n'avait été par lui-même fort impopulaire ? En réalité, les théologiens ont cherché à faire disparaître du contrat de prêt l'intérêt parce que les peuples imputaient à l'intérêt une grande partie de leurs malheurs. C'est ainsi que nous avons vu, dans la république romaine, qu'une cause ordinaire des souffrances et des plaintes du peuple était l'élévation des intérêts ; nous avons parlé de la dureté des patriciens au moment de l'échéance : on sait que le débiteur insolvable devenait l'esclave de son créancier qui pouvait le vendre à son profit et même le mettre à mort. Aussi, les préteurs à intérêt étaient-ils à Rome l'objet de l'exécration publique ; et l'on peut dire que, dans la société romaine, la diminution ou même la suppression de l'intérêt était le vœu de tous les emprunteurs, c'est-à-dire des pauvres. Ce fut alors que le christianisme survint; il se déclara le protecteur des pauvres : les âmes pieuses durent donc bientôt voir dans le prêt à intérêt un contrat réprouvé par la morale chrétienne ; elles cessèrent peu à peu de l'envisager en lui-même, dans ses principes, et le confondirent bientôt avec la dureté, la cruauté des poursuites dirigées par les créanciers contre leurs débiteurs malheureux ; ces tendances allèrent en croissant dans les siècles d'ignorance qui suivirent, où le cri des peuples contre le prêt à intérêt ne cessa pas de se faire entendre. Les théologiens persuadés, par cette clameur générale, que le prêt à intérêt devait être condamnable en lui-même, cherchèrent des raisons pour prouver qu'il devait être condamné, et, comme ils ne pouvaient en trouver une bonne, ils en inventèrent beaucoup de mauvaises. Ainsi, c'est parce que le prêt à intérêt avait été odieux aux peuples que les théologiens ont imaginé des raisons pour le faire disparaître ; et, c'est en travaillant à ce résultat, c'est en appliquant la morale à la jurisprudence, qu'ils ont faussé les principes, et que, par leurs exagérations, ils sont allés au delà du juste et du vrai. Tous les théologiens et tous les canonistes n'avaient, d'ailleurs pas, sur ces matières, des vues identiques ; les uns étaient très-rigides, les autres plus faciles. Ce furent les absolus et les intolérants qui, au moins à l'origine, eurent l'avantage du nombre, de l'influence et de l'autorité.

Mais, quoique le prêt à intérêt eût excité de la part des peuples une réprobation universelle, il faut bien reconnaître, comme nous l'avons démontré au chapitre II de cette thèse, que ce contrat était parfaitement équitable ; et la prohibition complète qui le frappait était si évidemment contraire aux besoins les plus indispensables du commerce qu'elle ne pouvait être sérieusement observée : Les lois qui ont pour résultat d'empêcher un contrat nécessaire ne peuvent être observées et ne le sont pas. Aussi, recourait-on sans cesse à des voies détournées plus ou moins artificieuses, afin de pratiquer le prêt à intérêt sous une forme et sous un nom que la loi n'atteignît pas.

Parmi ces pratiques, citons le *mohatra* : « Le mohatra, dit Escobar (1), est quand un homme qui a affaire de vingt pistoles, achète d'un marchand des étoffes pour trente pistoles payables daus un an et les lui revend à l'heure même pour vingt pistoles comptant. » Ainsi, je vends à Paul une certaine quantité d'étoffes pour trois cents francs payables dans un an ; Paul me les revend incontinent à moi (ou à une personne interposée) pour deux cents francs, qui lui sont payés comptant. Au fond, il y a là un prêt de deux cents francs, et la différence entre deux cents francs et trois cents francs est un intérêt.

Un autre artifice, qui remonte au temps des Lombards, consistait à stipuler, sous prétexte d'intérêts moratoires,

---

(1) Escobar était un membre de la Compagnie de Jésus. Sa morale était quelque peu relâchée, et Pascal en a fait plaisamment justice. Un autre jésuite, le père Bauny, également maître en fait d'astuce, a aussi excité la verve de Pascal. Ces doctes Pères, après avoir déclaré ceux qui prêtent à intérêt « infâmes pendant leur vie et indignes de sépulture après leur mort, » indiquent « divers moyens de tirer autant et plus de profit de son argent, par quelque bon et légitime emploi, que l'on en tire des usures. » Leurs méthodes sont « à l'usage de toutes personnes : gentilshommes, présidents, conseillers, etc... »

pour retard dans le remboursement, des intérêts qui pouvaient s'élever très-haut et qui n'avaient de commun avec les véritables intérêts moratoires que le nom.

Citons aussi les *trois contrats* : par un artifice adroit, on simulait une société et on lui adjoignait un contrat d'assurance du principal, ainsi qu'une vente du produit incertain pour un prix certain. Voici en quoi cela consistait : celui qui voulait prêter son argent le confiait à un négociant pour l'employer dans son commerce, avec part dans les bénéfices et dans les pertes : première opération, société. Puis, pour échapper aux chances de perte, il se faisait assurer : seconde opération, contrat d'assurance. Enfin, il cédait à un tiers ses bénéfices éventuels contre une somme certaine : troisième opération, vente. Au moyen de ces *trois contrats* réunis, on arrivait au même but qu'en prêtant directement à intérêt, avec cette différence que les *trois contrats* étaient permis tandis que le prêt à intérêt était prohibé : on prêtait ainsi à intérêt, quoique le prêt à intérêt fut défendu. Cette manière indirecte de prêter naquit en Orient, passa plus tard en Occident et eut, pendant tout le xve siècle, de nombreux partisans, en Italie, en Espagne, en France, même parmi les théologiens et les canonistes les plus rigides ; mais on finit par reconnaître que les *trois contrats* n'étaient qu'une fraude et qu'ils devaient être prohibés tant que le prêt à intérêt l'était lui-même.

On discutait beaucoup sur le point de savoir si, dans une vente de marchandises, faite avec terme, le vendeur pouvait exiger un prix plus élevé à cause du délai qu'il accorde pour le payement. Les théologiens et les canonistes s'efforcèrent de démontrer que cette convention n'était pas permise. Vers la fin du XIIe siècle, Alexandre III proposa une distinction : si le vendeur, dit-il, a juste raison de croire que la marchandise augmentera de valeur dans le délai accordé à l'acheteur et qu'ayant l'intention de ne la vendre qu'à l'époque de cette plus value il consente, pour obliger l'acheteur, à la lui vendre immédiatement, il pourra exiger un plus haut prix à cause du délai; hors ce cas, il n'a pas le droit de prendre un prix plus élevé. Mais, cette distinction établie par Alexandre III ne tarda pas à être abandonnée par l'Église : Les conciles d'Angleterre forcent le vendeur à terme de restituer tout ce qu'il a pris à cause du délai; le temps, disent-ils, ne peut être vendu : nous sommes bien loin de l'adage anglais, *time is money* (le temps est de l'argent). En France, l'assemblée générale du clergé, tenue à Meaux en 1579, le concile de Bordeaux, tenu en 1583, sont aussi formels. Et cependant il n'y a pas dans tout le négoce une convention plus juste que celle dont nous nous occupons ici : on voit que les idées économiques étaient encore à cette époque bien peu développées.

De la prohibition du prêt à intérêt et de la fausse situation économique où la société s'est débattue pendant des siècles, devait cependant sortir un bien. Ce fut, en effet, pour remplacer le prêt à intérêt défendu qu'on développa avec ardeur les contrats de constitution de rente, de change, d'assurance, les monts de piété, les sociétés en commandite : les théologiens voulurent proscrire tous ces contrats, où ils voyaient encore le prêt à intérêt pallié; mais on leur résista énergiquement, et peu à peu les opinions se partagèrent, même entre les théologiens. Ils finirent enfin par se ranger presque tous du côté de l'opinion la plus libérale. Parmi ces contrats, il en est un, celui de constitution de rente, dont nous aurons à parler plus loin avec quelques détails, car il n'est pas autre chose qu'un prêt à intérêt.

Ainsi, on ne pouvait pratiquer le prêt à intérêt sous son propre nom ; mais on tâchait de le remplacer par des contrats équivalents qui conduisaient au même résultat. Puis enfin le temps vint où tous ces moyens d'éluder la loi ne suffirent plus, où la prohibition du prêt à intérêt fut elle-même sérieusement attaquée. Déjà Gerson, moins d'un siècle après saint Thomas d'Aquin, ce grand adversaire du prêt à intérêt, avait dit : « Mieux vaut quelques usures légères qui procurent des secours aux indigents, que de les voir réduits par la pauvreté à voler, à dissiper leur bien, forcés de vendre à vil prix ce qu'ils possèdent..... » Les attaques devinrent bien autrement vives vers le milieu du XVIe siècle : à cette époque, l'Église n'était plus ce qu'elle avait été sous Grégoire VII et Innocent III, plus puissante que les rois, pouvant dicter à tous ses volontés et astreindre à sa loi la loi civile. Luther avait paru : l'esprit de liberté et d'examen secouait la torpeur qui l'avait accablé si longtemps et réclamait énergiquement ses droits. Dans une époque pareille, le droit de prêter à intérêt, nié par l'Église, devait être revendiqué ; les hommes les plus éminents s'élevèrent contre les doctrines canoniques : nous citerons Calvin, novateur hardi, esprit très-puissant, qui fut par la précision et la netteté de son style un des fondateurs de la langue française. Il attaqua les prohibitions ecclésiastiques relatives à l'intérêt et montra l'inanité de l'argumentation aristotélicienne sur la stérilité des capitaux. Dumoulin, le plus grand de nos jurisconsultes coutumiers, critiqua individuellement les textes de l'Écriture et prouva qu'ils ne condamnaient pas l'intérêt, comme l'Église l'avait prétendu. Il reconnut la légitimité d'un intérêt lorsque le prêteur se prive d'un certain bénéfice; en un mot, Dumoulin repoussait l'intérêt lucratif et admettait l'intérêt compensatoire. Voici en quoi consistait cette distinction : j'ai de l'argent qui ne me sert à rien et dont je ne veux rien faire; je vous le prête : si vous me donnez un intérêt, c'est un intérêt *lucratif*. Mais supposons que j'aie de l'argent dont je vais me servir; sur votre demande, au lieu de l'employer pour moi, je vous le prête : si vous me donnez un intérêt, c'est un intérêt *compensatoire*. Dumoulin proscrit le premier de ces intérêts et admet le second. Il admet aussi une prime pour les risques que peut courir le prêteur. En résumé, lorsqu'il y a *l ucrum cessans* ou *damnum emergens* Dumoulin trouve l'intérêt légitime; il le trouve illégitime lorsque le prêteur, sans se priver d'un bénéfice, est sûr d'être remboursé par l'emprunteur.

Saumaize, plus encore que Dumoulin, défendit le prêt à intérêt. Grotius, tout en le combattant, lui était très-favorable : il repoussait le nom, mais en réalité il admettait la chose, car il soutenait, comme Dumoulin, mais d'une manière plus ferme, que le créancier peut exiger une indemnité pour la privation qu'il éprouve en se dessaisissant de son argent, pour le gain que cet argent lui eût procuré, et une prime pour le risque couru. C'était toujours admettre l'intérêt compensatoire.

Des philosophes et des jurisconsultes, ces idées passèrent parmi les magistrats et même dans le sein du Parlement de Paris, bien qu'il fût plus attaché que les autres aux doctrines canoniques et aux ordonnances de nos rois sur le prêt à intérêt. Quant aux Parlements du Midi, ils étaient tout préparés à accepter l'opinion de Calvin, de Dumoulin, de Grotius : en effet, depuis fort longtemps déjà, les provinces de droit écrit, attachées aux textes du droit romain qui reconnaissait le prêt à intérêt, ne se préoccupaient pas des prohibitions contraires. Les mœurs y résistaient aux efforts de l'Église. Sans doute, tous les parlements du Midi n'admettaient pas la stipulation d'intértés dans le prêt ; mais, ceux-là mêmes qui ne l'admettaient pas refusaient au débiteur qui avait payé des intérêts la *condictio indebiti*. Tous ces parlements méridionaux ne purent qu'être affermis par les idées nouvelles dans l'usage du prêt à intérêt. Il y eut même des provinces du Parlement de Paris, l'Anjou et le Berry, où, dès le milieu du XVIᵉ siècle, on prêtait et empruntait de l'argent au denier douze ou même au denier seize. Sous Henri IV, quelques emprunteurs, appartenant à ces provinces, voulurent faire imputer sur le capital les intérêts qu'ils avaient acquittés et obtenir restitution de ce qui aurait été payé en plus. Les créanciers ne s'adressèrent pas au parlement mais au roi lui-même qui débouta tous ces débiteurs de leur demande ; seulement, pour que les droits des créanciers pussent se concilier avec la législation existante, les obligations de prêt furent converties en rentes perpétuelles.

En même temps, d'ailleurs, et sous les yeux de la loi civile, les marchands des villes de commerce se livraient à toutes les spéculations que permet de faire l'argent emprunté, sous le déguisement de la lettre de change et du billet à ordre. On a prétendu que l'invention de la lettre de change et du billet à ordre remontait aux Juifs et aux Lombards, qui les auraient imaginés pour éviter les confiscations qui frappaient à la frontière l'argent qu'ils portaient. D'autres ont attribué cette invention aux Gibelins. En réalité, il est presque certain que la lettre de change et le billet à ordre n'ont pas été inventés par une personne à un moment déterminé, mais qu'ils sont nés, peu à peu, des besoins sociaux et des progrès du temps : il en est ainsi, du reste, de toutes les inventions dont la date n'est pas exactement connue et dont personne ne pourrait citer d'une manière positive l'inventeur. Quoi qu'il en soit de l'origine de la lettre de change et du billet à ordre, c'est sous ce déguisement que les marchands, dans les villes commerçantes, empruntaient de l'argent à intérêt. Les ordonnances royales étaient tolérantes à l'endroit de ces négociants ; quelquefois même elles autorisaient expressément le prêt à intérêt entre commerçants : sur ce dernier point, rappelons les ordonnances de Philippe IV relatives aux foires de Champagne, citons aussi les édits et ordonnances de Henri III, Henri IV, Louis XIII, Louis XIV, concernant les foires trimestrielles de Lyon (1). Seulement, ces permis-

---

(1) Au commencement du seizième siècle, l'intérêt des foires de Lyon ne dépassait pas 2 % par foire, c'est-à-dire 8 % par an. Vers le milieu du siècle, il s'éleva à 16, 17, 18 %. Henri III et ses successeurs, sans régler le taux des intérêts, confirmèrent le privilége des marchands de Lyon de faire fructifier leurs capitaux. L'exception faite d'abord en faveur des marchands Lyonnais s'étendit peu à peu aux particuliers dont le commerce de Lyon appelait les fonds.

sions exceptionnelles, qui autorisaient le prêt à intérêt, n'étaient que locales, et, pour avoir toute la latitude dont il avait besoin, le commerce employait la lettre de change et le billet à ordre comme expédients. En présence de ces usages, les lois et les tribunaux se réduisaient au silence.

Tel était l'état des choses dans la seconde moitié du XVIIe siècle : les partisans du prêt à intérêt devenaient plus nombreux chaque jour. Cependant, malgré la force des choses, malgré le progrès des idées et les concessions arrachées par les circonstances et les besoins, le prêt à intérêt était encore, pour le plus grand nombre des théologiens, une fraude, un véritable vol : ils luttaient toujours pour le faire proscrire. Bossuet s'efforça d'y parvenir : il répéta tous les arguments qu'on peut trouver dans les Écritures, ceux qu'Aristote et tout le moyen âge après lui avaient tiré de la stérilité de l'argent, tous ceux enfin que les théologiens avaient fait valoir jusque là pour soutenir l'illégitimité absolue de l'intérêt. Nous disons *illégitimité absolue*, car Bossuet, plus sévère en ce point qu'un grand nombre de théologiens de son temps, n'admettait pas plus l'intérêt compensatoire que l'intérêt lucratif. Il consacra à la défense de cette thèse tous ses efforts et toute son éloquence ; mais, en réalité, il ne put rien ajouter à l'inanité des arguments qu'il présentait, et sa tentative n'aboutit pas. Domat, un de nos grands jurisconsultes, de la même époque, fit aussi une dissertation sur le prêt à intérêt et le condamna ; cette dissertation, où Domat entreprit de soutenir et de démontrer philosophiquement que le prêt à intérêt est contraire au droit naturel, eut un grand retentissement : Domat s'y était montré, comme toujours, puissant logicien. Mais, les temps avaient marché, la masse des esprits ne pouvait plus être ramenée à l'opinion qui, voyant dans le prêt à intérêt une spoliation, le proscrivait complétement.

Le XVIIIe siècle devait achever l'œuvre de l'époque précédente : en Hollande et en Allemagne, Noodt (1), Pufendorf, Voet (2), se constituèrent les défenseurs du prêt à intérêt. Le Parlement du duché souverain de Lorraine déclara entachée d'abus une condamnation prononcée par l'évêque de Toul contre un écrit de Me Guinet favorable à la légitimité de l'intérêt. Nos jurisconsultes français n'entrèrent que timidement dans cette voie : ainsi Pothier, qui admet l'intérêt compensatoire et repousse l'intérêt lucratif, n'admet l'intérêt compensatoire que dans le for intérieur et croit que son admission par la loi positive donnerait lieu à trop de difficultés. On peut dire que, jusqu'à la révolution, la loi positive n'a pas admis théoriquement le prêt à intérêt. Sans doute, il en était autrement dans la pratique : il y avait un grand nombre de villes commerçantes où le prêt à intérêt était autorisé ; puis, dans les pays de droit écrit, il n'avait jamais cessé d'être en usage ; enfin, même dans les pays coutumiers, les tribunaux admettaient très-généralement l'intérêt compensatoire. Mais, en théorie, l'état du droit était resté stationnaire depuis deux ordonnances, l'une de Charles IX, l'autre de Henri III, qui prohibent toute perception d'intérêts (3) : un arrêt du Parlement de Pa-

---

(1) *De fœnore.*

(2) *De rebus creditis.*

(3) La première de ces ordonnances est de mars 1567. Elle fut rendue à

ris, du 18 janvier 1777, nous montre cela clairement. Du reste, nous le répétons, ces deux ordonnances n'étaient pas observées dans la pratique et au moment où Turgot fit son mémoire sur les prêts d'argent l'intérêt compensatoire était toléré dans toute la France.

Un des hommes qui pendant le XVIII° siècle défendirent avec le plus de talent le prêt à intérêt fut Montesquieu. Il comprit parfaitement l'état de la société moderne : les causes qui avaient fait maudire l'intérêt chez les peuples anciens s'étaient affaiblies ; l'esclavage était aboli ; l'insolvabilité n'avait plus de suites cruelles; les arts et le commerce avaient pris une extension inconnue de l'antiquité et assuraient des ressources à tout homme laborieux ; la masse des capitaux s'était accrue, ce qui devait amener la baisse du taux de l'intérêt; la richesse mobilière était devenue presque rivale de la richesse territoriale. La société se trouvait donc toute autre que la société ancienne ; et, si le prêt à intérêt avait pu, malgré sa légitimité, amener des souffrances dans l'antiquité, il ne devait plus produire que de bons effets dans la société moderne. Nul ne comprit cela mieux que Montesquieu : seulement, il ne voulut pas blâmer directement la législation en vigueur ; il eut donc recours à un artifice ingénieux, et, faisant le procès au passé, il lui adressa

---

Fontainebleau. La seconde est de 1579 et fut rendue à Blois. Elles prohibent l'une et l'autre toute perception d'intérêts; seulement, celle de Charles IX prononce la confiscation pour la première infraction, et pour la seconde le bannissement, tandis que celle de Henri III prononce, pour la première infraction, l'amende honorable, des amendes et le bannissement, pour la seconde infraction, la confiscation de corps et biens.

toutes ses critiques et tous ses reproches de manière à les faire retomber en réalité sur l'époque contemporaine. Sa conclusion fut celle-ci : « L'usure augmente en proportion de la sévérité de la défense ; le prêteur s'indemnise du péril de la contravention. »

Quant à l'Église, elle résista longtemps aux tendances des philosophes et des jurisconsultes, et longtemps les tolérances du législateur civil ne trouvèrent pas grâce devant elle. Mais enfin, dans la pratique, elle finit par se conformer peu à peu à l'opinion la plus répandue et par admettre généralement l'intérêt compensatoire, c'est-à-dire l'intérêt que légitime le *lucrum cessans* ou le *damnum emergens*.

Il était réservé à Turgot d'assurer d'une manière définitive le triomphe du prêt à intérêt. A la fois grand philosophe, grand administrateur et grand économiste, homme en avance sur son temps, Turgot a apporté dans tous ses écrits, et dans tous les actes de sa vie politique, un esprit sagement libéral ; il réclamait toutes les conquêtes que nous devons à la révolution de 1789, et il aurait pu les donner à la France, sans verser les flots de sang qu'elles nous ont coûté, si Louis XVI l'avait soutenu. Tout le monde sait que Louis XVI n'osa pas seconder les vues de ce grand homme de bien, capable de conjurer la tempête révolutionnaire, et qu'il accorda son renvoi aux courtisans qui le lui demandaient. La faiblesse de Louis XVI, en ces malheureuses circonstances, a attiré sur notre pays plus de malheurs que tous les vices et tous les crimes des plus mauvais princes.

Turgot, dont le vaste esprit a embrassé toutes les questions économiques, s'est occupé de la matière de l'intérêt. Il a traité la question d'une manière très-concise, mais très-complète, dans son *Mémoire sur les prêts d'argent*. Là, comme dans son *discours sur les valeurs et les monnaies*, comme dans sa *Lettre* à l'abbé de Cicé *sur les papiers monnaie*, comme dans ses *réflexions sur la production des richesses*, Turgot se montra défenseur de la liberté des transactions. Non-seulement, il combattit victorieusement toutes les fausses idées des scolastiques sur la stérilité de l'argent et réfuta tous les arguments tirés de l'Écriture; non-seulement, il prouva la légitimité complète du prêt à intérêt par le besoin absolu que le commerce en a et par le droit que nous avons tous sur les choses dont nous sommes propriétaires, mais il demanda que le législateur ne fixa aucun taux à l'intérêt, c'est-à-dire que l'intérêt fût libre : propriétaire d'une chose, disait-il, j'ai le droit de la garder; donc, si je m'en dessaisis, j'ai le droit de régler les conditions de mon dessaisissement : ainsi pas de maximum légal. Plus tard en nous occupant, non plus de la légitimité de l'intérêt, mais de la *liberté du taux de l'intérêt*, nous aurons à examiner en détail les arguments de Turgot,

Turgot était donc à la fois partisan de la légitimité et de la liberté de l'intérêt. En 1789, le premier de ses deux vœux devait être exaucé (1) : l'Assemblée Constituante décrétait la légitimité du prêt à intérêt. L'Église se vit ainsi enlever le règlement d'une matière qu'elle avait longtemps régie, mais elle ne se soumit pas sans mur-

---

(1) Décret du 2 octobre 1789, rendu sur la proposition de Pétion de Villeneuve.

mures et sans résistances à la volonté du législateur
civil.

Nous venons d'étudier l'influence de l'Église sur le
prêt à intérêt depuis l'origine du christianisme jusqu'à la
fin de notre ancienne monarchie. Dans cette longue période de siècles, nous voyons l'Église prohiber le prêt à
intérêt, puis nos rois sanctionner par leurs ordonnances
cette prohibition et bon nombre de nos jurisconsultes la
trouver légitime. Cet état de choses dure longtemps : peu
à peu cependant, la nécessité de ce contrat se faisant
sentir davantage, l'Église commence à perdre du terrain;
le prêt à intérêt relève d'abord la tête dans le midi et y
vit, sinon admis, du moins toléré par la loi ; puis il est
autorisé par la loi elle-même dans certaines grandes
villes : l'Église résiste à ces tendances. Mais les philosophes et les jurisconsultes élèvent la voix, d'abord timidement, puis hardiment, en faveur de ce contrat; la loi
civile, tout en le proscrivant toujours en théorie, admet
dans la pratique, la légitimité des intérêts compensa-
toires ; et l'Égise finit, de guerre lasse, par faire comme
la loi civile. Enfin le législateur déclare le prêt à intérêt
parfaitement légitime, malgré toutes les résistances
ecclésiastiques. Pour terminer cette étude de la prohibition du prêt à intérêt par le droit canonique, il nous
semble convenable de dire en quelques mots quelle est
de nos jours la doctrine de l'Église sur cette matière. Cet
examen de la doctrine actuelle de l'Église est évidemment mieux placé à la fin de ce chapitre que dans toute
autre partie de notre thèse.

Aujourd'hui le clergé est bien éloigné des anciennes théories absolues de l'Église, et rien ne ressemble moins aux prohibitions forcenées dont les papes, peu soucieux de l'antagonisme qu'ils fomentaient entre la loi canonique et la loi civile, ont frappé si longtemps le prêt à intérêt, que le sage esprit de conciliation montré par la papauté au XIXe siècle. Le Saint-Office, en 1822, sous le règne de Pie VII, a décidé qu'une personne qui a prêté à intérêt au taux légal, peut recevoir l'absolution sans rien restituer, pourvu qu'elle soit disposée à se soumettre aux ordres qui pourraient émaner plus tard du Saint-Siége sur cette matière. En 1830, Pie VIII, après avoir consulté le Saint-Office, approuva pleinement le confesseur qui, lorsque son pénitent ne s'accuse pas d'avoir prêté à intérêt, lui donne l'absolution, bien qu'il soit parfaitement notoire que ce pénitent a recueilli des intérêts au taux légal. Vers la même époque, la Sacrée-Pénitencerie répondit à une question qui lui était adres sée à la fois par un vicaire général de Besançon et par un professeur de théologie du séminaire de Saint-Irénée, à Lyon, que le confesseur qui autorise le prêt à intérêt, même chez ceux qui n'ont pas d'autre titre que le titre résultant de la loi civile (c'est-à-dire qui ne se trouvent ni dans le cas de *lucrum cessans*, ni dans celui de *damnum emergens*), ne doit pas être blâmé, pourvu qu'il soit disposé à accepter les décisions définitives du Saint-Siége. Cette décision est du 18 août 1830. Consultée de nouveau sur la même question, la Sacrée-Pénitencerie renouvela sa réponse le 24 septembre 1831. Quelques jours auparavant, le 7 septembre, le Saint-Office, consulté par le chapitre de Locarno, répondait que toute église, monastère, établissement religieux, peut faire fructifier son argent au moyen du prêt à intérêt, que l'intérêt est justifié par les lois civiles et le consentement universel des peuples. A la fin de cette décision est ajoutée une phrase que nous trouvons à la fin de toutes les décisions du Saint-Office ou de la Sacrée-Pénitencerie sur cette matière, et qui est devenue de style : *Pourvu que les prêteurs soient prêts à se conformer aux ordres qui pourraient émaner du Saint-Siége*. Comme nous le voyons, le Saint-Siége réserve ses droits pour l'avenir, mais il ne songe plus à en user : tout en ne voulant pas proclamer *théoriquement* la légitimité de l'intérêt, il l'admet donc en réalité.

Animés par le louable esprit de modération que montre, en cette matière, la cour de Rome, beaucoup d'évêques, éclairés sur leur devoir, comprennent ce qu'il faut nécessairement accorder aux besoins du temps : nous citerons une remarquable circulaire de l'évêque de Belley, publiée en 1838, qui rassure la conscience des prêteurs à intérêts, inquiétée par une brochure d'un abbé Pagès, professeur de morale à l'Académie de Lyon, qui renouvelait toutes les exagérations et toutes les déclamations des canonistes du moyen âge.

A côté des prélats intelligents dont nous venons de parler, il en est d'autres, malheureusement encore, qui, attachés aux routines du passé, prohibent le prêt à intérêt. Mais il ne serait pas juste de rendre le clergé tout entier responsable de l'entêtement de quelques-uns de ses membres.

Entre l'opinion de ces évêques retardataires, ennemis absolus du contrat le plus légitime, et l'opinion sagement libérale de la papauté, qui conseille aux confesseurs d'admettre comme suffisant le titre résultant de la loi civile, existe une opinion intermédiaire : dans ce troisième système, on admet bien la légitimité du prêt à intérêt, mais seulement dans les cas de *lucrum cessans* et de *damnum emergens*, c'est-à-dire dans les cas où le prêt est la vraie cause d'une cessation de gain ou d'une perte pour le prêteur. Telle est l'opinion d'un des théologiens distingués de notre époque, Mgr Gousset, archevêque de Reims. Mgr Gousset n'admet pas le titre que peut fournir la loi civile : plus sévère que la cour de Rome, il prétend, malgré la tolérance que l'Église professe aujourd'hui, qu'elle interdit toujours l'usure, « l'usure même modérée, aussi bien à l'égard du riche et du commerçant qu'à l'égard du pauvre et de l'indigent, entendant par usure ce qu'on a toujours entendu, l'intérêt du prêt, perçu précisément en vertu du simple prêt, sans aucun titre légitime extrinsèque. »

Après tout ce que nous avons dit, il est inutile d'ajouter que nous ne partageons pas l'opinion de Mgr Gousset. Du reste, elle ne doit pas, dans la pratique, donner des résultats bien différents de ceux que donne l'opinion beaucoup plus sage de la cour de Rome. Quel est, en effet, l'homme qui, en prêtant, peut dire : « Je suis certain que ce prêt ne me causera aucune privation et ne me fera courir aucun risque? » A coup sûr, il est rare qu'un prêteur puisse tenir ce langage. Donc Mgr Gousset, qui admet la légitimité de l'intérêt lorsque le prêt peut amener pour le prêteur une privation ou lui faire courir un risque, ne doit guère, dans la pratique, trouver un seul prêt à intérêt qui ne soit légitime.

CHAPITRE VI.

COMMENT LA PROHIBITION DU PRÊT A INTÉRÊT A ÉTÉ ÉLUDÉE PAR LA CONSTITUTION DE RENTE.

L'ancien droit avait prohibé le prêt a intérêt ; mais cette prohibition, contraire aux besoins les plus indispensables de la société, ne pouvait être observée rigoureusement et les capitalistes cherchèrent mille détours pour utiliser leur argent : c'est ainsi que nous les avons vus recourir au change, au contrat d'assurance, à la société en commandite, à la constitution de rente. Parmi ces contrats, le dernier avait une importance toute particulière et nous allons l'étudier avec quelques développements.

Les rentes se divisaient en rentes *foncières* et rentes *constituées*.

La rente *foncière* était un démembrement de propriété retenu sur un immeuble aliéné, en vertu duquel l'aliénateur pouvait exiger à perpétuité des prestations périodiques de l'acquéreur ou de toute autre personne détenant l'immeuble. La rente foncière ne rentre pas dans notre sujet ; nous n'avons donc rien à en dire.

La rente *constituée* était une créance de prestations périodiques (en argent ou en denrées) dites *arrérages*, acquise moyennant l'aliénation d'un capital mobilier, avec faculté pour le débiteur de se libérer de son obligation de payer les arrérages, en restituant au créancier un capital représentatif de celui qu'il (*le débiteur*) avait reçu en échange de son obligation. C'est de la rente constituée que nous avons à nous occuper.

Expliquons d'abord comment la rente constituée pouvait remplacer le prêt à intérêt. Supposons, par exemple, que Pierre voulût prêter à Paul mille francs à 5 % par an ; ce contrat était nul, le prêt à intérêt étant prohibé. Mais supposons que Pierre abandonne à Paul mille francs, en toute propriété et pour toujours, s'engageant à ne jamais les réclamer, et que Paul ou ses héritiers, en échange de ce capital aliéné, payent chaque année à Pierre ou à ses héritiers cinquante francs d'arrérages ; ce contrat était légitime. En résumé, on ne pouvait pas *louer* son argent, on pouvait l'*aliéner*. Pothier, définissant la rente, disait : « c'est un contrat par lequel un des contractants *vend* à l'autre le droit de percevoir annuellement et perpétuellement des intérêts dont il se constitue débiteur pour un prix licite qu'il reçoit, etc. » Le bénéfice que le capitaliste voulait retirer de son argent était donc illégitime s'il *louait* son capital, c'est-à-dire s'il le prêtait pour un temps limité ; ce bénéfice était légitime si le capital était *aliéné*, c'est-à-dire prêté à perpétuité. On voit que la rente constituée était un véritable prêt à intérêt avec cette seule différence que l'intérêt, au lieu d'être temporaire, était perpétuel, et que le capital ne pouvait être exigé par le créancier tant que les intérêts étaient régulièrement servis ; du reste, ce capital pouvait toujours être remboursé au gré du débiteur.

Ainsi, la rente constituée n'était au fond qu'un prêt à intérêt, et Saumaize trouvait avec grande raison qu'en admettant la rente constituée on faisait *rentrer par la fenêtre le prêt à intérêt chassé par la porte*. Je sais bien que certains jurisconsultes repoussent cette assimilation : l'éminent Président du Sénat et de la Cour de Cassation voit entre les deux contrats des *différences profondes* ; il taxe Saumaize d'ignorance et déclare que les *fortes études de la jurisprudence lui faisaient défaut*. Mais, en définitive, quelles sont ces différences si profondes qui distinguent le prêt à intérêt de la rente constituée et que Saumaize est *inexcusable* (pour nous servir de l'expression de M. Troplong) de n'avoir pas aperçues ? Dans le prêt à intérêt, le capital est *loué*, et, dans la rente constituée, il est *aliéné* : voilà une différence, j'en conviens ; mais elle ne touche nullement aux effets des deux contrats ; laissons de côté cette différence de mots et demandons-nous quels effets produisent les deux contrats : nous verrons que ces effets sont les mêmes. La seule différence consiste en ce que, dans la rente constituée, l'aliénateur du capital ne peut exiger la restitution d'un capital semblable, tandis que, dans le prêt, le prêteur peut, à l'expiration du terme stipulé, exiger la restitution du capital : ainsi, la rente constituée est un prêt perpétuel, tandis que le prêt proprement dit est temporaire ; mais, pour être un prêt perpétuel, elle ne cesse pas d'être un prêt, d'avoir les effets d'un prêt, et je voudrais bien savoir (abstraction faite du droit d'exiger ou de ne pas exiger le capital) en quoi la situation du créancier de la rente diffère de celle du prêteur. Est-ce que chacun d'eux n'a pas le droit d'exiger périodiquement des intérêts de son débiteur ? Est-ce que chacun d'eux ne trouve pas, dans le contrat où il joue le rôle de créancier, un moyen de faire fructifier son argent et d'en retirer un bénéfice peut-être très-considérable ? Est-ce que tous les deux, au moment où le contrat se forme, ne peuvent pas régler le taux des intérêts qu'ils demandent, d'après la privation qu'ils éprouvent et le risque que le débiteur leur fait courir, etc.? Sans doute, le créancier de la rente constituée ne peut pas exiger la restitution de son capital, tandis que le prêteur peut l'exiger, à l'expiration du terme; en d'autres termes, le droit de percevoir des intérêts n'a pas la même durée et ne s'évanouit pas de la même manière dans les deux cas : voilà tout. Quelles sont donc, si on veut voir la réalité des choses, ces différences si nettes qui existent entre les deux contrats? M. Troplong lui-même ne les indique pas et se borne à affirmer qu'elles existent. Dira-t-on qu'il les a passées sous silence précisément parce qu'elles sont trop importantes pour ne pas être aperçues à première vue, et qu'il a craint, en les indiquant, de faire injure à la sagacité de ses lecteurs? Mais il devrait savoir, par l'exemple de Saumaize, qni ne manquait pas de sagacité, que ces profondes diversités peuvent passer inaperçues, puisque Saumaize ne les avait pas soupçonnées. Pourquoi donc ne nous les montre-t-il pas? A dire vrai, nous croyons que cette démonstration lui serait difficile; plus nous y réfléchissons, plus nous trouvons que les deux contrats ont des effets analogues et que tous les arguments, invoqués au moyen-âge (à commencer par l'argument tiré de la *stérilité* de l'argent) comme prouvant l'illégitimité du prêt à intérêt, condamnent en même temps la rente constituée, de même que toutes les raisons qui démontrent que la rente constituée est licite démontrent en même temps la légitimité du prêt à intérêt. Du reste, le Code Napoléon ne s'y est pas trompé, et, n'ayant pas, comme les théologiens, de motifs pour dissimuler la nature d'un contrat sous un nom particulier, il a traité de la rente et du prêt à intérêt, non-seulement dans le même titre, mais dans le même chapitre.

La rente constituée dont nous avons parlé jusqu'ici est la rente constituée *en perpétuel ;* à côté d'elle se trouve la rente *viagère :* la rente viagère était le droit d'exiger pendant un certain temps, ordinairement la vie du créancier, les intérêts d'un capital inexigible de la part du créancier et non remboursable de la part du débiteur.

Disons maintenant quelques mots de l'origine historique des rentes.

On a voulu rattacher les rentes au droit romain : qu'y a-t-il de vrai dans cette idée? c'est ce que nous ne savons pas. Il est fort possible que les Romains aient eu quelque chose d'analogue à notre rente constituée; il est fort possible aussi qu'ils n'aient jamais rien connu de pareil. Ceux qui pensent que la rente constituée existait en droit romain s'appuient sur la loi 11, *De debitoribus civitatum,* au Code, et sur la Novelle 160 de Justinien; mais ces deux textes ne nous présentent rien de bien précis : il est assez probable que les Romains ont connu la chose sans connaître le nom; qu'ils n'avaient pas un contrat de constitution de rente, mais qu'à l'aide de la stipulation, ils arrivaient à un résultat assez analogue à celui que nous atteignons par ce contrat. Du reste, quoi qu'il en soit de l'origine de la rente constituée, il est bien certain qu'au XIIᵉ et au XIIIᵉ siècles, le prêt à intérêt étant alors proscrit par les papes et par les rois, on eut recours à la rente constituée : comme le crédi-rentier (le créancier de la rente) *aliène* un capital, on pensa que ce contrat serait considéré plutôt comme une vente que comme un prêt, qu'il échapperait, par conséquent, aux lois prohibant le prêt à intérêt, et qu'on pourrait ainsi pratiquer *en réalité* ce contrat sous les yeux mêmes du législateur qui le proscrivait ; cette découverte devait réussir et donner à ses inventeurs le résultat qu'ils en attendaient. A cette époque, en effet, on s'attachait au nom des choses plutôt qu'aux choses elles-mêmes ; et, sous le nom de rente constituée, le prêt à intérêt avait grande chance de passer inaperçu : c'est ce qui arriva. La rente constituée eut ainsi une fortune meilleure que tant d'autres combinaisons, que nous avons vues condamnées par l'autorité religieuse et la loi civile ; et cependant toutes ces combinaisons ressemblaient au prêt à intérêt moins que la rente constituée.

A peine connue, la rente constituée fut mise en pratique, non-seulement par les bourgeois et les nobles, mais par les évêques et les communautés religieuses ; les colléges, les canonicats et autres dignités ecclésiastiques augmentèrent ainsi leur revenu. Cependant, parmi les partisans de la prohibition de l'intérêt, quelques esprits n'admirent pas aussi aisément la légitimité du nouveau contrat : une rente constituée en perpétuel doit, en effet, nécessairement produire des intérêts annuels dont la somme est plus considérable que la somme déboursée ; dans la rente constituée viagère, le créancier peut très-bien recevoir aussi une somme plus grande que celle qu'il a donnée. Or, on nous dit que tout ce qu'un créancier reçoit en plus de son capital est un *vol*, et que c'est précisément pour cela que le prêt à intérêt est prohibé; mais alors la rente constituée doit être également prohibée, car le créancier de la rente constituée, de même que le prêteur à intérêt, reçoit plus que son capital, et, comme lui, il *vole* son débiteur. — Cette manière de raisonner est parfaitement juste : la rente constituée et le prêt à intérêt sont aussi légitimes l'un que l'autre, puisque la rente constituée n'est qu'un prêt; donc, si vous admettez le prêt à intérêt, vous ne pouvez pas repousser la rente constituée, et si vous ne voulez pas du prêt à intérêt, vous ne devez pas accepter la rente constituée. Cela est bien évident. Les théologiens qui tenaient un langage pareil raisonnaient logiquement : une fois le prêt à intérêt proscrit, ils ne pouvaient pas, en voulant rester d'accord avec eux-mêmes, ne pas proscrire la rente constituée. Mais leur opinion ne devait pas triompher : comme nous l'avons déjà dit, les églises et les communautés religieuses étaient devenues rapidement créancières de rentes constituées, viagères et perpétuelles, qui formaient leur plus clair revenu; leur existence, ou tout au moins leur fortune, était menacée, si la prohibition s'étendait du prêt à intérêt à la rente constituée. Aussi l'Église ne se montra-t-elle pas disposée à admettre les scrupules de ces théologiens au raisonnement rigoureux : elle trouvait dans les rentes un excellent moyen de grossir ses revenus; puis elle comprenait fort bien que le prêt à intérêt devenait chaque jour d'une nécessité plus pressante, et elle n'était pas fâchée, tout en conservant intact le principe de l'interdiction du prêt à intérêt, d'autoriser un contrat qui pût remplacer le prêt à intérêt. Voilà pourquoi les papes Martin V et Calixte III, lorsque la question de la légitimité de la rente constituée fut portée, au xve siècle, devant le Saint-Siége, se prononcèrent formellement en faveur de la rente constituée : ainsi autorisées par le Saint-Siége, les rentes, chaque jour plus nombreuses, devinrent le moyen le plus ordinaire de faire valoir les capitaux ; le clergé en constituait très-souvent lorsqu'il recourait à des emprunts pour payer les dons gratuits qu'il faisait à l'État ; nos rois en constituèrent aussi plusieurs fois : ainsi François Ier, en 1522, créa 16,666 livres 13 sous 4 deniers de rente à prendre sur la ferme du bétail à pied fourchu et sur l'impôt du vin ; Charles IX, en 1562, vendit au prévôt des marchands et aux échevins de la ville de Paris 100,000 livres de rente à prendre sur les 16,000,000 livres de la subvention qui lui avait été accordée par le clergé au colloque de Poissy (1). Ces rentes constituées par François Ier et Charles IX l'étaient au *denier douze*. Qu'était-ce que le denier douze ? Ceci nous amène à parler du *taux* des rentes.

Le revenu annuel que pouvait toucher le créancier de la rente n'était pas abandonné à la libre convention des parties : la loi fixait un taux maximum que les arrérages ne pouvaient dépasser. Vers la fin du xiiie et au commencement du xive siècle, les rentes étaient au denier 10 (2), c'est-à-dire que le créancier recevait tous les

---

(1) Non-seulement les particuliers (nobles ou bourgeois), le clergé et les rois, se constituaient débiteurs de rentes ; mais des provinces elles-mêmes (Bourgogne, Artois, Bretagne, Provence, Languedoc) contractaient l'obligation de payer des rentes. Il y eut aussi, plus tard, les rentes sur la ville de Paris, sur les recettes générales des finances. etc....

(2) La rente était dite au *denier 1*, si le débiteur payait annuellement au

ans un dixième du capital qu'il avait aliéné ; c'était là le taux de 10 °/₀ ; il existait encore à la fin du xvᵉ siècle : il en est fait mention dans l'ancienne coutume du Nivernais de 1490. Mais vers cette époque, par suite de la découverte de l'Amérique, le numéraire augmenta en Europe, et le taux des rentes dut baisser ; en Espagne, il tomba du denier 10 au denier 20, c'est-à-dire de 10 °/₀ à 5 °/₀ par an ; en France, il baissa du denier 10 au denier 12, c'est-à-dire à 8 1/3 °/₀. Ce dernier taux devait subsister en France pendant la plus grande partie du xvıᵉ siècle (1). En juin 1572, le prix des rentes constituées, déjà abaissé au denier 12, fut fixé pour l'avenir au denier 16, c'est-à-dire à 6 1/4 °/₀, par un édit de Charles IX. En juillet 1601, un édit de Henri IV confirma celui de Charles IX ; le taux des rentes fut de nouveau fixé au denier 16.

Nous avons vu que certains théologiens n'admettaient pas les rentes constituées, mais que les bulles de Martin V et de Calixte III les avaient autorisées. La question se présenta encore sous le pontificat du pape Pie V, qui déclara, dans la bulle *cum onus*, que les rentes dites *assignées* étaient seules permises. Expliquons-nous sur le sens de cette expression : souvent, en constituant une rente, le débiteur livrait fictivement au créancier un immeuble sur lequel il *assignait* la rente,

---

créancier la valeur de son capital ; au *denier* 2, s'il lui payait annuellement la moitié de son capital ; au *denier* 10, s'il lui en payait le dixième ; au *denier* 20, s'il lui en payait le vingtième, etc.

(1) Cependant quelques provinces, entre autres la Normandie, avaient conservé le taux de 10 °/₀.

un immeuble que le créancier de la rente était censé acheter et duquel il était censé tirer le produit qu'il avait droit de percevoir ; au fond, cette *assignation* ne changeait rien au caractère de la rente, qui restait rente *constituée*, c'est-à-dire acquise moyennant l'aliénation d'un capital mobilier. Voilà ce qu'étaient les rentes *assignées*, les seules qu'autorisât la bulle de Pie V ; du reste, cette bulle ne fut jamais publiée en France, et, comme Grégoire XIII, successeur de Pie V, revint aux anciennes idées, on peut dire que la bulle de Pie V n'eut en France aucun effet. En 1583, le concile de Bordeaux déclara, de nouveau, que la rente constituée devait contenir désignation d'un fonds, d'un fonds que le créancier serait censé acheter et sur lequel la rente serait *assignée ;* mais cette décision ne fut pas plus observée que la bulle de Pie V. Enfin Benoît XIV admit les rentes simples, c'est-à-dire créées à prix d'argent, sans *assignation* sur un fonds certain.

Voilà l'état des choses au commencement du XVIIe siècle : les rentes constituées, même non assignées, étaient reconnues légitimes par le Saint-Siége, et leur taux était fixé au denier 16 par le législateur civil (édit de 1601). Ce taux ne devait pas rester invariable pendant tout le XVIIe siècle : un édit de Louis XIII, en 1634, l'abaissa au denier 18, c'est-à-dire à 5 1/2 %, et un édit de Louis XIV, en décembre 1665, au denier 20, c'est-à-dire à 5 %. Au XVIIIe siècle les variations furent encore plus grandes : un financier dont la France a gardé le plus mauvais souvenir, Law, voulant attirer vers les opérations qu'il avait imaginées les capitaux placés en rentes constituées, obtint que le taux des rentes, qui était au denier 20 depuis 1665, fut abaissé au denier 50, c'est-à-dire à **2** °/₀ (édit de mars 1720) : cette mesure souleva des réclamations unanimes et n'eut pas le résultat qu'en attendait son auteur ; le placement en rentes constituées, au denier 50, quoique très-peu productif, était encore préféré aux spéculations chanceuses de Law. Aussi le taux fut-il relevé au denier 30, c'est-à-dire à 3 1/3 °/₀ par un édit de juin 1724, puis au denier 20, par un édit de juin 1725 : dès lors le taux ne varia plus.

Nous avons vu jusqu'ici ce qu'étaient les rentes constituées, comment elles pouvaient remplacer le prêt à intérêt, et quel taux leur était fixé par les lois. Etudions maintenant d'un peu plus près la théorie des rentes.

Les rentes étaient-elles meubles ou immeubles ? Vers la fin du XIVᵉ siècle, les choses incorporelles n'étaient pas considérées comme immeubles : or, les rentes étaient choses incorporelles ; donc on devait les ranger parmi les meubles, et c'est ce qui avait lieu dans les partages de succession (par exception, elles étaient assimilées aux immeubles à l'égard des créanciers saisissants). Mais, si nous en croyons Laurière, nous voyons qu'au XIVᵉ siècle les rentes étaient considérées comme meubles si elles étaient rachetables par suite d'une convention, comme immeubles si elles n'étaient pas rachetables (nous aurons à parler plus loin du rachat des rentes). Quoi qu'il en soit, deux siècles plus tard, l'art. 94 de la coutume de Paris établit, et cela passa dans le droit commun, que les rentes constituées seraient immeubles. Voilà pour la rente constituée en perpétuel. Quant à la rente viagère, elle était en général meuble ou immeuble, suivant que le décidait la coutume du domicile du crédi-rentier.

La rente constituée, quand même elle aurait été spécialement assignée par le constituant sur quelque héritage, était, pour le capital et pour les arrérages, une dette personnelle du constituant et de ses héritiers; ils ne pouvaient s'en décharger par l'abandon de l'immeuble *assigné*. Ajoutons que la rente constituée restait, et pour le capital et pour les arrérages, due, non pas seulement par l'héritier succédant à l'héritage sur lequel elle était assignée, mais par tous les héritiers du constituant, à raison de la part pour laquelle chacun d'eux était héritier.

Nous avons jusqu'ici parlé souvent de la rente constituée avec assignation, c'est-à-dire de la rente à prendre sur un des héritages du constituant, héritage dont le constituant se dessaisissait jusqu'à due concurrence en déclarant ne le posséder qu'à titre de précaire : c'est là le *pacte d'assignation,* un des plus importants de ceux qu'on ajoutât aux contrats de constitution de rente. Souvent aussi le constituant promettait de faire emploi du capital, soit pour acheter un héritage, soit pour payer une dette, à charge de faire subroger le créancier de la rente aux priviléges et hypothèques du vendeur de l'héritage, ou du créancier de la dette (1).

La rente constituée ne pouvait être *rachetée* dans le très-ancien droit. En 1570, la bulle de Pie V, que nous avons déjà citée, ordonna qu'à l'avenir la rente fût ra-

---

(1) Pothier, n° 64.

chetable. Dire que la rente était rachetable, c'est dire que le débiteur des arrérages pouvait se libérer de l'obligation de les payer en remboursant le capital dû par lui. Mais l'expression *rachetable* indique qu'il y a eu une vente, car *racheter* c'est reprendre ce qu'on a *vendu* : qu'avait donc vendu le débiteur des arrérages? Il avait *vendu* le droit d'exiger de lui des arrérages, et le capital reçu en échange était le prix de vente. En rendant ce capital, c'est-à-dire en restituant le prix de vente, le débiteur reprenait le droit qu'il avait vendu, c'est-à-dire le rachetait.

On avait soin de stipuler si le remboursement devait se faire en un ou plusieurs payements partiels, de sorte qu'un de ces payements amortît la rente jusqu'à due concurrence (1).

La faculté de rachat ne tombait jamais en péremption; de plus, on regardait comme nulles toutes les clauses qui auraient pu la restreindre (2) : ainsi, on n'admettait pas les conventions par lesquelles le débiteur n'aurait le droit de racheter la rente qu'en indiquant au créancier un autre emploi pour son capital ou en l'avertissant six mois auparavant.

Du reste, le débiteur ne pouvait être contraint au rachat; le rachat était donc pour lui une pure faculté. Tout ce qui avait pour but de forcer, par des moyens directs ou indirects, le débiteur à rembourser le capital, opérait la nullité radicale du contrat.

Lorsque la convention portait que la rente ne serait

---

(1) Pothier, nos 93, 94, 95.
(2) Loyseau, liv. 1, ch. 7, no 10.

rachetable en aucun temps, cela suffisait, d'après Pothier (1), pour annuler le contrat; et si le débiteur avait, sous l'empire de cette convention, payé des arrérages, il pouvait les imputer sur le capital; toutefois Loyseau (2) et Poullain-Duparc n'étaient pas de cet avis : ils pensaient que la clause était nulle mais qu'elle n'annulait pas le contrat.

Les clauses relatives au rachat ne pouvaient rien introduire dans le contrat qui obligeât le débiteur à rendre pour se libérer plus qu'il n'avait reçu.

Il y avait des rentes constituées qui n'étaient pas nécessairement et de leur nature rachetables : telles étaient les rentes constituées gratuitement par don, legs, testament. De plus, le donateur pouvait astreindre le débiteur à racheter la rente dans un certain temps et pour un prix déterminé supérieur au taux légal, ce qui était incompatible avec la rente constituée ordinaire.

De quelle manière le constituant était-il débiteur des arrérages?

Les arrérages annuels étaient divisés en trois cent soixante cinq parties égales (dans les années bissextiles, on ne comptait pas le jour intercalaire), et le débiteur de la rente devenait chaque jour débiteur de la trois cent soixante cinquième partie des arrérages. Ainsi les arrérages naissaient et étaient dus chaque jour.

Les arrérages étaient assujettis à la prescription de cinq ans. En outre, le débiteur, quoique mis en demeure de

____

(1) Pothier, n° 51.
(2) Loyseau, liv. 1, ch. 7, n° 10.

les payer par une interpellation judiciaire, ne devait point l'intérêt de ces arrérages.

On exigeait quelquefois que les arrérages se payassent de six mois en six mois (1). Cela avait lieu pour les rentes sur l'État dites rentes sur l'Hôtel de Ville.

La clause de payer d'avance n'était pas admise.

Lorsque le débiteur ne payait pas les arrérages, le contrat de constitution de rente était-il résolu?

Le droit canonique n'admettait pas cette cause de résolution, et l'ordonnance de 1629 (art. 149) en avait même aboli l'usage ; néanmoins la coutume subsista, dans beaucoup de provinces, d'insérer dans les contrats de constitution de rente la clause, que, faute par le débiteur de servir la rente pendant deux ans (trois ans, dans quelques provinces), le créancier pourrait en exiger le remboursement.

CHAPITRE VII.

DU PRÊT A INTÉRÊT SOUS LE DROIT INTERMÉDIAIRE ET DANS LE CODE NAPOLÉON.

Ce chapitre doit être divisé en deux parties; nous avons, en effet, à parler du prêt à intérêt proprement dit et de la *rente.*

SECTION I.

Du prêt à intérêt.

Nous avons vu qu'un décret de l'Assemblée Constituante,

---

(1) Pothier, n° 85.

du 2 octobre 1789, avait reconnu la légitimité du prêt à intérêt; mais, ce décret n'allait pas jusqu'à proclamer la liberté dans la fixation du taux : il permettait de *prêter de l'argent, avec stipulation d'intérêts au taux déterminé par la loi :* Or ce taux était alors le denier 20, c'est-à-dire 5 %, taux établi pour les rentes constituées, en 1665, par un édit de Louis XIV, changé en 1720, mais rétabli en 1725. Ainsi, à partir du 2 octobre 1789, le taux de l'intérêt légal fut 5 %; du reste, ce taux maximum ne se référait pas aux matiéres commerciales : là, le taux n'avait rien de bien arrêté, rien de bien uniforme; il variait avec les usages, et le décret de l'Assemblée Constituante déclarait formellement ne rien changer à ces usages.

L'Assemblée Législative ne toucha pas au prêt à intérêt. Il n'en fut pas de même de la Convention : elle porta plusieurs lois relatives au commerce de l'argent, lois de circonstances, qui n'avaient pour but que de rendre forcé le cours des assignats. On sait, en effet, que, dès les premiers temps de la République, la sécurité avait disparu. Lorsque la sécurité ne règne plus dans un pays, les capitalistes n'ont aucune confiance dans les spéculations et gardent leur argent : il en fut ainsi sous la Convention, et en 1793, l'argent était devenu fort rare. Il fallait remplacer cet argent : la Convention créa les *assignats*. Mais ce papier-monnaie devait se ressentir de la crise que traversait la France; il n'inspira aucune confiance et ne tarda pas à tomber au-dessous de la valeur représentative. La Convention voulut empêcher le discrédit des assignats; et, pour leur donner cours forcé, elle proscrivit tout-à-fait l'argent : le décret des 11-16 avril 1793 déclara qu'il ne pouvait plus être fait commerce de l'argent dans tout le territoire français, et prononça la peine de six années de fer contre quiconque en ferait usage dans une transaction ou une convention quelconque; on ne devait plus payer qu'en assignats. Mais ce décret ne put empêcher la valeur des assignats de diminuer de jour en jour et il fut rapporté par un autre décret, du 25 avril 1795, qui déclarait marchandises l'or et l'argent monnayés. La Convention revint bientôt elle-même sur cette nouvelle décision et le décret de 1793 fut remis en vigueur par un décret du 24 mai 1795. Au milieu de tous ces décrets contradictoires, mesures arbitraires et violentes, la sécurité et la confiance n'avaient pas encore reparu : ceux qui prêtaient une somme en papier-monnaie n'étaient jamais sûrs de recevoir l'équivalent de ce qu'ils avaient prêté; ils ne consentaient donc à prêter qu'à un taux nécessairement très-élevé. Dans cette époque de trouble, le décret du 2 octobre 1789 se trouva ainsi mis de côté : la force des choses avait amené ce résultat.

Le 25 juillet 1796 (5 thermidor an IV) intervint une dernière loi, intitulée *loi sur les transactions entre citoyens*, qui portait :

Art. 1ᵉʳ : « A dater de la publication de la présente loi, chaque citoyen sera libre de contracter comme bon lui semblera. Les obligations qu'il aura souscrites seront exécutées dans les termes et valeurs stipulées.

. . . .

Art. 3. «Les dispositions des lois contraires à la présente sont abolies. »

Alors l'argent revint peu à peu. Le retour de l'argent ne fit pas disparaître immédiatement les assignats, mais il augmenta le discrédit où ils étaient déjà tombés, et ils finirent par être supprimés. La chute du papier-monnaie et le rétablissement de la tranquillité publique ramenèrent alors l'argent en abondance : par suite le taux de l'intérêt dut baisser, car on sait que l'élévation du taux varie toujours en sens inverse de la quantité des capitaux mis en circulation; et, en effet, l'intérêt baissa : les emprunteurs invoquèrent alors le décret d'octobre 1789 qui fixait le taux de l'intérêt à 5 %, et qui n'avait jamais été abrogé formellement; mais, la plupart des Cours d'appel et la Cour de Cassation, s'appuyant sur les termes de l'art. 1er de la loi de 1796, qui permet à tout citoyen de contracter comme bon lui semblera, décidèrent que cette loi avait abrogé le décret de 1789 et refusèrent de sévir contre ceux qui avaient prêté à un taux plus élevé que 5 %. C'était, en réalité, donner au décret de 1796 une portée qu'il ne devait pas avoir : il n'avait eu d'autre but que de rendre aux parties la liberté que leur avait enlevée le décret de 1793 et de rétablir l'usage des monnaies. Il avait considéré l'argent au point de vue des transactions en général, et non au point de vue particulier du prêt à intérêt. Le décret de 1789 n'avait donc pas été abrogé. Jusqu'au Code Napoléon, il fut, en droit, interdit de stipuler un intérêt supérieur à 5 %; mais, en fait, le taux de l'intérêt ne fut soumis à a uucu restriction. Ce fut cet état de fait que les auteurs du Code Napoléon trouvèrent existant lorsqu'ils se demandèrent si le législateur devait fixer le taux de l'intérêt. Voyons comment ils comprirent la théorie du prêt à intérêt.

Nous n'avons à parler que des intérêts conventionnels : ce ne sont pas les seuls intérêts dont s'occupe notre droit ; à côté des intérèts conventionnels nous avons les intérèts moratoires dont l'art. 1153 établit le principe et la règle : « Dans les obligations qui se bornent au payement d'une certaine somme, les dommages et intérèts résultant du retard dans l'exécution ne consistent jamais que dans la condamnation aux intérèts fixés par la loi. » Nous avons aussi les intérèts légaux, c'est-à-dire les intérèts que la loi fait courir de plein droit indépendamment de toute convention ou de toute mise en demeure. Ces intérèts, tant moratoires que légaux, ne rentrent pas dans la matière du prêt à intérêt, car ils ne dépendent pas de la convention des parties ; nous n'avons donc pas à en dire un seul mot. Bornons-nous à étudier les intérèts conventionnels.

Art. 1905 : « Il est permis de stipuler des intérêts pour simple prêt, soit d'argent, soit de denrées ou autres choses mobilières. »

Comme on le voit, le Code Napoléon ne définit pas le prêt à intérêt ; mais, si on compare l'art. 1905 à l'article 1874, qui définit le prêt de consommation, il ressort nettement de cette comparaison que le prêt à intérêt est un prêt de consommation dans lequel le prêteur a stipulé une indemnité pour la privation qu'il éprouve et le risque qu'il court. Nous n'avons pas à insister sur cette définition que nous avons donnée au commencement de notre thèse.

D'après l'art. 1905, les parties peuvent stipuler un intérêt, non seulement dans un prêt d'argent, mais dans un prêt de choses mobilières quelconques ; cet article va donc plus loin que le décret d'octobre 1789 qui permettait seulement de *prêter de l'argent* avec stipulation d'intérêts.

Qu'arrive-t-il lorsque des intérêts ont été payés quoique non stipulés ?

Art. 1906 : « L'emprunteur qui a payé des intérêts qui n'étaient pas stipulés, ne peut ni les répéter ni les imputer sur le capital. »

Voilà, il faut en convenir, une décision qui ne se comprend guère ; car il est évident pour tout le monde que le prêt n'entraîne pas avec lui, en dehors de toute stipulation, de toute convention, l'obligation de payer des intérêts. Comment donc les rédacteurs du Code Napoléon ont-ils pu édicter la règle de l'art. 1906 ? On trouve l'explication de cette difficulté en se reportant au droit romain. Voici ce que nous lisons dans la loi **3, C.,** *De usuris* (IV , 32) : *Quamvis usuræ fœnebris pecuniæ citra vinculum stipulationis peti non possint, tamen ex pacti conventione solutæ neque ut indebitæ repetuntur, neque in sortem accepto ferendæ sunt.* Le sens de ce texte est très-clair : on sait qu'à Rome les intérêts devaient être *stipulés* et qu'ils n'étaient pas dus en vertu d'un simple pacte ; ce pacte n'était cependant pas sans effets, et c'est précisément à ce sujet que la loi 3 nous dit : *même en l'absence du lien de la stipulation, si des intérêts ont été payés en vertu d'un simple pacte, ils ne peuvent être répétés comme indus ni imputés sur le capital.* Les rédacteurs du Code Napoléon ont donné, dans le texte précédent, au mot *stipulés* son sens français, et, comme en français des intérêts *qui n'ont pas été stipulés* sont des intérêts qui n'ont été promis d'aucune façon, ils ont cru que la loi 3 parlait d'intérêts pour lesquels il n'existait aucune convention ; ils n'ont pas compris que cette loi opposait, au contraire, les intérêts *stipulés* aux intérêts *convenus*, et que sa décision s'applique précisément au cas d'intérêts non *stipulés* mais *convenus*. Ils ont donc, croyant appliquer les principes du droit romain, refusé la répétition de l'indu au débiteur qui aurait payé par erreur des intérêts, qu'il ne devait pas puisqu'il ne les avait pas promis ; or, tout le monde sait que, dans ce cas-là, on aurait accordé, en droit romain, la *condictio indebiti* à l'emprunteur.

Les parties conviennent, en général, que les intérêts seront payables par année ; en l'absence même de cette clause, le créancier pourrait, sans attendre l'échéance du capital, exiger annuellement les intérêts. A l'inverse, les parties pourraient valablement stipuler que les intérêts ne seraient payables qu'avec le capital : certains auteurs n'admettent cependant la validité d'une pareille stipulation que pour cinq ans ; ils se fondent sur l'article 2277, qui oppose la prescription au créancier lorsqu'il réclame plus de cinq ans d'intérêts, et sur l'article 2220, qui ne permet pas de renoncer d'avance à une prescription non encore accomplie. Cette manière de raisonner est-elle exacte ? Sans doute, aux termes de l'art. 2277 les intérêts se prescrivent par cinq ans ; mais la prescription ne peut courir qu'à partir de l'échéance : or, dans notre espèce, les intérêts ne sont pas exigibles et le créancier n'est pas fondé à les demander ; par suite ce créancier ne peut être atteint par la prescription. Quant à l'art. 2220, il déclare nulle toute renonciation faite d'avance à une prescription non encore accomplie ; mais, cet article ne peut s'appliquer dans notre espèce ; ici, en effet, il n'est pas question d'une prescription non encore accomplie, il s'agit d'une prescription qui n'a pas encore commencé à courir ; ce n'est pas là l'hypothèse prévue par l'art. 2220. D'ailleurs, l'emprunteur ne peut rien perdre dans la convention qui nous occupe ; il ne payera en définitive rien de plus que s'il avait payé annuellement les intérêts, et il gagnera même pendant toute la durée du prêt les intérêts de ces intérêts.

A quel taux peut-on prêter sous le Code Napoléon ?

Art. 1907. « L'intérêt est légal ou conventionnel. L'intérêt légal est fixé par la loi (1). L'intérêt conventionnel peut excéder celui de la loi toutes les fois que la loi ne le prohibe pas.

« Le taux de l'intérêt conventionnel doit être fixé par écrit. »

Lorsque cet article fut discuté au Conseil d'État, en 1804, l'intérêt conventionnel, nous l'avons déjà remarqué, était libre, en fait, depuis plusieurs années, quoique, en droit, il fût de 5 %, la loi de 1789 qui fixait ce taux maximum n'ayant pas été abrogée. Que feraient les nouveaux législateurs ? Admettraient-ils un taux maximum, comme l'avait fait la loi de 1789, ou consacreraient-ils l'état de fait qu'ils trouvaient existant, en reconnaissant la liberté de l'intérêt ? MM. Regnauld de Saint-Jean d'Angély, Treilhard et Bérenger s'élevèrent contre toute intervention du législateur dans le règlement de l'intérêt conventionnel. MM. Cambacérès, Tron-

____

(1) Comme nous l'avons déjà dit, nous n'avons à nous occuper ici que de l'intérêt conventionnel.

chet et Malleville prirent partie pour la fixation d'un taux maximum. Aucune de ces deux opinions ne triompha d'une manière absolue, et de là sortit l'art. 1907. En principe, le prêt à intérêt fut autorisé et le taux de l'intérêt abandonné à la volonté des parties : l'art. 1907 dit, en effet, que l'*intérêt conventionnel peut excéder celui de la loi ;* mais, après avoir ainsi proclamé la liberté du taux, l'article ajoute : *toutes les fois que la loi ne le prohibe pas.* Cette loi prohibitive qui n'existait pas en 1804, mais que l'art. 1907 annonçait comme prochaine, devait être promulguée le 3 septembre 1807. Nous aurons plus tard à nous en occuper en détail ; constatons pour le moment que le taux de l'intérêt fût complétement libre depuis la promulgation du Code Napoléon jusqu'à celle de la loi de 1807, libre *en droit* et *en fait,* car la liberté du taux existait en principe dans l'art. 1907 et la loi qui devait restreindre l'application du principe posé par cet article n'existait pas encore. Avant 1804, l'intérêt avait été libre en fait, mais non en droit, à cause de la loi de 1789 qui n'avait pas été abrogée. Depuis 1807, il a bien encore été, si l'on veut, libre en principe, le principe de la liberté du taux existant toujours dans l'art. 1907, mais il ne l'a pas été en fait, la loi prohibitive annoncée par l'art. 1907, ayant été portée en 1807.

Les rédacteurs de l'art. 1907, après avoir admis que l'intérêt serait libre toutes les fois que la loi ne prohiberait pas cette liberté, voulurent mettre un frein à l'usure et crurent trouver ce frein dans la nécessité imposée aux prêteurs de constater par écrit les intérêts qu'ils stipulaient : c'est ainsi que prit naissance la dernière partie de l'art. 1907. On espérait que cette constatation écrite de leur cupidité, et par suite la crainte de la publicité, modérerait la rapacité des usuriers; « le législateur a voulu contenir l'usure par le frein de la honte, » disait le tribun Albisson. L'écrit devait énoncer distinctement la somme prêtée et l'intérêt stipulé par le créancier, car il eût été facile d'éluder la loi si l'on avait pu confondre l'intérêt avec le capital.

Faut-il aller jusqu'à dire que l'absence d'écrit constatant l'existence d'une stipulation d'intérêts enlève au prêteur, même le droit d'invoquer en justice l'aveu de son débiteur, de le faire interroger sur faits et articles, de lui déférer le serment? Non : l'aveu, le serment, émanent du débiteur aussi bien que sa signature et fournissent une preuve aussi certaine, plus certaine même, que l'écriture. D'autre part, dans notre législation, l'écrit n'est jamais exigé, sauf dans les contrats solennels, que *ad probationem*, et rien ne prouve que le législateur, dans l'art. 1907, ait fait de l'écriture une condition essentielle de la stipulation d'intérêts. Nous repoussons donc l'opinion d'après laquelle toute autre preuve que l'écriture serait inadmissible. Seulement, l'art. 1907 exigeant un écrit, il est bien évident que la preuve par témoins d'une convention verbale d'intérêts ne devrait pas être reçue, le montant des intérêts fût-il inférieur à 150 fr. Ainsi la preuve testimoniale est exclue; les autres genres de preuves que nous avons énumérées ne le sont pas (1).

---

(1) La preuve testimoniale exclue, dans le cas où il s'agit de prouver, en l'absence d'écrit, qu'il y a eu stipulation d'intérêts, est admise, comme nous le verrons en étudiant l'art 3 de la loi de 1807, lorsqu'il s'agit de prouver l'usure, c'est-à-dire la perception d'un intérêt dont le taux est supérieur au taux légal.

Nous n'en dirons pas davantage, pour le moment, sur l'art. 1907 ; nous l'étudierons de nouveau, et en détail, en parlant de la loi de 1807.

Art. 1908 ; « La quittance du capital donnée sans réserve des intérêts en fait présumer le payement et en opère la libération. »

C'est là une présomption en faveur de l'emprunteur. Elle se comprend, d'ailleurs, parfaitement : en effet, le créancier, qui reçoit une partie de son capital, perd le droit d'en réclamer les intérêts ; en outre, la créance d'intérêts est prescriptible par le court laps de temps de cinq ans :. Pour ce double motif, le créancier a intérêt à conserver sa créance de capital plutôt que sa créance d'intérêts ; donc il est tout naturel que le créancier qui reçoit une somme d'argent l'impute sur les intérêts plutôt que sur le capital, et, par suite, lorsqu'il donne quittance pour le capital, sans réserve des intérêts, on doit présumer que les intérêts lui ont été payés.

On a beaucoup discuté sur la nature de la présomption établie par l'art. 1908. Un grand nombre d'auteurs admettent que le créancier qui a donné quittance du capital, sans réserve des intérêts, peut être admis à prouver qu'en réalité les intérêts ne lui ont pas été payés. Nous ne pouvons partager cette opinion, bien qu'elle soit très-accréditée : nous pensons que le débiteur est libéré sans que le créancier puisse être admis à prouver le contraire. Voici notre raisonnement : la quittance du capital, nous dit l'art. 1908, donnée sans réserve des intérêts..... *en opère la libération*. Ainsi, nous avons là une présomption de libération, c'est-à-dire une présomption légale, car, aux termes de l'art. 1350-2°, la

présomption de libération est une présomption légale.
Or, d'après l'art. 1352, nulle preuve n'est admise contre
la présomption légale. Donc, nulle preuve n'est admise
contre la présomption établie par l'art. 1908. Nous savons bien que, dans certains cas, la présomption légale
de libération peut être combattue par la preuve contraire : mais il n'en est ainsi que si la preuve contraire a
été spécialement réservée par la loi elle-même, comme
dans les cas prévus par les art. 1283 et 2275 ; or, dans
notre hypothèse, cette preuve contraire n'a pas été réservée par la loi : donc elle ne doit pas être admise. Nous
savons bien aussi qu'on oppose l'art. 1358, aux termes
duquel *le serment peut être déféré sur quelque espèce de
contestation que ce soit;* mais cet article ne doit pas être
pris à la lettre, car nos adversaires eux-mêmes admettent
bien que le serment ne peut être déféré dans les questions d'état, ni contre l'autorité de la chose jugée ou
contre la prescription. Or, l'autorité de la chose jugée,
la prescription, sont, comme la présomption établie par
l'art. 1908, des présomptions légales; pourquoi donc
permettre de déférer le serment contre la présomption de
l'art. 1908? Il y a plus : la prescription libératoire est
non-seulement une présomption légale comme celle dont
nous nous occupons, mais, comme elle, elle est une présomption de libération ; évidemment donc il faut les
traiter de même : or, nous le répétons, la preuve contraire, en matière de prescription, est absolument exclue;
donc elle doit l'être lorsqu'il s'agit de la présomption de
libération établie par l'art. 1908. — Mais, nous objecte-t-
on, aux termes de l'art. 1352, les présomptions, contre
lesquelles la preuve contraire n'est pas admise, sont

celles sur le fondement desquelles la loi annule certains
actes ou dénie l'action en justice ; or, quel est aux termes de l'art. 1908, l'acte annulé, quelle est l'action en
justice déniée? — Nous ne croyons pas qu'il soit difficile
de réfuter ce raisonnement : sans doute, il n'y a pas ici
d'acte annulé, mais il y a une action en justice déniée ;
ce résultat est contenu implicitement dans l'art. 1908.
Dans la prescription, il y a bien évidemment action en
justice déniée : cependant aucun texte formel ne le dit ;
mais cela résulte, personne ne le niera, de l'art. 2219,
aux termes duquel la prescription est un moyen (lisez :
une présomption) d'acquisition ou *de libération*. De la
même manière, l'art. 1908, nous disant que la quittance du capital, donnée sans réserve des intérêts, en
opère libération, dénie par cela même l'action en justice
contre la présomption qu'il établit. Ainsi, contre la présomption de l'art. 1908 nous n'admettons pas la preuve
contraire, pas plus que contre l'autorité de la chose jugée ou contre la prescription ; et nous en dirons autant
de la présomption établie par l'art. 1282, au sujet de la
remise du titre faite par le créancier à son débiteur : cette
remise (de même que la quittance dont parle l'art. 1908)
opère libération ; or, le tribun Jaubert disait dans son
rapport au Tribunat : « la remise du titre opérant libération, par conséquent l'obligation étant éteinte, il en résulte que l'ancien propriétaire du titre ne peut être admis
à prouver que la remise volontaire du titre n'a pas opéré
libération. » On le voit, dans le cas de l'art. 1282, comme
dans le cas de l'art. 1908, il y a une présomption de
libération contre laquelle la preuve contraire n'est pas
admissible. Bien entendu, quand nous disons que *la*

preuve contraire n'est pas admise, nous ne parlons pas de la preuve de *l'erreur* : le créancier, de l'art. 1282, peut tres-bien être reçu à prouver qu'il a remis au débiteur son titre par *erreur,* croyant, par exemple, lui donner un autre écrit ; le créancier, de l'art. 1908, peut être reçu à prouver qu'il n'a omis de réserver les intérêts, dans sa quittance, que par *erreur*, par exemple parce qu'il croyait les avoir déjà touchés. Mais, si le créancier a remis au débiteur son titre *volontairement* (c'est-à-dire sachant bien qu'il le lui remettait) il n'est pas admis à prouver que le débiteur n'est pas libéré ; et de même si le prêteur a donné à son emprunteur quittance du capital sans réserve des intérêts, sachant que ces intérêts ne sont pas payés, l'emprunteur est libéré et le prêteur n'est pas admis à prouver le contraire.

On peut rattacher à l'art. 1908 l'art. 1254, relatif à l'imputation des payements, qui décide que « le débiteur d'une dette portant intérêt ou produisant des arrérages ne peut point, sans le consentement du créancier, imputer le payement qu'il fait sur le capital par préférence aux arrérages ou intérêts » et que « le payement fait sur le capital et les intérêts, mais qui n'est point intégral, s'impute d'abord sur les intérêts. » Dans l'ancien droit, l'imputation avait lieu sur le principal préférablement aux intérêts. Ajoutons que cet art. 1254 est général et qu'il s'applique non pas seulement aux intérêts conventionnels, mais à toute espèce d'intérêts.

On peut supposer que les intérêts d'une somme d'argent ne sont pas payés à l'échéance : ces intérêts seront-ils convertis en un nouveau capital qui produise à son tour un intérêt ? Cet intérêt des intérêts produits par un capital et à leur tour capitalisés est l'*anatocisme*. L'anatocisme était permis à Rome pour les intérêts échus; mais il n'était pas possible de stipuler à l'avance l'intérêt des intérêts futurs. Justinien le prohiba absolument; cette prohibition fut maintenue dans notre ancien droit et même dans le droit intermédiaire (1). Le Code Napoléon ne l'a pas conservée; il a admis la capitalisation des intérêts, mais sous certaines restrictions. Ces restrictions sont très-sages : l'emprunteur, au moment où il emprunte, espère payer régulièrement les intérêts; sa promesse de payer les intérêts de ces intérêts, pour le cas où il ne satisferait point à son obligation, sera souvent téméraire. Il importe d'autant plus de le protéger contre un tel engagement, que d'une part il est plus porté à se faire illusion sur ses ressources, et que de l'autre il subit toujours plus ou moins la loi de son créancier. Voilà pourquoi les rédacteurs du Code ont décidé que les intérêts échus des capitaux ne peuvent être capitalisés et devenir à leur tour productifs d'intérêts, soit par une demande judiciaire, soit par une convention spéciale qu'autant qu'ils sont *actuellement échus et dus pour un an* (art. 1154). Mais des questions très-délicates se sont présentées sur l'interprétation de cet article. On se demande d'abord quel sens doit être donné au mot *échus*. Certains auteurs et la jurisprudence pensent que ce mot *échus* peut aussi bien s'entendre dans le sens d'un futur passé que dans celui d'un prétérit, et que par suite rien

---

(1) Dans notre ancien droit, où le prêt à intérêt était défendu, la question ne pouvait s'élever; mais, même dans les cas où l'intérêt était exceptionnellement admis, l'anatocisme était prohibé. (Ordonnance de 1673.)

n'indique, dans l'art. 1154, qu'il s'agisse d'une convention postérieure à l'échéance ; ils pensent donc que, dans cet article, la seule condition exigée pour la validité d'une convention d'anatocisme, est que les intérêts soient dus : qu'ils soient échus ou non au moment de la convention, la chose est indifférente. On pourrait donc ainsi stipuler d'avance l'anatocisme pour une année, quand elle sera échue et non payée. Quant à nous, il nous semble bien que la convention, dont il est question dans l'art. 1154, est une convention intervenue aprés l'échéance des intérèts, c'est-à-dire à un moment où ils sont, non-seulement dus, mais échus. L'art. 1154 place, en effet, la demande en justice et la convention spéciale sur la même ligne. Or, la capitalisation des intérêts par une demande en justice peut s'appliquer seulement à des intérêts que le créancier a le droit d'exiger, c'est-à-dire à des intérêts actuellement échus ; donc toute convention faite sur des intérêts actuellement dus, mais non encore échus, est prohibée. Ainsi l'art. 1154 s'applique non aux intérêts à échoir mais aux intérêts déjà échus.

La rédaction vague de l'art. 1154 a aussi soulevé une autre question. On s'est demandé si des intérêts dus pour moins d'une année de jouissance du capital peuvent produire à leur tour des intérêts par l'effet d'une convention intervenue à l'époque de l'exigibilité. Il est des auteurs pour lesquels la convention dont parle l'art. 1154 doit s'entendre uniquement d'une convention relative à des intérêts futurs, et qui disent que toute convention sur des intérêts actuellement dus, dus pour moins d'un an (pour six mois par exemple), reste permise sans restriction. Voici leur raisonnement :

L'art. 1154, disent-ils, est, dans l'opinion contraire, inutile, car sa prohibition peut être éludée; le débiteur payera, en effet, le capital et les intérêts échus et recevra immédiatement, à titre de prêt, la somme qu'il vient de payer. Dès lors, la prohibition de l'art. 1154 ne produit aucun effet. Peut-on admettre que la loi défende ce qu'elle ne peut pas empêcher? Pour que l'art. 1154 ait une raison d'être, nous devons supposer qu'il a uniquement trait aux intérêts à échoir et non aux intérêts déjà échus. Donc la convention dont il s'agit, ayant trait à des intérêts déjà échus, est permise, bien que ces intérêts soient dus pour moins d'une année de jouissance du capital.

Nous répondrons d'abord que l'art. 1154 (mettant sur la même ligne la demande en justice et la convention spéciale) s'applique, ainsi que nous l'avons démontré, aux intérêts échus au moment de la convention; donc cet art. 1154 régit la convention d'anatocisme relative aux intérêts dont nous parlons. Mais ces intérêts, dans notre espèce, ne sont pas dus pour un an, laps de temps exigé formellement par l'art. 1154; donc, aux termes de l'art. 1154, cette convention d'anatocisme n'est pas possible. Nous répondrons ensuite que si l'art. 1154, dans notre manière de l'expliquer, est facile à éluder, il en est ainsi de presque toutes les lois prohibitives; ainsi la loi de 1807 peut être éludée, elle l'est tous les jours, et cela ne l'empêche pas d'être en vigueur.

Ainsi, en résumé, dans l'interprétation de l'art. 1154, trois systèmes sont en présence : les uns appliquent l'article aux intérêts échus et à échoir; les autres, seulement aux intérêts à échoir; nous, seulement aux intérêts échus. Les premiers admettent qu'on peut d'avance stipuler l'anatocisme pour une année, quand elle sera échue et non payée ; les seconds pensent que des intérêts dus pour moins d'une année de jouissance du capital, peuvent produire à leur tour des intérêts par l'effet d'une convention intervenue à l'époque de l'exigibilité ; nous, nous n'admettons aucune de ces deux solutions.

Certains revenus peuvent, par exception à l'art. 1154, produire des intérêts, quoique dus pour moins d'une année entière : tels sont les loyers des maisons, les fermages des biens ruraux, les arrérages des rentes perpétuelles ou viagères. Du reste, il s'agit là, comme dans l'art. 1154, de revenus *échus :* par exemple, je vous afferme un fonds à raison de mille francs par an, payables par semestre, et je conviens avec vous qu'au lieu de me payer le premier semestre, vous le garderez à titre de prêt ; cette convention sera nulle si elle est faite avant la fin du semestre, valable si elle a lieu après le semestre échu.

Une autre exception à la règle de l'art. 1154, a lieu dans le cas où un tiers paye pour un débiteur les intérêts que celui-ci devait à son créancier. Ici l'expression *intérêts*, qui est exacte dans les rapports du débiteur et du créancier, ne l'est pas dans les rapports du débiteur et du tiers ; en payant les intérêts dus par le débiteur, le tiers a réellement déboursé un *capital :* ce capital est à son tour productif d'intérêts.

Une troisième exception à l'art. 1154, se présente, quand un possesseur de mauvaise foi a été condamné à payer, comme équivalent de fruits indûment perçus, une somme d'argent à titre de dommages-intérêts. Cette somme d'argent, quoique représentant des fruits, constitue plutôt un capital que des intérêts et peut, au gré des parties, être productive d'intérêts.

Les trois exceptions que nous venons d'énumérer, sont indiquées par l'art. 1155.

Les intérêts des sommes prêtées se prescrivent par cinq ans, dit l'art. 2277 : cette prescription de cinq ans repose sur une présomption de payement; il est bien rare, en effet, qu'un créancier ne perçoive pas régulièrement ses revenus, car, outre qu'il en a souvent besoin pour faire face à ses affaires, il n'en retire aucun profit tant qu'il les laisse entre les mains du débiteur : s'il reste pendant cinq ans dans l'inaction, on doit donc présumer qu'il a été réellement payé des intérêts qu'il avait droit d'exiger. Cette prescription est aussi fondée sur un motif d'ordre public, car, si le créancier pouvait, sans encourir aucune déchéance, laisser ses revenus s'accumuler, sa négligence serait naturellement très-funeste au débiteur; celui-ci n'étant pas poursuivi pourrait dépenser, au fur et à mesure qu'il les réaliserait, les sommes destinées à sa libération; dans tous les cas, il ne les garderait pas, les emploierait à acheter des propriétés ou les placerait dans l'industrie, et se trouverait ordinairement hors d'état de pouvoir payer le créancier, lorsque celui-ci viendrait lui demander vingt-cinq ou trente ans d'intérêts. Le législateur n'a pas voulu que le créancier pût, par sa négligence, écraser le débiteur sous le poids d'intérêts accumulés pendant tant d'années.

Cette prescription de cinq ans n'est pas applicable à toutes les dettes : ainsi, les dettes qui ne sont point susceptibles d'accroissements successifs ne se prescrivent pas par cinq ans, quand même elles seraient payables par année (1). **Par** exemple, je vous prête dix mille francs, sous la condition que vous me les rendrez en dix années, par payements de mille francs ; votre dette ne sera prescriptible que par trente ans, car elle est invariablement déterminée, elle ne grossira pas avec le temps, et ma négligence à me faire payer n'aggravera pas votre position.

Les créanciers auxquels la prescription de cinq ans est opposable ne peuvent déférer le serment à leurs débiteurs : c'est que la loi a voulu surtout empêcher le créancier de ruiner le débiteur, par sa négligence à se faire payer ; et ce motif justifie la prescription, quand même il serait démontré, par l'aveu du débiteur, qu'il n'a pas payé les intérêts que le créancier avait droit d'exiger.

Cette prescription de cinq ans court, comme toutes les *courtes prescriptions*, contre les mineurs et les interdits.

Pour terminer ce que nous avons à dire du prêt à intérêt dans le Code Napoléon, voyons comment le prêteur, qui prend une inscription hypothécaire pour garantir la créance du capital, peut conserver par cette inscription sa créance d'intérêts.

Quant aux intérêts échus au moment où l'inscription est prise, ils sont colloqués au même rang que la créance du capital, si l'inscription en fait mention ; si elle les passe sous silence, le droit du créancier aux intérêts est purement chirographaire, car l'hypothèque ne produit son effet que pour les sommes dont les tiers ont pu être .

---

(1) En général, tout ce qui est payable par année se prescrit par cinq ans.

avertis par la mention faite dans l'inscription. Mais, que décider pour les intérêts échus depuis l'inscription jusqu'au jour où le créancier exerce son hypothéque? Pour que la question puisse se présenter, il faut supposer que l'inscription indique qu'il y a eu une stipulation d'intérêts; sans cela, les tiers pourraient croire que la dette n'est pas productive d'intérêts. Supposons donc qu'un créancier se soit inscrit le 1er janvier 1861, et que, dans son inscription, il mentionne que sa créance est productive d'intérêts; il forme sa demande en collocation le 1er juillet 1865 : il est créancier, en outre de son capital, de quatre ans et demi d'intérêts (1). Va-t-il être colloqué, pour tous les intérêts qui lui sont dûs, au même rang que pour son capital?

Le législateur, dans l'art. 2151, n'a pas admis la collocation du créancier à la date de son inscription, pour tous les intérêts échus; en effet, les intérêts se payant d'ordinaire régulièrement à chaque échéance, les tiers, qui ont consulté l'inscription et qui ont dû compter sur la diligence du créancier à se faire payer, seraient trompés dans leurs espérances légitimes s'ils étaient plus tard, sur les biens du débiteur, primés par un capital grossi de nombreuses années d'intérêts arriérés. Qu'avait donc à faire le législateur? Il aurait pu ranger toutes les créances d'intérêts dans la classe des droits chirographaires, à moins que le créancier n'eût pris chaque année une inscription particulière pour les intérêts échus; mais c'était faire un crime au créancier de

---

(1) Si le créancier a eu soin de faire des actes interruptifs de prescription, il est possible que six, huit, dix années d'intérêts lui soient dus.

son indulgence et l'obliger, pour la conservation de ses droits, à être d'une rigueur excessive envers son débiteur. Aussi, pour une portion des intérêts échus, le législateur a-t-il accordé au créancier, dont l'inscription porte que la créance est productive d'intérêts, une collocation au même rang d'hypothèque que pour le capital. Mais quelle est cette portion d'intérêts échus pour laquelle le créancier est colloqué à la date de son inscription? Aux termes de l'art. 2151, le créancier est colloqué pour *deux années d'intérêts* seulement et pour *l'année courante.*

Quelles sont les *deux années* et *l'année courante* dont il est ici question? La Cour de Riom a décidé que ces deux années étaient les deux premières années à partir de l'inscription, et que le créancier, payé des deux premières années d'intérêts, ne pourrait plus être colloqué à la date de son inscription que pour l'année courante. La Cour de Cassation n'a pas admis cette interprétation, au moins très-singulière, de l'art. 2151, et elle a cassé l'arrêt de la Cour de Riom. Évidemment, la loi a parlé de deux années d'intérêts en général; elle n'a pas distingué, par leur époque d'échéance, les années d'intérêts qui doivent être colloquées au rang du capital, elle en a seulement fixé le nombre. Le créancier, à qui il est dû plusieurs années d'intérêts, est colloqué au rang du capital pour deux années, les premières ou les dernières, peu importe. Voilà la pensée de la loi. Quant à *l'année courante* dont il est ensuite parlé, les tribunaux admettent généralement qu'il s'agit là de l'année qui court du jour anniversaire de l'inscription au jour de la collocation. Ainsi, si le créancier s'est inscrit le 1ᵉʳ janvier 1861 et qu'il forme sa demande en collocation le 1er juillet 1865, on entend par *année courante* le temps qui s'est écoulé du 1er janvier 1865 au 1er juillet de la même année. Comme on le voit, la durée de cette année courante est variable : si, par exemple, dans notre espèce, le créancier inscrit le 1er janvier 1861 forme sa demande en collocation le 31 décembre 1865, l'année courante s'étendra du 1er janvier 1865 au 31 décembre 1865. Dans le cas particulier où l'année courante est ainsi une année ordinaire, on peut donc dire que la collocation au rang du capital a lieu pour trois ans d'intérêts.

Ainsi le créancier peut sans danger laisser passer trois années sans exiger le payement de ses intérêts ; mais, à la fin de la troisième année, la prudence veut qu'il prenne des inscriptions séparées pour la conservation des intérêts qui deviennent successivement exigibles. Le rang de ces petites créances se déterminera par la date des inscriptions correspondantes.

Dans la pratique, l'art. 2151 n'est pas appliqué littéralement. On admet que les créanciers hypothécaires sont colloqués au même rang pour les intérêts échus pendant la procédure d'ordre que pour le capital ; en effet, dès que les créanciers hypothécaires ont fait au tiers détenteur sommation de payer ou de délaisser, ils ont fait tout ce qu'ils avaient à faire, tout ce qu'ils pouvaient faire ; il serait injuste de les rendre victimes des longueurs de la procédure et des négligences du juge-commissaire.

On s'est demandé si cet art. 2151, où il n'est question que des créanciers *hypothécaires*, doit être étendu aux créanciers *privilégiés ;* ceux qui admettent la négative pensent, les uns, que le créancier dont le privilége a été conservé par l'inscription doit être colloqué au rang du capital pour tous les intérêts échus (qnand même il y aurait douze, quinze années d'intérêts échus), les autres, que le créancier ne sera colloqué que pour son capital ; ainsi, en n'appliquant pas l'art. 2151 au créancier privilégié, les uns traitent ce créancier mieux que le créancier hypothécaire, et les autres le traitent moins bien. Nous, nous appliquons l'art. 2151 aux créanciers privilégiés ; car, les motifs qui ont fait restreindre l'effet de l'inscription, quant aux intérêts, à deux années et à l'année courante sont absolument les mêmes, qu'il s'agisse de privilége ou d'hypothèque. D'ailleurs le mot *hypothèque* désigne, dans maint article du Code, aussi bien un privilége qu'une hypothèque proprement dite ; il en est de même dans notre art. 2151, surtout si l'on considère que cet art. 2151, où il est parlé de créanciers *hypothécaires,* se trouve placé sous la rubrique d'une section relative tout à la fois aux priviléges et aux hypothèques (1).

Tout ce que nous venons de dire des intérêts des sommes prêtées doit être dit des arrérages des rentes perpétuelles et viagères.

---

(1) L'art. 2151 est donc applicable, d'une manière générale, aux créanciers hypo hécaires et aux créanciers privilégiés. Notons, toutefois, qu'il ne s'applique pas aux créanciers qui ont des hypothèques légales, car elles produisent leur effet sans inscription.

SECTION II.

De la rente perpétuelle constituée à titre onéreux moyen
nant l'aliénation d'un capital mobilier.

Pour traiter complétement la matière du prêt à intéré
telle que le Code Napoléon l'a comprise et organisé
nous avons à parler de la *constitution de rente*; elle
nous occupera pas longtemps. Si la constitution de ren
est, au fond, un prêt à intérêt, elle n'est, il faut le r
connaître, qu'un prêt a intérêt d'une nature particulièr
et nous ne devons l'examiner que pour montrer surto
en quoi elle est analogue au prêt proprement dit et
quoi elle en diffère. Nous nous bornerons donc à ét
dier les principes généraux de la matière des rente
matière assez considérable pour former à elle seule
sujet d'une thèse très-développée.

Nous ne parlerons ici que de la *rente perpétuelle*, la seu
dont traite le Code sous la rubrique du *prêt à intérêt*;
rente viagère n'est pas un prêt à intérêt, ou, du moin
ne se rattache à lui que d'une manière éloignée. No
n'étudierons même pas toute la matière des rentes pe
pétuelles ; en effet, les rentes peuvent être constitué
soit à titre onéreux, soit à titre gratuit, et, les rent
constituées à titre gratuit n'ayant aucun rapport avec
prêt, nous n'en dirons pas un mot; d'autre part, il e
de l'essence du prêt à intérêt que le capital aliéné p
le prêteur soit *mobilier*, et, par suite, nous n'avons p

à parler des rentes constituées moyennant l'alién
d'un capital *immobilier.*

Sous le droit *intermédiaire,* les lois des 7 août
et 18 septembre 1790 avaient décidé que toute
rentes foncières perpétuelles seraient rachet
comme les rentes constituées. C'est ce système qui
maintenu par le législateur de 1804 ; il n'a pas d'
gué les rentes en foncières et constituées. Toute
établie moyennant l'aliénation d'un capital mobilie
moyennant l'aliénation d'un immeuble, est une
constituée, c'est-à-dire non pas un droit réel, com
rente foncière, mais une créance d'arrérages.

C'est sous la rubrique du *prêt à intérêt* que le lég
teur a traité des rentes ; de plus il appelle *prêt* le co
qui leur donne naissance ; ainsi, l'art. 1909 nous
« on peut stipuler un intérêt moyennant un capita
le *prêteur* s'interdit d'exiger. Dans ce cas, le *prêt* p
le nom de constitution de rente et l'intérêt stipulé
d'arrérages (1). » Nous n'avons pas à étudier lon
ment la nature du contrat de constitution de rent
point a déjà été examiné : nous avons vu, en parlan
rentes dans l'ancien droit, que la rente constituée,
qu'elle fût, au fond, ainsi que le faisait remarquer
maize, un prêt à intérêt, était considérée plutôt co
une *vente.* La définition de la rente, que donne Pot

(1) Ces arrérages sont rangés, par l'art. 584, dans la classe des *fruits c*
il en résulte qu'ils s'acquièrent jour par jour et appartiennent à l'usufr
de la rente, à proportion de la durée de son obligation.

en est pour nous une preuve évidente : La rente, disait-il, est un contrat par lequel un des contractants *vend* à l'autre le droit de percevoir annuellement et perpétuellement des intérêts dont il se constitue débiteur, etc. Ainsi la rente était considérée comme une vente de créance ; et M. Troplong trouve cette assimilation exacte encore aujourd'hui. Nous ne pouvons partager cette manière de voir. La vente est un contrat *consensuel*, et elle est parfaite dès qu'on est convenu de la chose et du prix, tandis que la rente est ordinairement un contrat *réel* (1), et que l'obligation de servir la rente n'est parfaite que lorsque le créancier a payé le prix. De plus, dans la vente, une fois que le contrat est formé, chacune des parties est tenue de certaines obligations ; au contraire, le créancier de la rente, lorsqu'il a payé son prix (et le contrat n'est formé qu'après le payement de ce prix (2)), n'est plus tenu d'aucune obligation. Ainsi, dans le contrat de constitution de rente il n'y a pas une vente, et

---

(1) Nous disons que la constitution de rente est ordinairement un contrat réel. Il en est ainsi toutes les fois qu'elle a lieu moyennant une somme d'argent ou moyennant un meuble *in genere*. Elle est un contrat consensuel lorsqu'elle a lieu moyennant un corps certain mobilier, car, dans ce cas, la tradition n'est pas nécessaire pour transférer la propriété ; si je vous promets un corps certain, et qu'en échange vous vous engagiez à me payer cent francs d'arrérages annuellement, dès cet instant vous me devez des arrérages, car dès cet instant la propriété du corps certain vous est acquise, vous me les devez quand même la tradition du corps certain ne vous aurait pas encore été faite.

(2) C'est, du moins, ce qui a lieu dans le cas très-ordinaire où le capital aliéné est une somme d'argent (ou un capital mobilier *in genere*) ; si ce capital était un corps certain, cas où le contrat est consensuel, comme nous l'avons dit dans la note précédente, le contrat serait formé avant le payement du prix.

telle a bien été la pensée des rédacteurs du Code Napoléon, puisqu'ils déclarent formellement qu'elle est un prêt; cette assimilation de la rente au prêt est exacte : la rente et le prêt sont deux contrats réels et unilatéraux ; dans ces deux contrats, une des parties donne un capital à l'autre pour en retirer un revenu, et celle qui reçoit ce capital en devient propriétaire et peut en disposer; dans ces deux contrats, les intérêts ne cessent d'être dus que par le remboursement du capital; dans ces deux contrats enfin, l'art. 2151 du Code Napoléon, et la loi de 1807, reçoivent leur application. La rente est donc un prêt. Notons cependant quelques différences : l'art. 1154 ne s'applique pas aux rentes, et leurs arrérages produisent des intérêts aussitôt qu'ils sont échus, fût-ce pour moins d'une année ; la rente est payable au domicile du débiteur, tandis que l'emprunteur doit rendre la chose prêtée au lieu où le contrat s'est réalisé; enfin, et surtout, la créance du prêteur a pour objet d'abord des intérêts, puis un capital, alors que celle du créancier de la rente n'a pour objet que des arrérages : dans la rente, le créancier ne peut jamais exiger la restitution d'un capital semblable à celui qu'il a aliéné, tandis que le prêteur le peut à l'expiration du terme stipulé. La rente est donc un prêt, mais ce n'est qu'une variété du prêt.

La rente est-elle meuble ou immeuble?

Cette question, très-discutée dans l'ancien droit où les rentes étaient meubles ou immeubles, suivant les auteurs et suivant les coutumes, a été tranchée par le législateur dans l'art. 529, au titre de la *distinction des biens* : « « sont meubles par la détermination de la loi les rentes perpétuelles ou viagères, soit sur l'État, soit sur des particuliers. » Les rentes sont donc meubles depuis le Code Napoléon ; on peut même dire qu'elles sont meubles depuis la loi du 11 brumaire an VII (qui avait établi que les rentes ne pourraient plus être hypothéquées à l'avenir) et que l'art. 529 n'a fait, comme le remarquait Cambacérès, qu'admettre sur les rentes la législation existante.

Après avoir, dans l'art. 529, déclaré meubles toutes les rentes, le législateur a abordé le sujet déjà réglé par les lois de 1789 et 1790, et, animé de l'esprit qui avait dicté ces lois, il a fait disparaître toute distinction entre les rentes foncières et les rentes constituées, en déclarant les unes rachetables comme les autres ; cette décision se trouve dans l'art. 530 :

Art. 530. « Toute rente établie à perpétuité pour le prix de la vente d'un immeuble ou comme condition de la cession à titre onéreux ou gratuit d'un fonds immobilier est essentiellement rachetable, etc. »

Ainsi le Code a fait disparaître les rentes foncières de l'ancien droit : il n'a pas défendu d'aliéner un immeuble moyennant un droit à des arrérages ; seulement ce droit est une simple créance, comme celle qui est acquise moyennant l'aliénation d'un capital mobilier, une véritable rente constituée. Nous n'avons pas à parler de la rente constituée moyennant l'aliénation d'un capital immobilier, bien que le créancier de cette rente perçoive des intérêts, comme le fait un prêteur : il est, en effet, de l'essence du prêt à intérêt, et nous devons nous renfermer dans les limites de notre sujet, que le prêteur remette à l'emprunteur un *capital mobilier*: c'est ce que nous avons vu à l'art. 1905. Nous ne nous occuperons donc pas d'un contrat où le capital remis par le prêteur est immobilier. Disons seulement que la rente ainsi obtenue est, comme la rente établie pour prix d'un capital mobilier, mobilière et rachetable; ceci nous ramène à parler du rachat des rentes :

Art. 1911. « La rente constituée en perpétuel est essentiellement rachetable. Les parties peuvent seulement convenir que le rachat ne sera pas fait avant un délai qui ne pourra pas excéder dix ans ou sans avoir averti le créancier au terme d'avance qu'elles auraient déterminé. »

Nous savons ce que signifie l'expression *rachetable*. Celui qui reçoit un capital, à charge de servir une rente, est considéré comme *vendant*, pour la somme qu'il reçoit, une créance sur lui-même; lorsqu'il rembourse le capital, il rachète le droit, qu'il avait *vendu*, d'exiger de lui le payement des arrérages.

Ainsi, la rente constituée en perpétuel est rachetable; l'art. 1911 reproduit la règle fondamentale déjà posée par l'art. 530 : il eût été, en effet, contraire au principe de liberté naturelle et au crédit public qu'une personne restât obligée, par elle-même et les siens, au payement d'intérêts annuels, sans moyen de s'en affranchir, envers une autre personne et les siens. Mais, d'autre part, comme le créancier de la rente a dû compter faire un placement d'une certaine durée, et qu'il aurait peut-être quelque peine à placer utilement cet argent, si on le lui rendait au moment même où il ne s'y attend pas, la loi a permis de stipuler que la rente ne serait pas rachetable pendant un certain temps : ce temps ne peut dépasser dix ans. Du reste, il est difficile d'expliquer par de bonnes raisons pourquoi la clause qui porte que la rente ne sera pas rachetable pendant vingt, trente et quarante ans, est prohibée : on permet bien, en effet, de convenir, dans le prêt, que l'emprunteur ne remboursera pas la somme prêtée avant vingt, trente, quarante ans ; or, la constitution de rente n'est qu'un prêt. Quoi qu'il en soit, la règle existe et si les parties ont stipulé un terme excédant dix ans, le terme stipulé est réduit au terme légal (1).

Non seulement il est permis de stipuler que le rachat n'aura pas lieu de dix ans, mais on peut aussi stipuler que le débiteur ne pourra l'exercer *sans avoir averti le créancier au terme d'avance que les parties déterminent.*

Comment s'exerce la faculté de rachat?

D'abord on ne peut régler les conditions du rachat, c'est-à-dire stipuler qu'il se fera sur le pied d'un taux autre que 5 % : si je vous cède un capital moyennant mille francs d'arrérages, je ne puis stipuler que, pour vous libérer de votre obligation, vous ayez à me rendre trente mille francs. Le rachat ne peut se faire que sur le le pied du taux légal (2). En outre, le débiteur de la rente, lorsqu'il veut la racheter, doit offrir le payement *total*, c'est-à-dire tout ce qu'il doit en capital et intérêts calculés au taux légal de 5 % ; une clause expresse du contrat pourrait l'autoriser à faire des payements partiels, mais nous ne croyons pas que les juges puissent, usant de

---

(1) Notons que, dans la rente établie pour prix d'un capital immobilier, on peut stipuler que le rachat n'aura pas lieu de trente ans.

(2) Il n'en est pas de même dans la rente constituée pour prix d'un capital immobilier : là, le débiteur, pour racheter la rente, peut être tenu de restituer tel ou tel capital dont les parties conviennent.

la faculté que leur donne l'art. 1944, accorder des délais au débiteur et diviser ses payements : l'art. 1244 est écrit spécialement pour le cas où le créancier somme son débiteur de le payer ; dans notre espèce, le débiteur n'est pas sommé de payer, il paye par ce qu'il le veut bien : donc l'art. 1244, qui vient au secours d'un débiteur pressé par son créancier, ne peut s'appliquer ici.

Les rentes perpétuelles sont héréditaires activement et passivement : lorsque le débiteur d'une rente meurt en laissant des héritiers, diverses questions, relatives au rachat de cette rente, peuvent se présenter.

On sait d'abord que chacun des héritiers a le droit d'exiger que le capital de la rente soit remboursé et que les immeubles grevés d'hypothèques destinées à garantir le service de cette rente soient, avant la formation des lots, affranchis de leurs hypothèques : mais, si aucun d'eux n'exige ce remboursement, ou, si le terme après lequel le rachat peut avoir lieu n'est pas encore arrivé, les immeubles grevés doivent être estimés au même taux que les autres, puis on déduit du prix total le capital de la rente, et les héritiers dans le lot desquels tombent ces immeubles restent seuls chargés du service de la rente (art. 872). Du reste, le créancier de la rente conserve le droit de poursuivre, pour leur part, chacun des autres héritiers ; mais, si ceux-ci sont contraints de payer, ils auront un recours contre ceux qui sont chargés du service de la rente. La disposition de l'art. 872 s'applique non-seulement aux cas où la rente est garantie par une hypothèque spéciale, mais même à ceux où elle est garantie par une hypothèque générale.

Lorsqu'un héritier aime mieux racheter la rente qu'en

payer les arrérages, est-il obligé de s'entendre avec ses cohéritiers pour la rembourser entièrement? Nous n'hésitons pas à admettre la négative : le prêt à intérêt et la constitution de rente sont, en effet, des contrats analogues; c'est sous l'influence de cette idée que les rédacteurs ont traité de la constitution de rente, dans le chapitre et sous la rubrique du prêt à intérêt, donnant le même nom aux deux contrats. Or, lorsqu'un homme qui a emprunté, meurt, laissant plusieurs héritiers, et n'ayant pas encore payé sa dette, chacun des héritiers de cet emprunteur peut se libérer par le payement de la part dont il est tenu comme représentant le défunt; nous pensons donc que chaque héritier du débiteur de la rente doit pouvoir se libérer de la même manière : nous appliquons l'art. 1220 du Code Napoléon.

Jusqu'ici, en traitant du rachat des rentes, nous avons toujours dit que ce rachat n'est pas forcé, c'est-à-dire que le créancier d'une rente ne peut exiger la restitution de son capital : c'est là un principe général, mais soumis à certaines exceptions.

Art. 1912 : « Le débiteur d'une rente constituée en perpétuel peut être contraint au rachat.

1° « S'il cesse de remplir ses obligations pendant deux ans;

2° « S'il manque à fournir au prêteur les sûretés promises par le contrat. »

Examinons successivement les deux hypothèses prévues par cet article.

D'abord, *le débiteur qui cesse de remplir ses obligations pendant deux ans peut être contraint au rachat.* Cette phrase n'est pas claire : elle paraît signifier que le débiteur ne peut être contraint au rachat que s'il a laissé passer sans payer les arrérages deux ans, non-seulement à partir de l'échéance de la première année, mais à partir du moment où il a pour la dernière fois rempli ses obligations; pour que le débiteur, en effet, *cesse* de remplir ses obligations, il faut de toute nécessité qu'il ait *commencé* à les remplir (sans quoi il ne *cesserait* pas). Ainsi donc, si le débiteur ne remplissait ses obligations ni à la fin de la première année, ni à la fin de la seconde, ni à la fin de la troisième..., ni à la fin de la dixième; si, en un mot, il ne les remplissait jamais, il ne pourrait pas être contraint au rachat, puisqu'il n'aurait pas *cessé* de remplir ses obligations. Voilà le sens littéral de l'article; et, d'après ce sens-là, le rachat ne pourrait jamais avoir lieu avant que deux ans au moins se soient écoulés depuis l'échéance de la première année : avant cette échéance, en effet, le débiteur n'a pas pu remplir ses obligations, et, comme pour qu'il *cesse* de les remplir, il faut qu'il s'en soit acquitté au moins une fois, il en résulte qu'il ne pourra jamais être contraint au rachat que deux ans *au plus tôt* après l'échéance de la première année; et s'il n'a jamais payé d'arrérages il ne sera pas forcé au rachat (vingt ans se fussent-ils écoulés depuis l'échéance de la première année), car il n'aura pas *cessé* de remplir ses obligations. Tel est le sens de l'art. 1912 — 1° pris à la lettre : mais tout le monde admet, avec grande raison, que cet article dit ce qu'il ne veut pas dire, et que, d'après la véritable pensée de la loi, le débiteur, en retard de deux années d'arrérages, peut être contraint au remboursement, quand même ces deux années seraient les deux premières ; bien entendu, il s'agit ici d'années consécutives, et, si un créancier permettait à son débiteur, qui lui doit deux années d'arrérages, d'imputer sur le second terme le payement d'une année, il ne pourrait pas, le débiteur laissant encore passer une année sans payer d'arrérages, le contraindre au rachat (1).

Dans l'hypothèse prévue par l'art. 1912-1°, le rachat, c'est-à-dire la résolution du contrat de constitution de rente, a-t-il lieu de plein droit? S'il en est ainsi, le juge, qui constate le défaut de payement des arrérages, *doit* prononcer la résolution, et, même, si le créancier avait un titre exécutoire, il pourrait poursuivre le remboursemen sans s'adresser à la justice. Au contraire, s'il s'agit ici d'une résolution fondée sur l'art. 1184, c'est-à-dire de cette résolution qui est toujours sous-entendue dans les contrats pour le cas où l'une des parties ne satisfait pas à son engagement, le juge peut ne pas prononcer la résolution et même il peut accorder un délai au débiteur pour le payement des arrérages. On est bien d'accord pour admettre qu'il ne s'agit pas ici d'une résolution fondée sur l'art. 1184, mais d'une vraie déchéance que les tribunaux ne peuvent pas ne pas prononcer (2). Mais faut-

---

(1) S'il s'agissait d'une rente constituée moyennant l'aliénation d'un capital immobilier, le débiteur, qui aurait manqué de payer les arrérages d'une année, pourrait être contraint au rachat.

(2) M. Valette, dans ses *Notes sur Proudhon* (tome I, page 65), « applique aussi à la constitution de rente le principe de l'art. 1184, et pense que, même abstraction faite de l'art. 1912-1°, le contrat de rente peut être résolu pour inexécution des engagements du débiteur ; mais, avec cette différence que la résolution, au lieu de s'opérer de plein droit par l'expiration du délai de deux

il que le débiteur ait été mis en demeure par une sommation de payer? Certains auteurs admettent la résolution de plein droit, sans sommation préalable, par le seul fait du non-payement des arrérages pendant deux ans; d'autres pensent que la sommation n'est pas nécessaire si la rente est *portable*, c'est-à-dire payable au domicile du créancier, et qu'elle est nécessaire si la rente est *quérable*, c'est-à-dire payable au domicile du débiteur. Mais, à nos yeux, le débiteur, auquel le créancier ne réclame pas l'argent qui lui est dû, doit penser qu'il est autorisé tacitement à le conserver jusqu'au moment où le créancier le réclamera; et, nous appuyant sur l'art. 1139, d'après lequel la sommation est nécessaire pour constituer le débiteur en demeure toutes les fois que le contraire n'a pas été dit expressément dans l'acte, nous croyons, dans tous les cas, la sommation nécessaire.

On s'est demandé si la disposition de l'art. 1912-1° est applicable aux rentes constituées avant la promulgation du Code Napoléon. Suivant la Cour de Cassation (arrêt du 6 juillet 1812 ; affaire du séminaire de Tortone), il faut suivre, à l'égard du remboursement forcé, la législation en vigueur non à l'époque du contrat, mais au moment où s'est élevée la contestation. Mais de graves autorités soutiennent qu'ici la loi applicable est celle du temps et du lieu où le contrat s'est passé.

Passons à la seconde hypothèse prévue par l'art. 1912.

---

années, ne serait prononcée que sur la demande du créancier, avec faculté pour le débiteur de payer avant le jugement, et sauf le droit qu'aura le juge de lui accorder un délai. »

Le débiteur peut être contraint au rachat s'il manque de fournir les sûretés promises par le contrat. Nous pouvons évidemment ajouter : *Ou s'il diminue ou fait disparaître les sûretés qu'il avait données.* Ainsi, le débiteur de la rente refuse de consentir l'hypothèque qu'il avait promise, ou bien il démolit la maison hypothéquée ; il peut être contraint au rachat. La résolution dont parle l'art. 1912-2°, à la différence de celle que prononce l'art. 1912-1°, est généralement regardée comme n'ayant pas lieu de plein droit ; les sûretés dont il s'agit ici peuvent évidemment être remplacées par d'autres sûretés ; et, si cela est nécessaire, le juge autorisera le débiteur à remplir son engagement par équivalent.

Le débiteur peut encore être contraint au rachat *s'il tombe en faillite ou en déconfiture* (art. 1913). Ce cas rentre en partie dans le cas précédent, car le débiteur tombé en faillite, ou en déconfiture, a bien évidemment diminué les sûretés données à son créancier.

Remarquons que le débiteur ne peut jamais être contraint au rachat pour cause de *lésion* (1).

Voilà pour le rachat des rentes. Le débiteur qui rachète une rente est un emprunteur qui rend ce qu'il a emprunté, un débiteur qui *paye* son créancier. Mais le payement n'est pas le seul mode d'extinction des obligations ; à côté de lui se trouvent la novation, la remise de la dette, la compensation, la confusion, la prescription. Disons quelques mots de la compensation et de la prescription.

____

(1) Il en est autrement dans les rentes constituées pour prix d'un capital immobilier.

La compensation ne peut s'opérer de plein droit en matière de rentes (1), puisque le capital n'est pas exigible : ainsi, pour que le capital de la rente soit affecté de compensation, il ne suffit pas que le débiteur de la rente soit devenu à son tour créancier du créancier de la rente, il faut que le débiteur consente à la compensation. De plus, comme le remboursement de la rente doit être intégral, il faut que la somme, due au débiteur par le créancier de la rente, égale le capital dû à ce créancier par le débiteur.

Quant à la prescription, l'art. 2263, nous dit que *le débiteur d'une rente peut être contraint après vingt-huit ans de la date du dernier titre, de fournir à ses frais un titre nouveau au créancier*. Pour bien comprendre cet article, sachons d'abord que les arrérages de la rente, considérés individuellement, se prescrivent par cinq ans (art. 2277), et que la rente elle-même se prescrit par trente ans : il en résulte que le créancier, qui reste dans l'inaction pendant trente ans, perd tout à la fois les arrérages qu'il ne s'est pas fait payer, et, de plus, le droit d'en percevoir à l'avenir, c'est-à-dire la rente elle-même ; au contraire, le créancier, qui perçoit régulièrement les arrérages, garde son droit à la rente, car, le débiteur, par cela même qu'il paye les arrérages, reconnait l'existence de la rente, et, par suite, chacun de ses payements interrompt la prescription. Mais, il pourrait arriver que le débiteur, qui a payé ses arrérages, soutienne au bout de trente ans qu'il n'en a pas payé et que

---

(1) En général, la compensation s'opère de plein droit (art. 1290).

par suite la rente est prescrite. Que fera alors le créancier? Comment prouvera-t-il qu'il a exercé son droit et reçu des payements d'arrérages? Il peut le prouver par les quittances qu'il a données ; mais, ces quittances sont entre les mains du débiteur qui se gardera bien de les montrer et qui par suite triomphera dans sa prétention. Pour prévenir ce danger, la loi permet au créancier, après vingt-huit ans de la date du dernier titre, d'exiger du débiteur un nouveau titre ; si le débiteur s'y refuse, le créancier pourra, pendant les deux années qui restent à courir avant l'entier accomplissement de la prescription, l'assigner en reconnaissance de son droit, et le jugement qu'il obtiendra servira de titre nouveau.

Les trente ans par lesquels la rente se prescrit courent de la date du titre ; cela résulte de la discussion de l'art. 2263 au Conseil d'État. Ce point de départ est-il logique? Non : car la prescription ne court pas contre le créancier qui ne peut pas exercer de poursuites ; et, dans notre hypothèse, ce n'est pas à partir de la date du titre, mais seulement à partir de l'échéance du premier terme stipulé pour le payement des arrérages, que le créancier de la rente peut exercer des poursuites contre le débiteur.

CHAPITRE VIII.

LIMITATION DU TAUX DE L'INTÉRÊT. — LOI DE 1807.

Le Code Napoléon ne pouvait pas fixer un maximum au taux de l'intérêt ; en voici la raison : une loi, qui limite le taux de l'intérêt, doit évidemment dépendre des circonstances où se trouve la société qu'elle a à régir ; ces circonstances ne sont pas éternellement les mêmes ; elles changent : en changeant, elles doivent faire varier le taux de l'intérêt, et, par suite, modifier toute loi restrictive de ce taux. Or, le Code Napoléon posait des principes, non pas pour une époque déterminée, mais pour le présent et l'avenir : donc une loi sur le taux de l'intérêt, une loi qui, selon l'expression de M. Tronchet, « avait à se régler sur les circonstances et ne pouvait être invariable, » ne devait pas trouver place dans le Code Napoléon. Le législateur de 1804, bien qu'il penchât secrètement vers la fixation d'un taux maximum, laissa donc l'intérêt libre ; seulement, pour qu'une loi pût venir faire ce qu'il ne faisait pas, il eut soin, après avoir permis aux parties de stipuler un intérêt au taux jugé par elles convenable, d'ajouter : « toutes les fois que la loi ne le prohibera pas. » Il réservait ainsi pour l'avenir, son droit de réglementation. Jusqu'au 3 septembre 1807, l'intérêt fut libre : mais, à cette époque, la liberté, consacrée en principe par le Code Napoléon, fut supprimée par une *loi sur l'intérêt de l'argent*. Nous allons étudier cette loi qui se compose de cinq articles.

Article premier. « L'intérêt conventionnel sera, en matière civile, de 5 %, et en matière de commerce, de 6 %, le tout sans retenue. »

Une difficulté naît immédiatement de la distinction établie par cet article entre la matière civile et la matière commerciale : à quels signes doit-on reconnaître l'intérêt civil et l'intérêt commercial ? Pour répondre à cette question, posons d'abord une règle générale : toutes les fois que la destination de la somme prêtée est commerciale, l'intérêt lui-même est commercial, abstraction faite de la qualité des parties. Voilà un point sur lequel tout le monde est d'accord ; mais nous allons plus loin : nous croyons que le négociant, qui retire des fonds de son commerce pour les prêter à quelqu'un, peut exiger l'intérêt que ces fonds lui auraient rapporté dans son commerce, c'est-à-dire un intérêt de 6 %, quand même la destination de la somme prêtée ne serait pas commerciale ; et nous accordons la même latitude à un particulier non-commerçant qui prête de l'argent à un négociant quand même le négociant n'emprunterait pas cette somme pour les besoins de son commerce (il peut très-bien se faire, en effet, que ce négociant emploie dans son commerce la somme qui avait, lors du prêt, une destination toute autre, et, dans tous les cas, l'argent prêté court un plus grand danger qu'entre les mains d'un non-commerçant). En résumé nous admettons que le prêt est commercial toutes les fois que la destination de la somme prêtée est commmerciale, abstraction faite de la qualité des parties, et toutes les fois que l'une ou l'autre des parties contractantes fait le commerce, abstraction faite de la destination de l'argent prêté.

L'art. 1er de la loi de 1807 se termine par ces mots : *le tout sans retenue*, qui ont besoin d'une explication. Sous l'ancien régime, Pothier nous l'apprend, l'impôt du *vingtième* était étendu aux rentes et aux intérêts des capitaux prêtés : d'autre part, l'argent donné à rente, les capitaux prêtés, étaient considérés comme ayant servi soit à l'acquisition soit à l'amélioration des immeubles dont le débiteur de la rente et l'emprunteur étaient propriétaires. Alors, au lieu de demander au

créancier de la rente, ou au prêteur, le *vingtième* de
son revenu, on faisait payer cet impôt au débiteur de
la rente ou des intérêts ; seulement, on l'autorisait à
retenir, sur les arrérages de la rente ou sur les intérêts, jusqu'à concurrence de ce qu'il avait payé
pour l'impôt : pour opérer la retenue, il devait faire
preuve de ce payement. La retenue était de droit,
la non-retenue devait être stipulée. Les derniers mots
de l'art. 1er de la loi de 1807 ont précisément pour
but de décider le contraire : la retenue n'a plus lieu,
à moins de stipulation expresse entre les parties.
Voilà en quel sens l'intérêt est de 5 ou 6 °/₀ *sans retenue*.

On se rappelle que le taux de l'intérêt, fixé par la
loi de 1807, avait été abandonné à la volonté des
parties par l'art. 1907, lequel exigeait une constatation par écrit du taux de l'intérêt stipulé entre
les contractants. Qu'est-il resté de l'art. 1907, après
la promulgation de la loi de 1807 ? Cet article a-t-il
été abrogé? subsiste-t-il ? Certains auteurs pensent que
l'art. 1907 subsiste encore : pour eux, la loi de 1807
n'a fait que compléter le Code Nap.; elle a réalisé le
projet que faisaient pressentir les derniers mots de
l'art. 1907 (*toutes les fois que la loi ne le prohibe pas*),
mais la nécessité d'un écrit constatant le taux de l'intérêt stipulé existe encore, car la disposition finale de
l'art. 1907 est restée entière : du reste, cette disposition de l'art. 1907 complète l'art 1905 et en détermine
le sens, aussi bien depuis la loi de 1807 qu'avant cette
loi ; pourquoi dès lors serait-elle abrogée ? A ce raisonnement nous répondrons ceci : sans doute, il est exact
de dire que la disposition finale de l'art. 1907 avait

pour but de préciser et de compléter l'art. 1905; mais, parmi les motifs qui l'ont dictée, il en est un d'une importance telle que les autres disparaissent à côté de lui : toute la discussion du Conseil d'État nous montre, en effet, le législateur voulant arrêter la cupidité des usuriers et voyant, dans la disposition qui nous occupe, un frein moral à leur opposer ; or, il ne s'agit plus aujourd'hui de contenir les usuriers par un frein moral puisqu'on leur oppose une barrière légale. En réalité, le motif de cette disposition a disparu depuis 1807 : il n'est plus à craindre que les créanciers demandent à prouver qu'ils ont prêté à un taux supérieur au taux legal, car ils savent qu'en agissant ainsi ils s'exposeraient à des peines correctionnelles, et que d'ailleurs le taux serait réduit au taux légal. Nous pensons donc que la constatation écrite du taux stipulé n'est plus nécessaire depuis la loi de 1807. Sans doute, un écrit doit toujours constater que le prêt a été fait à intérêt ; mais, si le taux n'est pas fixé dans cet écrit, nous n'hésitons pas à admettre que le créancier a néanmoins une action pour réclamer un intérêt, et cet intérêt sera l'intérêt maximun fixé par la loi de 1807, c'est-à-dire 5 ou 6 %, car le taux fixé par cette loi est fixé non-seulement comme taux maximum, mais comme taux de droit commun, et on doit dans le silence des parties le présumer stipulé.

On s'est aussi demandé si les prêts de denrées et autres choses mobilières, permis par l'art. 1905 du Code Nap., doivent être soumis au maximum légal de 1807. Nous ne le pensons pas : la loi de 1807 n'a fixé un maximum qu'en matière de prêts d'argent ; son intitulé en est la preuve évidente, car il porte ces mots : *loi sur l'in-*

térêt de l'argent. Dans toute la discussion qui a précédé cette loi, il n'est, du reste, jamais question que de l'intérêt de l'argent. Le droit qu'avait, aux termes des articles 1905 et 1907 combinés, le prêteur de denrées, ou autres choses mobilières, d'excéder l'intérêt légal, ne lui a donc pas été enlevé. Cette distinction entre les prêts d'argent et les prêts de denrées ou autres choses mobilières a d'ailleurs toujours existé : Constantin avait permis un intérêt de 50 °/₀ dans les prêts de denrées et seulement de 12 °/₀ dans les prêts d'argent ; Justinien fixa à 12 °/₀ l'intérêt des denrées et abaissa à 6 °/₀ celui de l'argent ; dans l'ancien droit, tous ceux qui étaient favorables au prêt à intérêt enseignaient que les intérêts de prêts de denrées devaient avoir une autre limite que les intérêts de prêts d'argent : quant aux théologiens et aux canonistes, ils proscrivaient de la même manière ces diverses sortes d'intérêts, mais ils permettaient cependant, dans les constitutions de rentes, que les rentes en blé pussent s'élever au denier douze, à une époque où le taux des rentes en argent était le denier 20. Au reste, dans les prêts de denrées ou autres choses consomptibles, les chances aléatoires sont plus grandes que dans les prêts d'argent. Nous pensons donc que le propriétaire de dix hectolitres de blé, d'une valeur de 150 francs, pourra les prêter à la condition que l'emprunteur lui rendra, au bout d'un an, dix hectolitres semblables et 50 francs de plus.

Mais, si l'article 1ᵉʳ de la loi de 1807 ne s'applique pas au cas où le capital, objet du prêt, consiste en autre chose que de l'argent, il s'applique au cas où ce qui est stipulé à titre d'intérêts ne consiste pas en argent : cet article défend, en effet, au prêteur d'obtenir au-delà du taux légal un avantage quelconque, qu'il consiste en argent, denrées, service, etc.

Il est parfaitement certain que la loi de 1807 est d'ordre public en France et qu'on ne peut déroger à la disposition contenue dans l'article 1er de cette loi par des conventions particulières ; mais, on doit naturellement se demander si elle est soumise à l'ancienne maxime *leges clauduntur territorio*, si une stipulation d'intérêts faite en pays étranger, à un taux qui excède l'intérêt licite en France, doit recevoir la sanction des tribunaux français et être exécutée sur notre territoire. Quelques auteurs soutiennent encore la négative, en disant que la loi de 1807 est une loi qui tient à la morale et à l'ordre public, et qu'exécuter en France les stipulations faites en pays étranger à un taux légitime, mais excédant 5 ou 6 %, est porter atteinte à l'ordre public et aux bonnes mœurs. Cette opinion est, avec grande raison, généralement abandonnée aujourd'hui : le taux de l'intérêt doit varier, en effet, suivant les pays, parce que la richesse publique, la rareté ou l'abondance des capitaux varient d'un pays à un autre ; la loi de 1807 a été faite, pour la France, en vue d'une situation spéciale, le législateur croyant qu'un intérêt de 5 ou 6 % était, dans l'état de la société française, suffisamment rémunérateur. Ce qui prouve bien que telle était la pensée du législateur, c'est que la loi de 1807 n'a jamais été appliquée aux colonies, et quant à l'Algérie, si deux actes législatifs, l'un de septembre 1835, l'autre de novembre 1848, l'ont soumise au régime de la réglementation de l'intérêt, le taux de l'intérêt y est encore légalement plus élevé qu'en France et peut aller jusqu'à

10 °/₀. Nous croyons donc que, si, dans un pays, où le taux de l'intérêt est plus élevé qu'en France, un Français a joué le rôle de prêteur et stipulé des intérêts au taux maximum dans ce pays, par exemple à 8 °/₀, et qu'il poursuive plus tard devant nos tribunaux l'exécution du contrat, le juge ne devra pas voir là une prétention usuraire ; il aura à voir si l'intérêt stipulé n'excède pas le taux autorisé dans le pays où la stipulation a été faite, à examiner si ce Français n'a pas eu spécialement pour but, en allant à l'étranger, de violer la loi de son pays, etc. : mais, si aucune de ces circonstances ne se rencontre, il devra déclarer la convention exécutoire en France.

La solution que nous venons d'admettre, et qui est, du reste, celle de la jurisprudence, doit-elle être étendue aux intérêts moratoires? La jurisprudence le soutient ; nous, nous n'allons pas aussi loin : lorsque des intérêts moratoires sont dus, ils le sont par suite d'une décision judiciaire qui condamne le prêteur et non en vertu du contrat originaire ; donc, en étendant aux intérêts moratoires la solution que nous restreignons aux intérêts conventionnels, on permet au juge français d'allouer des intérêts dans une mesure excédant le taux fixé par la loi française.

Article 2 de la loi de 1807 : « L'intérêt légal sera aussi de 5 °/₀ en matière civile, et de 6 °/₀ en matière commerciale, également sans retenue. »

Nous n'avons évidemment rien à dire de cet article, car il nous parle de l'intérêt légal et l'intérêt légal est en dehors de notre sujet.

Laissons momentanément de côté les art. 3 et 4,

qui rentrent dons le domaine du droit criminel, et passons à l'article 5.

Article 5 : « Il n'est rien innové aux stipulations d'intérêts par contrats ou autres actes faits jusqu'au jour de la publication de la présente loi. »

Cet article a eu pour but de préciser exactement les effets que la loi de 1807 aurait dans le passé ; mais, des difficultés sont nées à ce sujet, malgré l'article rendu tout exprès pour les prévenir : nous allons les examiner. On admet universellement que les intérêts payés avant la loi de 1807 étaient valablement payés et que les intérêts échus avant cette loi, mais non encore payés, pouvaient être réclamés aux termes de la convention originaire. Certains auteurs ne voient pas autre chose dans l'art. 5 de la loi de 1807, et par conséquent, pour eux, les intérêts qui ont couru depuis le 3 septembre 1807 doivent être soumis au taux légal fixé par cette loi ; ces intérêts, disent-ils, supérieurs au maximum légal fixé en 1807, étaient bien légitimes dans leur origine, mais ils sont devenus usuraires à partir du 3 septembre 1807. Quant à nous, il nous semble que l'art. 5, ainsi entendu, était parfaitement inutile : il était bien évident, en effet, que les intérêts échus avant la promulgation de la loi devaient être payés au taux fixé par les parties, et que le débiteur, s'il avait payé ces intérêts, ne pouvait être admis à répéter ce qu'il avait payé au-dessus du taux nouvellement fixé. Nous croyons donc que l'article veut dire autre chose, et qu'il nous présente une application de ce principe général, qui a dicté une foule d'articles du Code, bien qu'il ne soit écrit textuellement dans aucun, et que l'on formule ainsi : *La loi doit respecter les droits acquis :* ici, le prêteur a bien un *droit acquis* aux intérêts qui doivent échoir après la loi de 1807, car, le contrat de prêt qu'il a formé, étant valable *ab initio*, doit produire tous ses effets, et parmi ces effets se trouve le droit pour le prêteur d'exiger jusqu'au jour du remboursement, quand même ce jour serait très-postérieur à 1807, les intérêts stipulés. Ainsi la loi de 1807 est restée étrangère aux stipulations d'intérêts antérieures à sa promulgation. Telle est, du reste, la doctrine de la Cour de Cassation (1); elle admet que tous les contrats, ou actes ayant date certaine avant le 3 septembre 1807, peuvent contenir des stipulations d'intérêts supérieurs à 5 et 6 %. Mais, s'il s'agit de quasi-contrats, elle n'applique plus l'art. 5 et les fait régir par la loi de 1807 dès le jour où ils ont été formés : c'est ce qu'elle a décidé, dans un arrêt du 13 mai 1817, au sujet d'intérêts dus par un gérant d'affaires. Nous ne nous rangeons qu'avec peine à cette opinion, en face de l'art. 5, qui parle de stipulations d'intérêts par contrats ou *autres actes* ; il nous semble difficile de ne pas faire rentrer les quasi-contrats dans ces *autres actes* dont s'occupe l'article 5.

Nous avons étudié jusqu'ici les dispositions de la loi de 1807, en supposant que cette loi n'est soumise à aucune exception : mais il y a des cas où les parties peuvent impunément stipuler un intérêt plus élevé que 5 ou 6 %. D'abord, si la loi de 1807 s'applique à la rente

---

(1) Arrêts du 20 février 1810, du 21 juin 1825, du 5 mars 1834, du 15 novembre 1836.

perpétuelle comme au prêt à intérêt (1), il n'en est pas de même de la rente viagère : ainsi, dit l'art. 1976, « la rente viagère peut être stipulée au taux que veulent fixer les parties. » De même, dans le prêt à la grosse aventure et dans les assurances, la prime de l'assureur et le profit maritime peuvent être réglés librement par les parties (art. 311 et 332, C. comm.). Il en est encore de même des prêts faits par les monts de piété, des avances faites par la Banque de France depuis la loi de 1857, et des obligations que peuvent émettre certaines sociétés. Telles sont les seules exceptions permises à la loi de 1807 ; mais, dans la pratique, on déguise souvent l'usure sous d'autres contrats pour échapper à la loi de 1807 qui défend de prêter au-delà du taux établi, et souvent on a à se demander si tel contrat ou telle clause rentre ou non sous l'application de la loi de 1807. C'est ainsi, par exemple, que la vente à réméré, contrat parfaitement licite, peut servir à cacher un prêt usuraire et, de plus, un autre contrat également prohibé, le contrat pignoratif (2). Il est facile de le démontrer. Vous avez besoin d'argent et vous

---

(1) Quelques auteurs (entre autres M. Favard) ont prétendu que la rente perpétuelle ne tombe pas sous l'application de la loi de 1807 ; mais cette opinion est, avec raison, universellement repoussée. La loi de 1807 a été faite parce que le législateur a craint que le débiteur, pressé par le besoin d'argent, ne s'engageât facilement à payer de gros intérêts ; or, ce danger est à craindre aussi bien, et plus encore, dans le cas de rente constituée que dans le cas de prêt.

(2) Lorsque je vous prête une somme d'argent et que vous me donnez un meuble en gage ou un immeuble en antichrèse, avec cette clause que le meuble ou l'immeuble me restera en pleine propriété si vous ne me restituez pas dans le délai marqué la somme prêtée, nous faisons là un contrat pignoratif, contrat prohibé par la loi.

voulez m'en emprunter ; voici ce que je fais pour prélever un intérêt supérieur au taux légal : je vous achète à réméré, au prix de 1200 francs, un objet qui vaut beaucoup plus, par exemple 2000 francs ; nous convenons que vous ne pourrez exercer le réméré que pendant un an et que le rachat sera fait au prix de 1500 francs. Les 1200 francs que je vous donne comme prix de l'objet acheté, voilà évidemment le capital que je vous prête ; et la différence qui existe entre ce prix de vente et le prix de rachat constitue précisément l'intérêt de la somme prêtée. Dans cette situation, de deux choses l'une : ou vous rachèterez à la fin de l'année, au prix de 1500 francs, l'objet acheté par moi 1200 francs, et j'ai ainsi touché l'intérêt usuraire que je voulais obtenir ; ou bien, vous ne rachèterez pás l'objet et je le garderai : or, cet objet ayant, par hypothèse, une valeur très-supérieure à 1200 francs, je fais encore là un bénéfice énorme.

Comme on le voit, la vente à réméré peut très-bien déguiser un prêt usuraire et un contrat pignoratif. Si les juges le reconnaissent ils devront donc annuler la vente à réméré. Ce sera ordinairement à la vilité du prix de vente, comparé au prix de rachat et à la valeur de l'objet vendu, qu'il sera facile de reconnaître le contrat pignoratif et le prêt usuraire dans une vente à réméré.

Souvent un prêt usuraire est caché sous la forme d'un acte d'échange ; si les juges le reconnaissent, ils doivent déclarer nul cet acte d'échange, comme renfermant une convention prohibée par les lois (1). Souvent aussi un contrat usuraire est caché sous la forme d'une donation

____

(1) Arrêt de la Cour de Colmar, du 25 mars 1825.

entre vifs; cette donation doit être déclarée nulle, s'il ré-sulte des circonstances de la cause qu'elle n'a été faite qu'en conséquence d'une convention par laquelle l'emprunteur s'engageait à payer au prêteur un intérêt supérieur à l'intérêt légal (1).

Quelquefois, la stipulation qu'une rente a été créée en grains pour raison d'un capital reçu, doit être considérée comme usuraire : c'est ce qui a lieu, s'il résulte, de l'évaluation de la rente comparée au capital prêté, un intérêt plus élevé que celui que la loi permet (2).

Il peut arriver que des lettres de change soient créées pour déguiser un contrat usuraire; elles peuvent être déclarées nulles.

Que dire de l'escompte, de la commission, du change, du compte courant? Sont-ils soumis à la loi de 1807? C'est une question que nous aurons à examiner en nous occupant de la critique de cette loi au point de vue commercial.

Arrivons aux sanctions que renferme la loi de 1807. Parlons d'abord de la *sanction civile*.

L'art. 3 de la loi de 1807 porte : « Lorsqu'il sera prouvé que le prêt conventionnel a été fait à un taux excédant celui qui est fixé par l'art. 1er, le prêteur sera condamné, par le tribunal saisi de la contestation, à restituer cet excédant s'il l'a reçu, ou à souffrir la réduction sur le capital de la créance. » Comment la preuve dont il est ici question peut-elle se faire? Faut-il une preuve écrite, ou, au moins, une preuve testimoniale appuyée sur un com-

---

(1) Arrêt de la Cour de Pau, du 17 janvier 1824.
(2) Arrêt de la Cour de Paris, du 2 mai 1823.

mencement de preuve par écrit? Nous croyons que le taux de l'intérêt peut être établi par témoins, dans les cas où cette preuve est admise, et, dans tous les cas, au moyen du serment et par l'aveu du débiteur. En effet, la perception d'un intérêt supérieur au taux légal est une fraude et la preuve des fraudes n'est pas circonscrite dans les limites de la preuve littérale des obligations. La jurisprudence a souvent décidé que la preuve d'une stipulation d'intérêts usuraires peut résulter de simples présomptions (1) : spécialement, le juge, considérant comme commencement de preuve à l'égard d'un fait signalé, le jugement qui aurait condamné un individu antérieurement pour habitude d'usure, pourrait lui déférer le serment supplétoire (2).

Le prêteur qui a reçu des intérêts excédant le taux légal, dit l'art. 3, que nous venons de citer, sera condamné à restituer cet excédant, s'il l'a reçu, ou à souffrir la réduction sur le principal de la créance. C'est au prêteur qu'appartient le droit d'option entre la restitution des intérêts usuraires et la réduction du capital. Mais l'article ne nous dit pas à partir de quelle époque ce qui a été payé de trop doit être imputé sur le capital de la créance : l'imputation doit-elle se faire par compensation et de plein droit au jour même des payements, les intérêts perçus au-dessus du taux légal portant intérêt dès ce jour-là? L'imputation ne doit-elle avoir lieu qu'autant qu'il y a eu demande en restitution ou en réduction de la part du débiteur, et les intérêts perçus au-delà du taux légal

---

(1) Arrêt de la Cour de Cassation, du 3 avril 1824.
(2) Arrêt de la Cour d'Orléans, du 26 août 1840.

ne doivent-ils porter intérêt qu'à partir de cette demande? C'est là une difficulté que l'article soulève mais qu'il ne résout pas. La question a été tranchée par la loi du 19 décembre 1850, d'après laquelle, « lorsque, dans une instance civile ou commerciale, il est prouvé que le prêt a été fait à un taux supérieur au taux légal, les perceptions excessives sont empruntées de plein droit aux époques où elles ont eu lieu sur les intérêts légaux alors échus et subsidiairement sur le capital de la créance. »

Nous n'avons parlé jusqu'ici que de la sanction civile de la loi de 1807. Cette loi renferme aussi une *sanction pénale;* elle édicte une peine contre le délit d'habitude d'usure; mais, avant d'indiquer cette pénalité, disons en quoi consiste le délit d'habitude d'usure.

Il y a habitude d'usure toutes les fois que des prêts successifs ont été faits par une même personne à un taux plus élevé que celui qui est déterminé par la loi. Le délit existe quand même les prêts successifs auraient été faits à une seule et même personne, et quand même il n'y aurait eu qu'un seul prêt usuraire suivi de deux renouvellements faits à la même personne. Il n'est pas indispensable que le jugement établisse à quel taux les prêts usuraires ont été faits; il suffit qu'il constate l'existence du délit d'habitude d'usure.

Voyons maintenant quelle est la pénalité prononcée contre ce délit. Aux termes de l'article 4 de la loi de 1807. « Tout individu qui sera prévenu de se livrer habituellement à l'usure, sera traduit devant le tribunal de police correctionnelle, et, au cas de conviction, condamné à une amende qui ne pourra excéder la moitié des capitaux qu'il aura prêtés à usure; s'il résulte de la procédure qu'il y a eu escroquerie de la part du prêteur, il sera condamné, outre l'amende ci-dessus, à un emprisonnement qui ne pourra excéder deux ans. » Cette disposition a été modifiée par la loi du 19 décembre 1850, citée plus haut, d'après laquelle « le délit d'habitude d'usure sera puni d'une amende qui pourra s'élever à la moitié des capitaux prêtés à usure et d'un emprisonnemenf de six jours à six mois; en cas de nouveau délit d'usure, le coupable sera condamné au maximum des peines précitées, sans préjudice des cas généraux de récidive prévus par les articles 57 et 58 du Code pénal (1). »

Si le prêteur qui a stipulé des intérêts usuraires renonce volontairement, avant toute poursuite ou menace de poursuite, à les exiger, en déclarant qu'il entend réduire au taux légal les intérêts stipulés, nous croyons bien que toute trace de délit disparaît. Dans tous les cas, la réduction volontaire doit être considérée comme circonstance atténuante pour faire réduire l'amende.

Pour évaluer l'amende à laquelle doit être condamné celui qui se rend coupable d'usure habituelle, on doit tenir compte de tous les prêts usuraires qui sont signalés au juge (2); les renouvellements d'un même prêt ne doivent pas être considérés comme des capitaux nouveaux,

---

(1) Art. 57 : « Quiconque, ayant été condamné pour un crime, aura commis un délit de nature à être puni correctionnellement, sera condamné au maximum de la peine portée par la loi..... »

Art. 58 : « Les coupables, condamnés correctionnellement à un emprisonnement de plus d'une année, seront aussi, en cas de nouveau délit, condamnés au maximum de la peine portée par la loi ; cette peine pourra être élevée jusqu'au double...... »

(2) Arrêt de la Cour de Cassation, du 26 février 1825.

et par conséquent il ne doit pas en être tenu compte dans l'évaluation de l'amende (1) ; mais les intérêts capitalisés sont de véritables capitaux qui ont été de nouveau prêtés, et doivent être comptés pour déterminer la quotité de l'amende.

En citant la loi du 19 décembre 1850, qui modifie l'article 4 de la loi de 1807, nous avons vu que, d'après cette loi de 1850, le délit nouveau d'usure était condamné au maximum des peines édictées (amende, emprisonnement) ; or, quand existe-t-il un *délit nouveau* d'usure? D'après cette même loi de 1850, « après une première condamnation pour habitude d'usure, le nouveau délit résultera d'un fait postérieur, même unique, s'il est accompli dans les cinq ans à partir du jugement ou de l'arrêt de condamnation. » Comme on le voit, la loi de 1850 a ajouté la peine de l'emprisonnement à l'amende déjà prononcée par la loi de 1807 contre le délit d'usure habituelle ; et, de plus, elle fait résulter le *nouveau délit* d'usure d'un seul fait accompli dans les cinq ans qui suivent une première condamnation. A un double point de vue, la loi de 1850 a donc été beaucoup plus sévère que celle de 1807.

Quant aux complices de celui qui a commis le délit d'usure habituelle, ils sont punis comme l'auteur du délit lui-même et chacun d'eux supporte une peine proportionnée à la part qu'il a prise au délit.

Pour terminer ce que nous avons à dire sur le délit d'habitude d'usure, disons que la partie lésée par les prêts usuraires peut se constituer partie civile sur la

----

(1) Arrêt de la Cour de Metz, du 31 décembre 1825.

poursuite criminelle; et nous admettons même que lorsqu'un prêteur a fait plusieurs prêts usuraires, mais à des
personnes différentes, chacune de ces personnes peut se
porter partie civile, pour le prêt qui lui est particulier,
sur la poursuite criminelle.

Il ne nous reste plus, pour achever l'étude de la loi
de 1807, qu'à nous demander si les actions dirigées
contre celui qui a fait des prêts usuraires sont atteintes
par la prescription.

Parlons d'abord de l'action qu'a l'emprunteur contre
le prêteur auquel il a payé des intérêts au-dessus du
taux légal, c'est-à-dire de l'*action civile*. Il peut se faire
que l'emprunteur demande pour l'avenir la réduction du
contrat qui le soumet à des prestations usuraires; dans
ce cas, eût-il subi pendant plus de trente ans la loi rigoureuse d'un créancier livré à l'usure, il peut toujours
évidemment réclamer le retour au droit commun fixé par
la loi qui le protége. Mais, s'il s'agit d'une demande en
restitution de ce qui a été payé indûment, l'action du débiteur se prescrit; par quel laps de temps? Certains auteurs et certaines cours d'appel (entre autres celle de Tou-
louse) objectant qu'un contrat nul ne peut être attaqué
que pendant dix ans (art. 1304) et que le débiteur, pour
obtenir la restitution, doit d'abord faire tomber le contrat
cause du payement, décident que son action se prescrit
par dix ans; mais nous pensons qu'il s'agit ici d'une
prescription trentenaire : le débiteur n'a pas, en effet,
comme on l'a cru à tort, à faire tomber le contrat; par
cela même qu'il a trop payé, il a droit à une restitution.
Et nous admettons la même solution quand même le débiteur, pour prouver la prestation usuraire, serait obligé

d'établir que la somme prêtée en réalité est inférieure à celle qui est représentée, dans le titre, comme faisant l'objet du prix : même, dans ce cas-là où le débiteur attaque l'acte pour fait de simulation dans quelques-unes de ses parties, il n'entend pas le faire tomber sous le coup d'une nullité ; donc, même dans ce cas-là, nous pensons que le débiteur peut former sa demande en restitution pendant trente ans (1).

Le moment à partir duquel court l'action du débiteur en répétition est celui où l'indu payement a été fait.

Occupons-nous maintenant de la prescription de l'action criminelle.

Cette prescription est de trois ans (art. 638, C. inst. cr.). Comme l'usure est un délit successif, la prescription ne peut commencer à courir qu'à partir du jour où le dernier prêt à usure a été consenti ; elle ne peut donc être invoquée que s'il y a eu cessation absolue de prêts usuraires pendant trois années entières avant les poursuites. (2)

Les faits antérieurs qui ont échappé à une première condamnation, parce qu'ils sont demeurés inconnus, peuvent être compris dans une nouvelle poursuite intentée sur des faits nouveaux.

Lorsque le délit d'escroquerie est connexe au délit d'usure habituelle, la prescription contre l'escroquerie se trouve suspendue par tous les faits usuraires qui ne se

---

(1) Arrêt de la Cour de Bourges, du 2 juin 1831.

(2) Arrêt de la Cour de Cassation, du 4 août 1820.

rattachent même pas directement au délit d'escroquerie. (1)

Ces dernières observations terminent notre examen de la loi de 1807. Depuis 1807, bien des réclamations, dirigées contre cette loi, se sont élevées : elles se traduisirent en 1836 par la proposition de M. Lherbette, à la Chambre des députés, demandant la liberté complète des conventions ; cette tentative n'aboutit pas, grâce surtout aux efforts de M. Dupin aîné, partisan de la réglementation à outrance. En 1850, la question s'est représentée, et l'Assemblée législative, comme nous l'avons vu, confirma la loi de 1807, en aggravant même, d'une manière considérable, la pénalité édictée par cette loi. Aujourd'hui, on ne peut se le dissimuler, l'opinion publique s'est modifiée dans un sens libéral, et l'abrogation complète de la loi de 1807 est demandée par tous les financiers et tous les économistes ; nous allons examiner, dans un chapitre spécial, les raisons qui militent, très-victorieusement selon nous, en faveur de la liberté de l'intérêt.

CHAPITRE IX.

CRITIQUE DE LA LOI DE 1807 : L'INTÉRÊT DOIT ÊTRE LIBRE. (2)

La question de la *liberté de l'intérêt* est une des plus

---

(1) Arrêt de la Cour de Cassation, du 5 août 1826.
(2) Qu'on se rappelle bien, une fois pour toutes, que nous ne parlons ici que

importantes de notre matière et nous devons lui consacrer quelques développements.

Cette question n'est pas nouvelle : sous l'ancien régime, elle fut discutée avec une force de raisonnement
peu commune par le plus grand administrateur que la
France ait jamais eu, un des hommes qui ont le plus
honoré l'humanité, Turgot. Voici dans quelles circonstances. En 1769, Turgot était intendant du Limousin
lorsqu'à Angoulême, ville où l'usage était de payer, dans
le commerce, un intérêt de 8 °/₀ aux prêteurs, des débiteurs s'avisèrent de faire un procès à leurs créanciers
pour obtenir une réduction des intérêts. Turgot regarda
cette tentative comme très-immorale et fut effrayé des
conséquences qui pouvaient en résulter. Il crut que la
cause, tenant à la haute législation, devait être évoquée au
Conseil d'État et il motiva sa demande par un mémoire
intitulé *Mémoire sur les prêts d'argent*. Dans ce mémoire,
Turgot traita d'une manière générale et complète la matière de l'intérêt, et, après avoir démontré que l'intérêt
est légitime, il demanda que le taux de l'intérêt fût
libre.

On a beaucoup écrit depuis Turgot, sur la liberté de
l'intérêt ; mais on n'a fait que développer les arguments
présentés par lui et on n'en a pas trouvé un seul que ce
grand économiste n'eût exposé, ou, au moins, indiqué
dans son mémoire. Ainsi, en touchant à cette matière, il
l'avait tellement creusée qu'il ne laissait rien à faire

---

de l'intérêt conventionnel. Lorsqu'il s'agit d'intérêts moratoires ou légaux,
en un mot d'intérêts qui ne sont pas fixés par une libre convention des parties, le législateur a évidemment le droit de fixer un taux légal.

après lui. Tel est le privilége des esprits profonds : lorsqu'ils traitent un point encore obscur, du premier coup ils découvrent toutes les difficultés du sujet et les résolvent avec une lucidité de vue et une vigueur de raisonnement que les siècles futurs admirent mais qu'ils ne surpassent pas.

SECTION I.

Critique générale de la loi de 1807.

Lorsque je vous prête une somme d'argent, j'éprouve une certaine privation, et vous me devez évidemment une indemnité pour m'en dédommager. Maintenant, cette privation est-elle toujours la même ? Il est impossible de le soutenir. En effet, ce capital que vous m'empruntez, j'aurais pu, si je ne l'avais pas prêté, le placer dans une industrie. Supposons que cette industrie m'eût rapporté 9 %; la privation que j'éprouve en vous prêtant à 5 %, est de 4 %. Si, au contraire, cette industrie ne m'eût donné que 6 %, la privation éprouvée par moi serait de 1 %; donc elle est plus grande dans le premier cas que dans le second. Autre exemple : avec ce capital que je vous prête, j'aurais pu acheter une propriété ; si cette propriété rapporte 6 % la privation que je supporte en vous prêtant est évidemment plus grande que si son revenu, au lieu de s'élever à 6 %, n'était que 3 %.

Non-seulement le prêteur supporte une privation, mais il court un risque, celui de n'être pas remboursé, et l'emprunteur lui doit une indemnité pour ce risque couru. Or, ce risque est-il toujours le même ? N'est-il pas plus grand avec un emprunteur peu solvable qu'avec un emprunteur riche, chez un peuple agité par les révolutions que chez un peuple tranquille et prospère, dans une opération au succès incertain que dans une opération très-sûre ? Cela n'a pas besoin de démonstration.

Ainsi le prêteur se prive et court un risque ; et c'est précisément parce qu'il se prive et court un risque qu'il a, comme nous l'avons déjà dit, le droit d'exiger un *intérêt*. L'intérêt se compose donc de deux éléments distincts : 1° une représentation du benéfice dont le prêteur supporte la perte, un *prix de location* du capital ; 2° une *prime d'assurance* destinée à couvrir les risques qu'il court. L'importance de ces deux éléments peut se modifier : ils peuvent s'élever ou s'abaisser ensemble, ils peuvent varier tous deux en sens inverse. Par exemple, le deuxième élément, le risque couru, étant à peu près nul, il peut se faire que la rareté des capitaux amène la hausse du premier élément, le prix de location ; de même, le grand nombre des capitaux restreint le premier élément, le prix de location, et, au moment où ce phénomène se produit, le second élément, la prime du risque, peut s'élever beaucoup. Les deux éléments de l'intérêt varient donc à l'infini avec les personnes, les temps et les lieux. Il serait impossible de trouver au monde deux emprunteurs présentant les mêmes conditions de solvabilité, deux pays où les capitaux soient également abondants, deux opérations dont le succès soit également certain, deux prêteurs qui éprouvent la même privation en prêtant la même somme. Tout cela est évident. Que devons-nous en conclure? Puisque les éléments de l'intérêt varient à l'infini, dans tous les cas où il y a prêt, il est juste de ne pas régler tous ces cas différents les uns des autres, par une règle unique, qui ne peut naturellement être bonne que pour un seul d'entre eux. Il faut donc laisser aux parties le soin de débattre elles-mêmes leurs conventions et la liberté de fixer un taux en rapport avec le temps où elles vivent, les lieux où elles se trouvent et les besoins qu'elles éprouvent. Est-ce là, du reste, un principe nouveau? C'est la règle fondamentale de notre Code : « Les conventions sont la loi des parties, pourvu qu'elles ne soient pas contraires aux bonnes mœurs. » Or, est-ce que je choque la morale ou les bonnes mœurs, en demandant à Pierre qui est insolvable un intérêt plus fort qu'à Paul qui est très-solvable, et avec lequel je ne cours aucun risque? Personne n'oserait le soutenir. Le propriétaire d'un hectolitre de blé, peut-il le vendre au plus haut prix possible, cinquante francs, par exemple, s'il trouve, dans un jour de famine, un acheteur à ce prix-là? Il le peut à coup sûr, et cela sans blesser le droit ou même l'équité ; de même, le propriétaire d'une ferme ou d'une maison peut les louer aux prix que veut bien lui donner le fermier ou le locataire, ce prix fût-il excessivement élevé. Ainsi, il n'est pas de lois qui viennent dire au vendeur et au bailleur : « Vous ne vendrez pas, vous ne louerez pas au-dessus de tel prix. » Pourquoi traiter d'une manière différente le prêteur? Pourquoi ne pas permettre au propriétaire d'un capital de le prêter au taux que voudra bien accepter l'emprunteur? Ce ne serait que lui appliquer cette règle éternellement vraie : dans toutes les transactions pécuniaires, le prix est déterminé par le rapport qui existe entre l'offre et la demande ; si une marchandise abonde, elle est plus offerte que demandée, et son prix baisse ; si elle devient rare, elle est plus demandée qu'offerte, et son prix s'élève. Ce sont là des principes économiques certains, et que personne ne conteste. Ils sont absolument applicables à toutes les marchandises. Or l'argent est une marchandise : il est vrai qu'avec cette marchandise on peut se procurer toutes les autres, et, en cela, l'argent diffère des autres marchandises ; mais, au point de vue des lois qui gouvernent les variations de son prix, l'argent reste une marchandise ordinaire. C'est là un point certain, qu'on ne discute plus en économie politique et sur lequel je n'ai pas à m'étendre ici : cette thèse est, en effet, avant tout une thèse de droit et nous n'avons pas à démontrer les vérités économiques sur lesquelles nous nous appuyons ; nous devons nous borner à en constater l'existence. Ainsi, l'argent est une marchandise ; donc il est cher quand il est rare, bon marché quand il est abondant.

Du reste, même en supposant (ce qui n'est pas) que l'argent ne soit pas une marchandise, la liberté de l'intérêt n'en doit pas moins exister, car elle est basée sur le principe le plus respectable, sur la base qui soutient tout l'édifice social, sur le droit de propriété. Propriétaire d'une chose, j'en suis évidemment le maître absolu ; puisque j'en suis le maître, j'ai le droit de la garder, et puisque j'ai le droit de la garder, j'ai bien celui de ne m'en dessaisir qu'aux conditions qui me conviendront. Voilà un principe absolument général, qui s'applique évidemment à l'argent, quand même l'argent ne serait pas une marchandise : en effet, lorsque je suis propriétaire d'une somme d'argent, j'en suis propriétaire, que cet argent soit ou non une marchandise ; donc, dans tous les cas, j'ai sur elle tous les droits d'un plein propriétaire : ainsi, j'ai le droit de la garder, et, si je consens à m'en dessaisir, je puis régler les conditions de mon dessaisissement. D'ailleurs, est-ce que la propriété de l'argent est moins absolue que celle de toute autre chose? Est-ce que l'argent n'est pas l'objet des mêmes transactions que les autres choses? Nous vendons notre argent tous les jours, lorsque nous l'échangeons contre un fonds de terre, lorsque nous donnons dans un lieu une somme d'argent pour recevoir une autre somme dans un autre lieu (*change*); tous les jours nous louons notre argent, car l'intérêt n'est précisément que le loyer de l'argent prêté pour un temps. Ainsi, l'argent peut, comme toute chose, être gardé, donné, vendu, loué, etc., par son propriétaire. Dès lors, pourquoi traiter le propriétaire d'une somme d'argent autrement que le propriétaire d'une maison ou d'un hectolitre de blé?

Comme on le voit, nous n'hésitons pas à admettre la liberté de l'intérêt, et les raisons que nous venons de développer nous semblent bien suffisantes pour légitimer cette opinion. Mais, les partisans de la réglementation nous présentent plusieurs objections, très-graves à leurs yeux. Ces objections, nous allons y répondre, et c'est dans cette réfutation que trouveront place plusieurs arguments décisifs, que nous n'avons pas encore présentés, en faveur de la liberté de l'intérêt.

L'intérêt se compose, avons-nous dit, de deux éléments : 1° *le prix de location;* 2° *la prime du risque;* ces deux éléments varient. Nos adversaires contestent la possibilité de variation dans le premier élément ; voici comment ils raisonnent : supposons, disent-ils, le risque nul, par conséquent laissons de côté le deuxième élément de l'intérêt, la prime d'assurance, et admettons que le chiffre du prix de location soit 4 °/₀. Supposons maintenant que la somme du numéraire disponible diminue de moitié, la valeur des capitaux et par suite le prix de location doublera, mais ce prix ne s'élèvera pas à 8 °/₀ et restera à 4 °/₀. Voici pourquoi : 4 °/₀ représente la vingt-cinquième partie du capital ; ce capital augmentant, chacune de ses parties augmente dans la même proportion. Donc, si le capital double, le loyer double lui-même de valeur, bien qu'on maintienne le taux au même chiffre; le loyer double parce que les parties du capital (et le loyer n'est que l'une d'elles) ont doublé. Ainsi, dans l'exemple que nous avons choisi, le prix de location restera 4 p. °/₀, bien que la somme du numéraire disponible ait diminué de moitié.

Ce raisonnement est spécieux, mais ses conclusions sont démenties dans la pratique : il est démontré par l'expérience que, le capital disponible diminuant, le *prix de location* s'élève dans une proportion encore plus forte que la valeur du capital, et que, le capital disponible augmentant, le *prix de location* s'abaisse dans une proportion encore plus forte que la valeur du capital. En d'autres termes, il est constaté, dans la pratique, que, la quantité disponible de numéraire décroissant, l'intérêt croît, et que, cette quantité croissant, l'intérêt décroît.

On nous répondra qu'en 1812, époque où la masse des capitaux diminuait, l'intérêt, qui aurait dû s'élever beaucoup, tomba très bas. Cela est vrai ; mais J.-B. Say nous cite précisément ce fait comme une exception à la règle générale qui veut que, les capitaux diminuant, l'intérêt s'élève, et il l'explique par la situation politique du pays en 1812. Ainsi entendu, le fait n'infirme donc pas la règle que nous avons citée et par suite ne prouve rien.

Cette objection préliminaire mise de côté, arrivons aux arguments principaux du système que nous combattons.

Si vous supprimez la limitation du taux de l'intérêt, nous dit-on, vous livrez à la merci des capitalistes tous ceux qui ont un besoin absolu d'argent et qui, obligés d'emprunter, accepteront toutes les conditions, même les plus rigoureuses, des prêteurs.

Je crois que cet argument n'a aucune force, et je vais essayer de le démontrer.

Supposons qu'un homme emprunte à un taux élevé, par exemple à 15 %. Ou cet homme est un prodigue qui dépense, de son plein gré, plus qu'il ne le peut, et qui se ruine de gaité de cœur ; ou bien il est, au contraire, raisonnable et sensé, et n'emprunte que parce qu'il a un besoin d'argent sérieux et réel. Nous n'avons évidemment pas à nous occuper du premier des deux cas : toutes les lois du monde ne pourraient empêcher celui qui veut se ruiner d'arriver à ses fins ; aujourd'hui même, malgré la loi de 1807, nous voyons tous les jours des fils de famille emprunter aux taux les plus élevés ; quelle est la loi qui pourrait les protéger malgré eux et les empêcher de contracter ces emprunts ? Évidemment donc nous n'avons qu'à nous occuper du second cas et à nous demander si l'homme sensé, raisonnable, qui emprunte à 15 %, est victime de son créancier, s'il a été forcé d'emprunter? Or, sur ce point, voici notre opinion: celui qui a emprunté à 15 % ne l'a fait que parce qu'il y trouvait son avantage; il a emprunté à 15 % parce que le bénéfice, qu'il pense retirer de cet argent emprunté, l'emporte, à ses yeux, sur tous les inconvénients qui résultent de l'élévation du taux. Cela est bien certain. Un homme doué de raison n'emprunte pas pour le simple plaisir de contracter un emprunt onéreux, mais bien parce qu'il pense que, tout compte fait, il y trouve un avantage quelconque : ainsi, une opération industrielle, qui doit rapporter de gros bénéfices, se présente ; je n'ai pas de capitaux et il me faudrait 100,000 francs pour tenter cette opération ; je trouve à les emprunter à 15 % et je les emprunte ; il serait plaisant de dire que je n'ai pas été libre et que le prêteur a abusé de ma situation ! Si j'ai emprunté à 15 %, c'est que j'espère, au moyen de ces 100,000 francs, faire une bonne spéculation, une spéculation telle que, même les intérêts à 15 % payés, il y ait encore un bénéfice pour moi ; en d'autres termes, j'ai emprunté pour gagner de l'argent ; et on dira que je n'ai pas été libre, que j'ai été forcé d'emprunter ! — Mais supposez, me dira-t-on, un homme qui a fait de mauvaises affaires et qui emprunte, non pas pour s'enrichir, mais pour ne pas faire banqueroute ; il lui faut de l'argent à tout prix, puisque la ruine le menace : donc il n'est vraiment pas libre de ne pas emprunter. Ainsi, en lui prêtant à un taux très-élevé, vous abusez de sa situation. — Je réponds que, dans cette hypothèse, l'intérêt prélevé par le prêteur est tout aussi légitime que dans l'hypothèse précédente : et, d'abord, est-ce que le prêteur ne rend pas un service à l'emprunteur ? Si permettre à un homme, en lui prêtant une somme d'argent, d'augmenter sa fortune, est lui rendre un service, empêcher la ruine d'un homme, en lui prêtant, est aussi lui rendre un service. Donc, lorsque je vous prête une somme d'argent qui pourra vous sauver de la banqueroute, je vous rends véritablement un service, je vous en rends même un très-grand, car je vous donne le moyen de conserver votre réputation, et je vous mets peut-être à même de relever vos affaires. D'autre part, je cours un risque très-grand de n'être pas remboursé, puisque votre ruine est imminente. Pour cette double raison, ne puis-je pas, sans abuser de votre situation, stipuler un intérêt élevé? Et maintenant pourquoi, vous, dans de pareilles circonstances, consentez-vous à accepter mes conditions? pourquoi m'empruntez-vous à un taux de 15°/₀? Vous ne vous dissimulez pas le poids de la charge qui va vous incomber, la gravité de l'obligation que vous contractez; mais vous pensez, avec cette somme que je vous prête, relever votre crédit, rétablir vos affaires, arrêter vos créanciers, sauver votre honneur peut-être, et, toutes compensations faites, vous trouvez encore un avantage à m'emprunter. Vous ne m'empruntez que parce que vous espérez, au moyen de cet emprunt, empêcher votre ruine, c'est-à-dire, en réalité, faire une bonne affaire : dira-t-on que vous n'étiez pas libre?

Mais, me répondra-t-on (car lorsqu'on se contente de raisons qui n'en sont pas, il n'est pas bien difficile d'en trouver), cet homme qui vous a emprunté pour s'enrichir, cet autre qui a eu recours à vous pour ne pas être banqueroutier, peuvent fort bien ne pas atteindre leur but ; il peut très-bien arriver que le premier, loin de faire une bonne spéculation, en fasse une très-mauvaise ; que le second ne puisse pas éviter la ruine ; et alors direz-vous qu'en leur prêtant à un taux pareil, vous leur ayez rendu service ? En réalité, vous avez exploité le désir ou le besoin d'argent qu'ils éprouvaient, vous en avez profité pour stipuler d'eux un intérêt énorme qui va maintenant les écraser de tout son poids.

Je répondrai d'abord qu'un homme raisonnable et prudent, qui emprunte à 15 %, ne le fait, en général, qu'après mûres réflexions. L'élévation du taux auquel il emprunte est elle-même une garantie de la prudence qu'il aura apportée dans son emprunt. Donc, en général, l'emprunt lui profitera. Sans doute, il pourra avoir mal calculé, mal pesé toutes les chances, et ne pas atteindre le but qu'il se proposait en empruntant. Mais serait-il rationnel de baser ses décisions sur quelques faits exceptionnels, perdus dans l'immensité des transactions ? On ne doit jamais conclure du particulier au général et fouler aux pieds les droits de tous pour protéger les intérêts de quelques-uns. Je répondrai ensuite que le raisonnement fait par nos adversaires doit évidemment s'appliquer tout aussi bien au prêt à intérêt tel qu'il est organisé aujourd'hui : voilà un homme qui, croyant faire une excellente spéculation ou éviter une catastrophe imminente, emprunte à 5 % ou 6 %. Il peut bien arriver qu'au lieu de réussir dans son opération, il y échoue ; qu'au lieu de conjurer sa ruine, il la précipite. L'emprunt contracté à 5 % ou 6 % lui a donc été nuisible. Dira-t-on que le prêteur a exploité le désir ou le besoin d'argent qu'éprouvait l'emprunteur, qu'il en a profité pour stipuler de lui un intérêt qui va maintenant l'écraser, etc? Comme on le voit le raisonnement de nos adversaires peut tout aussi bien être fait dans le cas où il s'agit d'un emprunt contracté au taux qu'autorise aujourd'hui la loi. Je répondrai enfin, et surtout, que ce qui se passe ici se passe dans toutes les transactions du monde. Nous pouvons dire, par exemple, en remplaçant le prêt à intérêt par la vente : Voilà un homme qui a besoin de bœufs pour travailler ses terres; sans doute, ces bœufs, il faudra qu'il les paye ; mais il réfléchit, et trouve que, toute balance établie, il y a avantage à débourser une somme de..., pour acheter des bœufs qui lui sont nécessaires (de même que l'emprunteur, dont nous parlions tout à l'heure, avait calculé qu'il était plus avantageux pour lui d'emprunter, même à un taux élevé, que de ne pas avoir cet argent qu'il jugeait lui être indispensable). Notre homme achète donc ses bœufs, mais ils périssent avant qu'il s'en soit servi : il a évidemment fait une opération déplorable (de même que l'emprunteur qui a emprunté pour s'enrichir ou pour éviter sa ruine, et qui n'a pu faire ni l'un ni l'autre). Ainsi son achat de bœufs se trouve lui avoir été fort nuisible. Est-ce une raison pour aller dire aux marchands de bœufs : Vous ne vendrez pas vos bœufs au-delà de tel prix ! Et ce que nous disons là s'applique non-seulement à tous les vendeurs mais à tous ceux qui jouent un rôle quelconque dans une transaction quelconque; sans doute, celui qui emprunte à 15 % (et qui le fait parce que, même à un pareil taux, il croit gagner à cet emprunt), peut voir ses espérances déçues; mais trouvez-moi une seule transaction où celui qui croit faire une spéculation heureuse soit certain de la faire et ne puisse pas, absolument comme notre emprunteur, voir son espérance trompée? Évidemment, dans toutes les transactions, quelque chose est livré au hasard. Est-ce une raison pour ne laisser libre aucune transaction? Et cependant, pour être logiques, nos adversaires doivent aller hardiment jusque-là. Voilà la conclusion à laquelle ils doivent arriver; mais, comme cette conclusion est manifestement absurde, ils essayent de repousser toute comparaison entre le prêt à intérêt et les autres contrats. N'assimilez pas, disent-ils, le prêteur d'une somme d'argent et le vendeur ordinaire, on peut se passer de toutes choses, excepté d'argent; l'argent est indispensable, il en faut absolument; on ne peut pas vivre sans argent. Donc, il ne faut pas que ceux qui en ont spéculent sur l'impérieuse nécessité qui force ceux qui n'en ont pas à s'en procurer. — Voilà le langage de nos adversaires et il n'est pas difficile d'y répondre. Puisque, d'après eux, l'argent est tellement nécessaire qu'on ne peut s'en passer, ils doivent arriver à dire que ceux qui ont de l'argent devraient être obligés de le prêter; or, ils ne vont pas jusque-là. Ils admettent parfaitement que je puisse garder dix mille francs dans mon secrétaire sans en prêter un sou, quelle que soit la situation de ceux qui veulent m'en emprunter, en eussent-ils le plus urgent besoin : or, ils nous répètent sans cesse qu'on ne peut vivre sans argent, donc ils ne sont pas logiques en ne demandant pas que le prêt d'argent soit forcé, ils ne sont pas logiques en n'imposant pas aux capitalistes l'obligation de prêter de l'argent à ceux qui

n'en ont pas. Voyez, du reste, le singulier résultat auquel
conduit ce système de la limitation du taux de l'intérêt !
Vous me permettez très-bien de garder mon argent, de
même que vous ne me forcez pas à vendre mon blé; en
un mot, vous assimilez ici complétement l'argent et les
autres choses; pourquoi faire ensuite cesser cette assimilation que vous reconnaissez vous-mêmes? Pourquoi
dire : « Le propriétaire de cent hectolitres de blé et le
propriétaire d'une somme de dix mille francs sont libres,
le premier de ne pas vendre son blé, mourût-on de
faim autour de lui, le second de ne pas prêter son argent
à ceux qui en ont le besoin le plus urgent; seulement,
si le premier vend son blé, il peut le vendre au plus haut
prix qu'il trouvera, tandis que le second, s'il prête, ne
pourra le faire qu'à un taux déterminé? » Est-ce là raisonner? Puisque je ne suis pas forcé de prêter mon argent, n'est-il pas évident que, si je le prête, je dois pouvoir régler les conditions auxquelles je consens à le
prêter? Sans doute, il faudra bien que ces conditions
soient acceptées de l'emprunteur; je ne serai pas maître
de les fixer à mon bon plaisir ; mais, lorsque l'emprunteur et moi nous nous serons accordés, lorsqu'il aura
consenti librement à me donner 15 %, de quel droit la
loi, qui me permettait de ne pas prêter, c'est-à-dire de
ne pas rendre service, vient-elle me dire à moi qui consens à prêter, c'est-à-dire à rendre service : « Vous ne
prêterez pas au taux que vous offre votre emprunteur,
mais seulement à 5 % ou 6 %? » Il me semble qu'ayant
le droit de ne pas prêter, je dois bien avoir le droit, si je
veux prêter, de tirer de mon argent tout le parti possible.
Ce n'est là, après tout, que l'application de cette règle :
« Qui peut le plus peut le moins. »

La plupart des arguments que nous venons de combattre ici, ont été développés par M. Dupin aîné dans une séance du Sénat, du 29 mars 1862 : **En outre,** M. Dupin assimila le règlement de l'intérêt au règlement existant alors sur la boulangerie, et obtint, par cette assimilation, la vive approbation de toute l'assemblée. « De même, disait-il, que le boulanger est tenu de livrer son pain à un prix déterminé par l'autorité, de même on doit empêcher le prêteur d'abuser des besoins de l'emprunteur. » J'avoue n'avoir rien compris à cette assimilation et à l'argument qu'on peut en tirer. D'abord, le parallèle n'est pas exact, car le capitaliste n'est pas contraint de remettre ses fonds aux emprunteurs, à l'exemple du boulanger qui est tenu de livrer son pain à tout acheteur; ainsi, pas d'assimilation possible. Puis, je demande si, pour défendre une réglementation, il est permis d'en invoquer une autre; évidemment, cette manière de raisonner n'est pas sérieuse : M. Dupin, qui invoquait le règlement sur la boulangerie pour défendre le règlement de l'intérêt, eût pu tout aussi bien, pour défendre la taxe sur la boulangerie, invoquer les bienfaits de la taxe en matière d'intérêt. Il est vraiment regrettable que les deux questions ne se soient pas présentées dans la même séance, à la suite l'une de l'autre; on eût pu entendre l'éminent procureur général dire à l'assemblée : « Messieurs, on doit assimiler le règlement sur l'intérêt au règlement sur la boulangerie : or, le règlement sur la boulangerie est bon, donc le règlement sur l'intérêt est bon; » puis, quelques instants après : « Messieurs, on doit assimiler le règlement sur la boulangerie au règlement sur l'intérêt. Or, le règlement sur l'intérêt est excellent, donc le règlement sur la boulangerie est aussi inattaquable. » M. Dupin eût ainsi ajouté un double triomphe à ses succès oratoires. Mais, en réalité, pour qui ne se paye pas de mots, toute espèce de réglementation (qu'il s'agisse de celle de l'intérêt ou de celle de la boulangerie) étant quelque chose d'artificiel, c'est tourner dans un cercle vicieux que défendre une réglementation en s'appuyant sur une autre, qui a évidemment elle-même besoin d'être défendue. Du reste, que devient l'argumentation de M. Dupin devant la pratique des faits? Aujourd'hui la taxe de la boulangerie est abolie; elle l'est depuis le 29 juin 1863; et nous ne sachions pas que cette abolition ait soulevé aucune réclamation sérieuse de la part des consommateurs.

Dans cette même séance du 29 mars 1862, M. Michel Chevalier montra l'inconséquence forcée de toutes les lois restrictives de l'intérêt : c'est qu'en effet, les gouvernements ne se conforment pas à ces lois, qu'ils veulent cependant faire respecter des particuliers. Souvent, en France, nous avons vu ce spectacle. Ainsi, en 1817 et 1818, la France a émis du 5 %, à 50 francs; en 1848, elle en a émis à 48 francs : en d'autres termes, elle servait à ses prêteurs en 1817 et 1818 un intérêt de 10 %, en 1848 un intérêt encore plus fort. En 1862, au moment même de la discussion du Sénat qui nous occupe, le gouvernement français autorisait la souscription à l'emprunt italien, qui se cotait à plus de 7 % (1). Ce sont

---

(1) L'année dernière encore, le gouvernement encourageait de ses vœux l'emprunt mexicain, qui rapporte plus de 10 %.

des violations manifestes d'une loi que le gouvernement
est chargé de faire respecter et dont il punit la trans-
gression chez les simples particuliers. On nous répondra que les emprunts de 1817 et 1818 étaient autorisés
par des lois spéciales; soit, mais qu'est-ce que cela
prouve ? Voilà un gouvernement qui décrète, en 1807,
qu'un intérêt de 5 °/₀ doit satisfaire toutes les prétentions
légitimes des capitalistes; que, par suite, 5 °/₀ sera le
taux maximum: puis, il vient demander une loi excep-
tionnelle pour emprunter à un taux plus élevé! Il reconnait donc que, lorsque son crédit est ébranlé, il ne
trouverait pas de prêteurs au taux maximum fixé par
lui : qu'il reconnaisse alors qu'un simple particulier,
dont le crédit n'est pas solide, peut être placé dans la
même situation, et que, dans certaines hypothèses, il ne
trouvera à emprunter qu'à 7 ou 8 °/₀. A mon sens, les
exceptions que le gouvernement a été obligé de faire à la
règle de 1807 sont (qu'elles aient été, ou non, autorisées par des lois spéciales) la condamnation la plus
claire du système limitatif. Mais, M. Dupin n'en veut
pas convenir; il repousse énergiquement l'assimilation
que nous établissons entre l'État et un particulier : « Il
faut, dit-il, que l'homme qui a besoin d'argent et qui
veut emprunter ne soit pas opprimé par les exigences
d'un capitaliste; voilà pourquoi le taux de l'intérêt a été
limité : mais les dangers, les inconvénients, qu'on a
voulu éviter, ne peuvent se présenter que de particulier
à particulier; jamais les particuliers ne peuvent opprimer
un gouvernement. » Nous regrettons de ne pas partager
l'opinion de M. Dupin; mais nous sommes bien forcés de
reconnaître qu'un gouvernement peut très-bien être op-

primé par des particuliers. Opprimer un emprunteur, c'est, en effet, d'après M. Dupin lui-même, profiter de la situation où il se trouve pour lui prêter au taux le plus élevé qu'il puisse accepter. Eh bien! pourquoi le gouvernement payait-il, en 1848, aux souscripteurs de son emprunt un intérêt supérieur à 10 %, ? Parce qu'au dessous de ce taux il n'aurait pas trouvé à emprunter: parce que les capitalistes profitaient de la situation difficile où il se trouvait, pour lui faire payer, non pas 5 %., mais plus de 10 %. Donc, d'après M. Dupin lui-même, il était *opprimé*, opprimé comme un simple particulier.

Ainsi, les lois limitatives du taux de l'intérêt sont violées par les gouvernements qui les ont faites ; c'en est assez pour prouver qu'elles ne doivent pas exister. Mais il y a plus : ces lois ont précisément pour effet de rendre l'usure plus fréquente, alors qu'elles ont pour but de la faire disparaître. C'est ce que nous allons montrer. Le taux de l'intérêt étant fixé à 5 0/0, deux hypothèses peuvent se présenter : Le cours de l'argent peut être au taux légal, ou même au-dessous; alors, si j'ai besoin d'argent, j'en trouverai aisément à 5 0/0 : sera-ce à cause de la loi ? non, mais par l'effet de la baisse. Au contraire, l'argent peut être rare, et alors je n'en trouverai plus au taux légal : les capitalistes, en effet, ayant la faculté de placer leurs fonds à 7 ou 8 0/0, ne voudront évidemment pas me les prêter à un taux très-inférieur ; d'autre part, ils ne me les prêteront pas à 7 ou 8 0/0, car ce serait violer la loi et encourir des peines correctionnelles : ils ne me prêteront donc pas, et on ne peut pas leur en vouloir, car, pour me prêter, ils seraient obligés ou de faire une perte considérable, ou de violer la loi. Que vais-je faire alors ? Ne pouvant trouver un capitaliste honnête, qui consente à me prêter, je m'adresse à des usuriers cachés qui, eux, braveront la loi, mais qui me feront payer, outre le prix de l'argent, le danger auquel ils s'exposent : l'intérêt est alors bien plus élevé qu'il ne le serait dans le système de la liberté complète, car, aux éléments ordinaires qui font varier le taux de l'intérêt et peuvent l'élever très-haut, savoir, le *prix de location*, et le *risque de non-remboursement* que court le prêteur, se joint un troisième élément, la crainte d'une peine correctionnelle. Ainsi, les lois restrictives du taux conventionnel doivent nécessairement ramener à l'usure ; elles sont donc impuissantes à prévenir les abus qu'elles doivent combattre : loin de prévenir ces abus, elles ont un résultat tout autre, n'ayant pour effet que d'effrayer le prêteur honnête, sans réprimer les instincts de l'usurier et du fripon.

Enfin, le taux légal est en désaccord avec les besoins sociaux de notre époque ; il consacre les résultats les plus anormaux et les plus choquants : Les événements politiques, l'état du commerce et de l'industrie, une alarme momentanée, quelques banqueroutes, un bruit de guerre, etc., font varier à chaque instant la valeur de l'argent. Lorsque la loi de 1807 fut promulguée, elle était, dans l'opinion du législateur, en rapport avec la valeur de l'argent à cette époque. Or, si la valeur de l'argent varie du jour au lendemain, elle varie tout aussi certainement d'une époque à une autre. Depuis cinquante-huit ans, l'exploitation de mines d'or et d'argent abondantes, l'introduction des machines dans les travaux, les découvertes les plus variées, etc., ont changé la nature des fortunes : aujourd'hui l'industrie donne très-souvent 8 ou 10 %; le gouvernement lui-même, comme nous l'avons déjà dit, offre constamment des bénéfices supérieurs à l'intérêt légal. C'est que la loi de 1807, en supposant qu'elle fût en rapport avec la valeur de l'argent en 1807, n'est plus en rapport avec la valeur actuelle de l'argent : aussi la force des choses a-t-elle brisé les entraves que cette loi avait élevées.

Il faut donc renoncer au système de la limitation; ce système, dont le but est de protéger les agriculteurs et les ouvriers, est précisément contraire aux véritables intérêts de ces classes de la société. Nous disons qu'il leur est contraire et nous allons le démontrer. Prenons d'abord les ouvriers. Sous l'empire de la loi de 1807, l'ouvrier ne peut emprunter qu'à un taux exorbitant, et cela se comprend. L'ouvrier n'a pas, en effet, ordinairement assez de ressources pour avoir du *crédit ;* or, aux personnes sans crédit, on ne prête, et cela est naturel, qu'à un taux élevé : l'ouvrier ne doit donc guère trouver de prêteurs parmi les capitalistes honnêtes qui ne veulent pas violer la loi, et qui, d'autre part, hésitent à prêter au taux de 5 ou 6 % à un ouvrier, dont les deux bras sont presque toute la fortune. L'ouvrier ne trouvera donc qu'avec peine un prêteur honnête et s'adressera le plus souvent à l'usurier; celui-ci lui prendra un énorme intérêt, d'abord pour s'indemniser du risque très-réel qu'il court en prêtant à un homme qui n'a presque rien et qui, par suite, n'offre aucune garantie sérieuse, puis pour s'indemniser du péril de la contravention. Ce péril n'existant pas dans le système de la liberté de l'intérêt, l'ouvrier pourra emprunter à un taux beaucoup plus modéré ; ajoutons que si la loi de 1807 était abrogée, il se formerait, comme le fait remarquer M. Michel Chevalier, « des institutions de crédit, impossibles sous l'empire de la législation actuelle, qui s'adapteraient aux besoins de la démocratie, de l'industrie et du commerce qui ont peu de ressources, de la part desquels le remboursement d'une avance est moins assuré que de la part du commerce de premier ordre..... »

Voilà pour les ouvriers. Quant aux petits agriculteurs, avec le système actuel, ils ne peuvent pour ainsi dire pas emprunter du tout, et la raison en est bien simple : celui qui ne consent à prêter à un agriculteur qu'à la condition de violer la loi de 1807, ne peut la frauder que pour des prêts à très-courte échéance ; or, l'agriculteur a précisément besoin d'emprunter à très-long terme. Mais, me dira-t-on, l'agriculteur peut emprunter sur hypothèque ! Sans doute ; mais trouvera-t-il facilement un prêteur, aujourd'hui que les capitalistes placent presque tous leurs fonds en valeurs industrielles ou les emploient en spéculations à la Bourse ? Ainsi l'agriculteur, sous le système actuel, n'emprunte qu'avec la plus grande difficulté (1), ou, du moins, il ne peut pas emprunter à long terme. Avec la liberté de l'intérêt, il trouvera, au contraire, aisément des capitalistes qui lui prêteront, pour longtemps, les sommes dont il a besoin ; sans

---

(1) Accordons que l'agriculteur trouve à emprunter sur hypothèque ; le plus souvent il sera écrasé par les frais accessoires qu'il aura à supporter : rédaction notariée de l'obligation, droits de timbre et d'enregistrement (droit principal avec tous les décimes y attachés), frais d'inscription aux hypothèques, très-souvent frais de subrogation dans l'hypothèque de créanciers précédents, quittance subrogative, etc.

doute, il aura à payer un intérêt de 7 ou 8 % (ou, du moins, un intérêt plus élevé que 5 %), qui soit l'équivalent de l'intérêt que son prêteur aurait retiré d'un placement industriel, mais il aura ainsi les avances qui lui sont nécessaires et qu'il n'avait pas. Et, l'agriculteur ayant des avances, quels avantages n'en résulte-t-il pas? Aujourd'hui, on dit aux agriculteurs que la suppression de l'échelle mobile (1) a ruinés à moitié : « Changez vos cultures. » Changer ses cultures! cela est bientôt dit, mais cela ne se fait pas sans capitaux. Or, le petit agriculteur, qui mettait chaque année quelques sous de côté, au temps où l'échelle mobile n'avait pas encore été supprimée, a tout juste à peine de quoi vivre aujourd'hui que, grâce à cette suppression, il ne vend plus ses grains à un prix rémunérateur. Il ne peut pas faire d'économies; donc il n'aura pas d'avances : or, sans avances, de quoi est-il capable? Pourra-t-il, sans capitaux, créer dans ses champs des prairies artificielles, transformer sa culture? Évidemment, non. Ces capitaux, qui lui sont nécessaires, et qu'il pourra se procurer par l'emprunt sous le système de la liberté de l'intérêt, il ne peut les trouver aujourd'hui qu'avec une excessive difficulté. N'est-ce pas là, pour repousser le système de la limitation, une raison dont l'importance pratique devrait frapper tous les yeux?

Renonçons donc au maximum légal : au lieu de déter-

---

(1) Il est certain que la suppression de l'échelle mobile a créé aux agriculteurs, surtout aux petits agriculteurs, les plus grands embarras; du reste, cette suppression est excellente en principe, et nous sommes convaincus qu'à la longue elle produira de bons effets.

miner un taux inflexible, auquel soient assujettis les honnêtes gens et les fripons, laissons les conventions libres,
permettons à ceux qui traitent de gré-à-gré, en connais-
sance de cause, de régler eux-mêmes les conditions de
leur contrat, et gardons-nous de prendre pour des fripons ceux qui ne voudront prêter qu'à un taux supérieur
au taux légal actuel : « quelle comparaison peut-on faire,
dit M. Baudrillart, entre un homme qui sans fraude,
sans détour, prête à 7 °/₀ parce que les capitaux sont
rares, et l'usurier qui circonvient un fils de famille ou
un paysan ? Ce dernier commet un délit, et, quand l'économie politique dit que la loi sur l'usure est une loi
contraire aux principes, elle ne dit pas, quoiqu'elle ait
été calomniée sur ce point, comme sur tant d'autres, qu'il
ne faut point étendre, dans le Code pénal, le cercle des
escroqueries ; elle dit seulement qu'il ne faut pas confondre des choses entièrement distinctes (1). » Ainsi,
admettons la liberté de l'intérêt et nous en serons quittes
pour augmenter le nombre des lois répressives contre
ceux qui déloyalement circonviennent, par des manœu-
vres, leur débiteur, et abusent de sa faiblesse.

On pensera peut-être qu'après la disparition du maximum légal l'intérêt va monter immédiatement aux chif-
fres les plus élevés, 20, 30 °/₀..., selon la volonté des
prêteurs. Erreur grossière, résultat des idées au milieu
des quelles nous vivons ! Attachés aux lisières de la protection quand même, privés de la plupart de nos libertés,
nous sommes habitués à voir dans ces libertés de véri-

---

(1) *Éeonom. pol.*, 1857, p. 358.

tables dangers sociaux, et nous les considérons avec une sorte de terreur. Ce sont les libertés politiques surtout que nous redoutons (il est vrai qu'elles sauvegardent les autres et que par suite, aux yeux de ceux qui n'en veulent aucune, elles sont les plus effrayantes); les libertés sociales et individuelles trouvent quelquefois grâce à nos yeux, mais, elles aussi nous les contemplons toujours avec quelque appréhension, car nous sommes toujours effrayés dès que le mot *liberté* retentit à nos oreilles. Voilà pourquoi nous entendons dire tous les jours : si vous supprimez le taux maximum, l'intérêt pourra s'élever à 30, 40 %. Je répondrai à ceux qui tiennent un langage pareil que les marchands de blé ne vendent pas leur blé 100 francs l'hectolitre, et cependant ils sont bien libres d'en demander le prix qui leur convient. La vente de tous les objets autres que l'argent est bien libre et je ne sache pas que les acheteurs soient à la discrétion des vendeurs, que ceux-ci puissent indéfiniment élever leurs prix : si l'acheteur a, en effet, besoin du vendeur, le vendeur a besoin de l'acheteur; le producteur ne peut pas plus se passer du consommateur que le consommateur ne peut se passer du producteur; si l'homme qui veut emprunter a besoin d'en trouver un autre qui ait de l'argent et qui veuille lui prêter, celui-ci a besoin de trouver un emprunteur. Le prêteur ne sera donc pas maître de demander l'intérêt qui lui plaira ; il sera obligé de se contenter du prix le plus élevé qu'offrira l'emprunteur, ou de ne pas prêter. Puis, lorsqu'un homme aura besoin d'argent, si le prêteur auquel il s'adresse lui demande un intérêt trop fort, il se trouvera toujours quelque autre capitaliste qui ne manquera pas, si l'emprunteur est solvable, de lui offrir son argent à des conditions plus douces : si je demande un intérêt de 20 %, dans un moment où les capitaux sont abondants, à un homme qui est parfaitement solvable, pouvez-vous croire qu'il sera forcé d'accepter mes conditions et qu'il ne trouvera pas dix personnes disposées à lui prêter à un taux moins élevé ? En réalité, il y aura une concurrence entre les capitalistes, et, de cette concurrence naîtra, pour l'intérêt de l'argent, un taux moyen. Tout porte à croire que lorsque nous aurons la liberté de l'intérêt, le taux ne dépassera pas certaines limites voisines des limites légales actuelles : en matière non commerciale, il oscillera probablement entre 6 et 7 % ; en matière commerciale, il s'élèvera un peu plus haut, mais certainement sans dépasser en moyenne 9 ou 10 % : de même que le pain ne se vend aujourd'hui que quelques centimes de plus qu'au temps de la réglementation. Sans doute, il y aura bien quelquefois des prêts faits à un taux exceptionnel : ainsi, un homme insolvable, demandant de l'argent pour le lancer dans une opération hasardeuse, pourra fort bien n'en trouver qu'à 25 ou 30 %, à supposer qu'il en trouve. Mais, dans des cas de ce genre, l'élévation du taux s'explique naturellement par les circonstances dans lesquelles le prêt a lieu ; du reste, des cas pareils ne seront jamais bien fréquents, et ceux qui s'imaginent qu'avec la liberté de l'intérêt les prêteurs pourront, par l'élévation du taux, arriver à des fortunes énormes, se trompent complétement : comme l'emprunteur qui est solvable, et qui ne se lance pas dans des spéculations par trop hasardeuses, est toujours sûr de pouvoir emprunter à de bonnes conditions, les prêteurs qui demanderont 30 ou 40 °/₀ de leur argent, ne pourront rencontrer que des emprunteurs auxquels personne ne veuille prêter, c'est-à-dire des emprunteurs qui n'offrent aucune garantie, par exemple, des emprunteurs insolvables ; ces prêteurs perdront donc très-souvent intérêts et capital, et, tout compte fait, il est très-possible qu'ils gagnent beaucoup moins que les prêteurs modérés. De même aujourd'hui les usuriers ne trouvent ordinairement que des emprunteurs qui leur font courir un risque considérable et s'ils prélèvent sur quelques-uns, des intérêts énormes, ils perdent tout avec les autres, tout, même le capital. Nous croyons donc que, si la liberté de l'intérêt nous était accordée, les emprunteurs n'en seraient pas plus à plaindre : l'homme qui inspire de la confiance pourrait toujours emprunter à de bonnes conditions. Quant aux prêteurs qui voudraient tenir leur argent à un prix trop élevé, ou ils n'auraient pas d'emprunteurs, ou, s'ils trouvaient à prêter, ce serait souvent à leur désavantage.

Nous en avons fini avec la question de la liberté de l'intérêt, et nous espérons avoir suffisamment montré combien cette liberté est nécessaire. Qu'on étende les dispositions législatives pour réprimer la fraude en matière d'intérêt : rien de mieux. Qu'on exige, par exemple, comme on le faisait avant la loi de 1807, sous l'empire de l'art. 1907 du Code Napoléon, l'indication du taux dans les contrats de prêt à intérêt, afin que la crainte de cette constatation puisse réprimer la cupidité des usuriers, qu'on défende toute perception d'intérêts faite d'une manière déguisée : rien de mieux encore, nous en convenons ; mais, ce que nous ne pouvons admettre, c'est la fixation d'un maximum que rien ne justifie. Ce maximum est tout-à-fait arbitraire : il doit disparaître. Il est temps qu'on respecte enfin les notions les plus élémentaires d'économie politique, de justice, de morale et de bon sens. Il est temps que, sous prétexte d'abus, on ne supprime pas la liberté.

Jusqu'ici, nous avons traité la question de la liberté de l'intérêt d'une manière tout-à-fait générale. Nous n'avons pas distingué entre les matières commerciales et les matières non commerciales, nos arguments s'appliquant avec la même force aux unes et aux autres. Puisque les raisons de décider sont les mêmes de part et d'autre, notre conclusion doit être aussi la même dans les deux hypothèses ; nous demandons donc la liberté de l'intérêt, non seulement pour les transactions commerciales, mais pour toutes les transactions de quelque nature qu'elles soient. Nous n'ignorons cependant pas qu'il existe beaucoup de préventions contre la liberté de l'intérêt au civil : des esprits timides voudraient que, tout en admettant la liberté de l'intérêt en matière commerciale, on laissât subsister, dans les rapports civils, le système de la réglementation. Nous ne voulons pas de cette restriction : elle n'a aucune raison d'être, puisque tous les arguments que nous avons présentés sont généraux et ne supposent jamais qu'il s'agisse uniquement de matières commerciales. Ainsi, nous n'admettons pas la distinction proposée. D'ailleurs, pour celui qui sait voir avec quelque attention, non pas l'apparence, mais le fond des choses, il est évident que ce système intermédiaire, qui a précisément pour but de protéger les agriculteurs, leur est, au contraire, fatal. Vous voulez que l'agriculteur trouve de l'argent à 5 %, et, pour obtenir ce résultat, vous supprimez la limitation en matière commerciale, tandis que vous la maintenez en matière non commerciale : eh bien ! qu'arrivera-t-il ? Il arrivera que les capitaux, qui se portent déjà beaucoup moins vers l'agriculture que vers le commerce (quoique le taux de l'intérêt commercial ne soit pas plus libre que le taux de l'intérêt civil), abandonneront tout à fait l'agriculture : quoi de plus naturel, du reste, puisqu'on permettra au capitaliste de placer librement son argent à 8 ou 10 % dans le commerce, tandis qu'il lui sera défendu de dépasser 5 % dans les placements agricoles ! Ainsi, les capitaux placés aujourd'hui sur la terre la quitteront. Voilà, pour les agriculteurs que l'on veut protéger, le résultat de ce système intermédiaire. Est-ce à dire que nous lui préférions le système actuel ? Nullement ; mais nous disons que, de tous les systèmes possibles en matière d'intérêt, celui qui est le plus funeste aux agriculteurs est évidemment un système qui supprime la limitation en matière commerciale, sans la supprimer en matière non commerciale. Le système actuel est, du moins, avantageux à un certain point de vue pour les agriculteurs, car, l'intérêt étant limité même dans le commerce, les capitalistes n'ont pas, pour placer leurs avances exclusivement dans le commerce, les raisons qu'ils auraient le jour où l'intérêt, étant encore limité au civil, serait libre en matière commerciale. Le système intermédiaire ne doit donc pas être accueilli avec faveur par les agriculteurs. Ce sont, au contraire, les commerçants qui doivent l'appeler de tous leurs vœux ; pour eux, il sera évidemment plus favorable, non-seulement que le système de la réglementation absolue, mais même que le système de la liberté absolue : ce dernier système créera, en effet, entre le crédit civil et le crédit commercial, une certaine concurrence que le crédit commercial n'aurait pas à supporter dans le système intermédiaire. Du reste, comme nous l'avons dit, nous repoussons ce système intermédiaire.

Pour nous résumer, nous voudrions l'abrogation *complète* de la loi de 1807 : mais, nous allons maintenant démontrer que, même en supposant cette loi bonne en matière civile, il n'est pas possible de la justifier en matière commerciale, et que, dans un nombre infini de circonstances, il faut qu'elle soit violée ou que tout commerce cesse à l'instant.

SECTION II.

Critique de la loi de 1807 *au point de vue commercial.*

Nous allons examiner différentes espèces de transactions commerciales et montrer que chaque jour, dans chacune d'elles, la loi de 1807 est forcément violée.

D'abord, tous les commerçants français, en relation d'affaires avec des pays étrangers où le taux de l'intérêt est supérieur à 6 %, éprouvent, s'ils veulent observer la loi de 1807, des pertes continuelles. La preuve en est évidente : supposons qu'un négociant français soit en relation d'affaires avec un négociant étranger, d'un pays où le taux de l'intérêt est par exemple de 8 % ; il lui expédie 200,000 fr. de marchandises. Le négociant étranger, de son côté, expédie au négociant français 150,000 fr. de marchandises. Au bout de l'année, les 200,000 fr. dus au négociant français ont produit 12,000 fr. d'intérêt, aux termes de la loi de 1807 ; les 150,000 fr. dus au négociant étranger produisent aussi 12,000 fr., puisque le taux de l'intérêt dans le pays auquel appartient ce négociant est 8 %. Ainsi, il y a compensation : et cependant le négociant français a envoyé plus de marchandises qu'il n'en a reçu. Donc ce négociant français est en perte. Pour ne pas être en perte, il transgressera la loi de 1807 et prendra un intérêt de 8 %, comme le négociant avec lequel il est en relation. Les pays où le taux de l'intérêt est supérieur à 6 % étant nombreux, on voit que la loi de 1807 est et doit être à chaque instant mise de côté.

Voici un autre cas où, plus quotidiennement encore que dans le cas précédent, la loi de 1807 est violée : Aujourd'hui que la rente 4 1/2 française rapporte près de 5 %, que la Ville de Paris paye à ses créanciers 5 %, à échéances semestrielles, que les obligations de chemins de fer garanties par l'État produisent plus de 5 %, que la rente italienne produit au moins 7 %, etc., ceux qui, attirés par le crédit d'un banquier, déposent chez lui leurs fonds, ne peuvent pas exiger de lui moins de 4 1/2 %. Voilà donc le banquier obligé de payer aux déposants 4 1/2 %. Maintenant, il a le loyer de son local, sa patente, ses commis, etc. ; en un mot, il a des frais considérables. Puis, il doit tous les ans, pour combler les pertes résultant des faillites, constituer un fonds d'amortissement. Or, tous les fonds dont le banquier a besoin, soit pour subvenir aux frais considérables dont nous venons de parler, soit pour constituer le fond d'amortissement, doivent être prélevés sur ses bénéfices bruts.

Si donc ce banquier ne peut exiger de ses clients que 6 °/₀, c'est-à-dire un et demi au-dessus de l'intérêt qu'il sert lui-même à ses déposants, il fera bien de fermer au plus vite sa maison, car, dans quelques années, le cercle de ses affaires fût-il très-étendu, il sera ruiné. Comme les banquiers ne veulent pas se ruiner, ils prennent à leurs clients un intérêt plus élevé que 6 °/₀ : ils violent la loi de 1807.

Autre hypothèse où la loi de 1807 est transgressée : tout le monde sait ce que c'est qu'un *report;* c'est un véritable prêt sur dépôt de titres. Voici en quoi il consiste : n'ayant à ma disposition qu'une somme relativement peu importante, 20,000 fr. par exemple, j'achète 3,000 fr. de rentes 3 °/₀, livrables fin courant, à 67. A l'échéance, la rente a baissé ; elle est à 66 ; je perds donc 1 fr. par 3 fr. de rente, c'est-à-dire 1,000 fr. : il me faudrait, pour exécuter complétement le marché, 67,000 fr., et je n'ai, par hypothèse, que 20,000 fr. ; je ne puis donc prendre, faute de capital. Que vais-je faire alors ? Je ne veux pas revendre à 66, car je n'obtiendrai ainsi que 66,000 fr., et, comme la somme que je dois verser contre livraison à mon vendeur est 67,000 fr., je serais obligé d'ajouter 1,000 fr. : de la sorte, ma spéculation se résoudrait en une perte de 1,000 fr. Voici alors ce que je fais : comme la hausse peut arriver, je vends au comptant à 66, mais en même temps je rachète fin courant, par exemple à 66 1/2 (car les cours sont généralement plus élevés à terme qu'au comptant (1) et je re-

____

(1) Tout le monde sait ce que signifient les expressions : *au comptant, à terme.*

Le marché *au comptant* est celui dans lequel aucun délai d'ajournement

porte ainsi mon opération à une autre échéance (1). J'ai évidemment à subir une différence de 500 francs : c'est ce que me coûte mon report. Or, en réalité qu'ai-je fait ? En vendant au comptant et en rachetant immédiatement fin courant, je n'ai fait qu'emprunter une somme d'argent à un capitaliste qui a pris comme nantissement mes titres jusqu'à la prochaine liquidation. A cette échéance, je reprendrai mes titres et je rembourserai à ce capitaliste 66,500 fr., car c'est le prix auquel j'ai racheté. Or, dans ces 66,500 fr. se trouvent d'abord évidemment les 66,000 fr. qu'il m'a donnés lorsque j'ai vendu ; quant aux 500 fr., ils résultent de la différence qui existe entre les deux cours de la rente au moment où j'ai vendu et racheté (cours de la rente au comptant, cours de la rente fin courant) et sont évidemment l'intérêt produit par les 66,000 qui m'ont été prêtés, depuis le moment où j'ai vendu jusqu'au moment de la liquidation. Ces 66,000 fr. ont donc été évidemment placés à un taux supérieur à 6 $^\circ/_\circ$.

Parlons maintenant des Monts-de-Piété.

Qu'est-ce qu'un mont-de-piété ? C'est un établissement autorisé exceptionnellement à prêter sur gage (nous disons *exceptionnellement*, parce qu'en principe notre législation défend le prêt sur gage) : Si l'emprunteur ne rend

---

n'est stipulé pour l'exécution de la convention, celui dans lequel la livraison des titres a lieu contre espèces où valeurs équivalentes,

Le marché *à terme* est celui par lequel le vendeur s'oblige à livrer des effets publics (représentés par des rentes sur l'État, des actions de chemins de fer ou autres valeurs cotées à la Bourse) à l'échéance d'un certain délai, et l'acquéreur à payer à cette époque.

(1) Si la hausse arrive, je puis bénéficier de sommes considérables.

pas, dans un temps donné, la somme prêtée, le gage est vendu. A quel taux prêtent les monts-de-piété? A Paris, ils prêtent à 9 1/2 $^o/_o$; dans d'autres villes, ils prennent jusqu'à 10 et 12 $^o/_o$: et, cependant, leurs créances, reposant sur de solides gages, ne courent aucun danger. On objectera qu'un local considérable leur est nécessaire pour emmagasiner les objets, qu'ils ont des frais de bureau, des frais d'écritures, etc. Cela est parfaitement vrai; mais enfin les monts-de-piété n'observent pas la loi de 1807.

A la halle de Paris, il y a des loueurs de pièces de monnaie, petits capitalistes auxquels s'adressent les marchands des quatre saisons. Le marchand loue le matin une pièce de cinq francs : avec cette pièce de cinq francs, il fait une provision qu'il vend dans sa tournée à travers la ville et sur laquelle il fait un certain bénéfice; puis, le soir, il rend au loueur la pièce que celui-ci lui a prêtée, et lui donne, en outre, dix ou quinze centimes. Le loueur de pièces de monnaie retire ainsi de son capital un intérêt de 1000 ou 1200 $^o/_o$. Nouvelle violation de la loi de 1807.

Les violations de la loi de 1807 que nous avons examinées jusqu'ici, sont tolérées par la jurisprudence qui comprend très-bien qu'elle ne peut pas les réprimer sans provoquer des réclamations unanimes. Dans les hypothèses que nous allons parcourir maintenant, nous verrons, chose vraiment bien singulière, la jurisprudence autoriser formellement et même organiser la violation de la loi de 1807 : à l'intérêt légal de 6 $^o/_o$, que les prêteurs ne doivent pas dépasser, viennent, en effet, s'adjoindre

d'autres redevances accessoires, qui ne sont autre chose,
pour les appeler par leur nom, qu'un véritable intérêt.
C'est ce que va nous montrer l'étude des diverses opérations financières auxquelles on a donné les noms d'escompte, de commission, de change, de compte-courant, et
que la jurisprudence a admises ouvertement, en dépit
de la règle qui se trouve dans la loi de 1807.

Commission. — Comme le fait remarquer M. Duvergier,
dans la *Revue de droit français et étranger* (tome IV, pages 453 et suiv.), il semble juste de distinguer, au point
de vue du droit de *commission*, les stipulations qui in-
terviennent directement entre le prêteur et l'emprunteur,
ou ceux qui doivent leur être assimilés, des opérations
auxquelles concourent certains intermédiaires, exerçant
des fonctions publiques, ou même n'ayant qu'un caractère privé, qui rendent des services aux parties contractantes.

Si un agent de change, si un simple mandataire procure à un capitaliste le placement de ses fonds, il lui
rend un service qui mérite sa rémunération : le prix de
ce service pourrait, et même devrait être mis à la charge
du prêteur ; mais il est mis ordinairemunt, ce qui n'est
pas parfaitement équitable, à la charge de l'emprunteur.
L'argent prêté coûte ainsi à celui qui l'emprunte plus de
5 ou de 6 °/₀ ; mais, en réalité, on ne peut pas prétendre
que la loi de 1807 ait été violée, car *le prêteur n'a perçu
que l'intérêt légal.* On peut dire que ce droit de *commission* payé à l'intermédiaire dont le concours a été utile
aux contractants, ce droit de *commission* qui est d'ailleurs parfaitement légitime puisqu'il est le prix d'un ser-

vice rendu, devrait être payé par le prêteur plutôt que par l'emprunteur ; mais, en définitive, il n'y a, dans tout cela, aucune perception usuraire, aucune violation de la loi de 1807.

Il en est tout autrement dans le cas où celui qui donne ou laisse ses fonds à un tiers, pour que celui-ci en use et les rende à une époque déterminée, exige à titre de *commission* quelque chose au-dessus de 5 °/₀ en matière civile, de 6 °/₀ en matière commerciale ; or, telle est précisément la situation des banquiers dans leurs opérations habituelles : sans doute, ils réunissent les fonds des capitalistes pour les lancer dans l'industrie et dans le commerce, et, en réalité, ils sont bien des intermédiaires ; mais comme ils sont propriétaires de l'argent au moment où ils le remettent aux emprunteurs, on doit dire qu'en *droit* ils ne sont que des prêteurs et qu'ils agissent en cette qualité. Puisque les banquiers sont des prêteurs, ils n'ont pas le droit de percevoir un intérêt supérieur à l'intérêt légal. Or, dans la pratique quotidienne, les banquiers qui remettent des fonds à leurs clients et qui leur prennent 6 °/₀ d'intérêt, taux légal, se font payer, en outre, un certain supplément qui élève le taux de l'intérêt à 6 1/2, 7, 8,... 10 °/₀. C'est là une violation pure et simple de la loi de 1807. Cette loi ne dit pas, en effet : « le taux de l'intérêt en matière commerciale sera 6 °/₀ ; seulement les prêteurs pourront, par des combinaisons ingénieuses, l'élever à 8, 10, 12 °/₀ » ; elle dit : « le taux de l'intérêt en matière commerciale sera 6 °/₀ ». Est-ce clair ? Ainsi la loi de 1807 est absolue. Les prêteurs ne pourront exiger, sous aucun prétexte, au-delà de 6 °/₀. La perception que fait le banquier sous le nom de *commission* est donc extra-légale.

Je dis que cette perception est extra-légale, car ici, sous le nom de commission, c'est un véritable intérêt que perçoit le banquier : jamais je n'admettrai que le banquier à qui j'emprunte cinq cents francs et qui me les prête en stipulant d'abord un intérêt de 6 %, c'est-à-dire trente francs, et, en outre, un droit de commission de 1 %, c'est-à-dire cinq francs, retire en réalité moins de 7 % de son argent. Ainsi, le banquier a perçu plus de 6 %. Or, la loi de 1807 qualifie usuraire toute perception d'intérêts au-dessus de 6 %. Donc, puisque plus de 6 % ont été perçus par le banquier, la violation de la loi est manifeste.

Le droit de commission (dont la jurisprudence admet, du reste, la légalité, ainsi que nous le verrons plus loin), a trouvé un ardent défenseur en M. Troplong. Le grave jurisconsulte nous dit que le banquier court plus de risques qu'un prêteur ordinaire, qu'il est obligé de louer un comptoir, de payer des commis et de supporter une patente, que la commission n'est que l'indemnité du travail du banquier, etc., que tout cela explique la légalité du salaire exigé par le banquier de ceux qui recourent à son ministère. — Nous pourrions d'abord répondre que, le prêt procurant un bénéfice au prêteur, le grand nombre des opérations qui est la cause des dépenses du banquier amène une augmentation de bénéfices qui compense ces dépenses ; mais, nous admettons la justesse des motifs que fait valoir M. Troplong : oui, nous le reconnaissons, le banquier court plus de risques qu'un prêteur ordinaire ; il a un comptoir à louer, des commis et une patente à payer, toutes dépenses que n'a pas un prêteur ordinaire, et il serait très-juste qu'il pût prélever un intérêt supérieur à 6 % : doit-on en conclure qu'il puisse le faire ? Il ne s'agit pas de savoir, remarquons-le bien, si la loi, pour être équitable, *doit* accorder au banquier la perception d'un droit de commission; il s'agit de savoir si elle le lui accorde. Oui, la loi de 1807 *devrait* permettre au banquier de prendre un droit de commission; mais elle ne lui permet pas. Oui, la loi de 1807 est déplorable; mais elle existe, et tant qu'elle existe il ne faut pas la violer : or celui-là la viole qui se fait payer, sous un nom ou sous un autre, un intérêt supérieur à celui qu'elle a fixé.

Comme nous l'avons déjà dit, la jurisprudence admet la légalité du droit de commission; la Cour de Cassation et les Cours d'appel l'ont ainsi maintes fois décidé d'une manière très-formelle : seulement, elles sont entrées dans la voie des distinctions de toute espèce et n'ont admis aucune règle fixe et absolue; pouvait-il, du reste, en être autrement? Évidemment non; la règle fixe et absolue qui existe en cette matière, et qui est écrite dans la loi de 1807, prohibe formellement le droit de commission; or, en face d'une loi formelle qui dit *non*, la jurisprudence ne pouvait pas poser et suivre une règle disant d'une manière absolue *oui :* une telle violation de la loi de 1807 aurait été par trop criante. La jurisprudence a donc été obligée de tourner la loi pour ne pas la violer d'une manière ostensible, elle a été forcée de recourir à des détours, d'admettre une foule de distinctions; ces distinctions qui n'ont pas de raison d'être, et qui sont purement arbitraires puisque la loi ne distingue pas, ont naturellement dû varier d'un tribunal à un autre.

Ainsi, par un arrêt de rejet du 7 mai 1854, la Cour de

Cassation a reconnu légitime un droit de commission de 10 %, en sus de l'intérêt légal, tandis que, par un autre arrêt, du 6 mars de la même année, elle avait refusé d'admettre une commission de banque de 3 %. La Cour de Grenoble est allée plus loin : elle a décidé, en principe, que « le droit de commission n'est pas excessif lorsqu'il n'a pas dépassé le taux modéré de la place. » Mais grand Dieu ! que devient la loi de 1807 avec une doctrine aussi antijuridique ? Est-ce que le législateur de 1807 a permis d'apprécier les faits, de maintenir un intérêt modéré, de diminuer un intérêt excessif ? Tout au contraire, il n'a pas voulu des appréciations et des calculs de ce genre; et c'est précisément parce qu'l n'en a pas voulu, tout le monde le reconnaît, qu'il a fixé un taux légal. A-t-il bien fait de fixer ce taux légal ? La question n'est pas là. Tout ce qu'il nous importe de savoir, c'est qu'il l'a fixé, et, puisqu'il l'a fixé, il ne faut pas le dépasser.

Signalons un autre désaccord dans les solutions de la jurisprudence en matière de droit de commission. Il y a des Cours qui décident d'une manière absolue que le droit de commission est légitimement perçu sur les renouvellements, sur les reports d'un compte à l'autre, aussi bien que sur les premières avances : c'est ce qu'a décidé la Cour de Grenoble dans un arrêt, déjà cité, du 1er avril 1846 : « Le droit de commission, y est-il dit, soit qu'il ait été perçu sur les reports à nouveau, soit qu'il l'ait été sur les premières avances, est légitime. » En sens contraire, nous citerons un arrêt de la Cour de Dijon, d'après lequel « le droit de commission ne peut s'attacher au règlement de compte des avances faites jusqu'audit règlement, et au simple transport du reliquat à un nouveau compte. » Cette doctrine de la Cour de Dijon a été adoptée par la Cour de Cassation dans un arrêt du 12 novembre 1834. Un autre arrêt de la Cour de Cassation, du 2 juillet 1845, est dans le même sens ; il dit formellement que « le droit de commission qui ne peut être perçu qu'une seule fois sur la même somme ne saurait s'appliquer qu'aux sommes fournies depuis le compte précédent ; que, sans cette distinction, il serait impossible d'atteindre l'usure déguisée sous l'apparence du droit de commission.... »

Il est bien évident que pour nous, qui n'admettons pas le droit de commission, la décision de la Cour de Grenoble, d'après laquelle ce droit est légitimement perçu, soit sur les avances premières, soit sur les renouvellements et les reports d'un compte à l'autre, et la décision de la Cour de Cassation, d'après laquelle ce droit ne peut être perçu qu'une seule fois sur la même somme, doivent toutes les deux être repoussées ; mais, nous voulons faire une observation sur la décision de la Cour suprême: nous serions curieux d'apprendre par quel raisonnement la Cour de Cassation, qui trouve, d'ailleurs avec raison, que le droit de commission sert à déguiser l'usure lorsqu'il est perçu sur le solde d'un ancien compte porté à un compte nouveau, peut expliquer que l'usure ne se cache pas tout aussi bien sous le droit de commission lorsque ce droit est exigé au moment où les sommes prêtées figurent pour la première fois dans un compte. Evidemment, les raisons de décider sont absolument les mêmes dans les deux cas : si le banquier a pu légitimement prendre un droit de commission lors du prêt, il peut tout aussi légitimement le prélever à l'échéance, lorsqu'il laisse entre les mains de l'emprunteur la somme qui lui est due ; et, réciproquement, s'il ne peut pas avoir dans le second cas un droit de commission, il ne peut pas l'avoir dans le premier cas. Dira-t-on que le droit de commission pris par le banquier au moment du prêt était une rémunération des démarches qu'il avait faites pour se procurer l'argent, tandis que, s'il laisse à l'échéance cette somme entre les mains de l'emprunteur, il n'a pas de nouvelles démarches à faire pour procurer à cet emprunteur un argent que celui-ci a déjà ? Nous répondrons ceci : sans doute, dans le second cas, le banquier n'a pas de nouvelles démarches à faire pour procurer l'argent dont il s'agit à son emprunteur ; mais, en laissant cet argent à l'emprunteur, il produit dans sa caisse un vide, et pour remplir ce vide il a à faire des démarches. En réalité, dans les deux cas, l'usure se dissimule sous le nom de commission : donc, dans les deux cas, le droit de commission doit être prohibé.

Du reste, que le banquier ait fait ou non des démarches pour se procurer la somme qu'il prête à son client, peu nous importe : admettons qu'il ait fait des démarches spéciales et nombreuses pour se procurer cet argent ; que peut-on en conclure ? qu'elles mériteraient équitablement une récompense, mais non pas qu'elles doivent l'obtenir sous l'empire de la loi de 1807. Nous le répétons, le droit de commission devrait exister ; mais, sous la législation actuelle, admettre ce droit c'est violer ouvertement la loi.

Enfin, il y a des Cours, et nous les croyons dans le vrai, qui n'admettent pas le droit de commission lorsqu'il est exigé sur des sommes qui sont comprises dans un crédit ouvert ; d'autres Cours, et parmi elles la Cour de Cassation, décident que l'ouverture d'un crédit autorise parfaitement un droit de commission : « Il est, dit un arrêt de la Cour de Cassation du 14 juillet 1840, d'un *usage* incontestable qu'une commission soit allouée au banquier qui ouvre un crédit. » Ainsi, voilà l'*usage* invoqué par la Cour de Cassation, et cela en face d'un texte formel. Le docte président du Sénat et de la Cour de Cassation dit de même dans son *Traité du prêt* (n° 396) que les *usages* font loi en matières commerciales. Il est vraiment impossible, on en conviendra, de traiter les lois avec plus de sans-façon. Ainsi, les usages font loi, et tellement loi qu'ils l'emportent sur le texte parfaitement clair et absolu de la loi de 1807 ; mais alors, je le demande, pourquoi la loi de 1807 est-elle encore écrite dans nos Codes ?

Comptes-courants. — Nous ne nous occuperons pas ici de la matière des comptes-courants tout entière ; cette matière est très-importante, et, pour être complétement traitée, elle demanderait des développements étendus, qui ne sauraient trouver place dans notre travail sur le prêt à intérêt. Nous ne nous demanderons donc pas sur quelles sommes sont dus les intérêts dans un compte-courant ; nous ne rechercherons pas davantage si les intérêts courent de plein droit dans un compte-courant. Ce sont là des questions très-graves, dont l'examen sortirait des limites de cette thèse. Nous nous bornerons à démontrer (et c'est évidemment là le point essentiel pour nous, puisque nous faisons ici la critique de la loi de

1807) que, chaque jour, la loi de 1807 est ouvertement violée dans les comptes-courants.

Tout le monde sait ce que c'est qu'un compte-courant : c'est un compte qui existe entre un banquier et un de ses clients ; toutes les valeurs remises au banquier par le client sont portées au *crédit* de ce client, et, au contraire, toutes les valeurs remises par le banquier au client sont portées à son *débit*.

Quels sont les intérêts que, dans un compte-courant, le banquier fait supporter à son client ?

Le banquier commence par prendre 6 p. %. S'il s'arrêtait là, il ne sortirait pas des limites de la légalité ; mais il trouve moyen de prendre en réalité plus de 6 p. %, et voici de quelle manière : il arrête le compte de son client à la fin de chaque trimestre, et porte, au trimestre suivant, le solde de l'ancien compte au débit du nouveau compte. De la sorte, il capitalise tous les trois mois les intérêts à son profit. Il perçoit ainsi, en définitive, un intérêt supérieur au taux légal. C'est encore là une violation de la loi de 1807. — On nous répondra qu'il existe de très-bonnes raisons pour que le banquier, qui a des frais considérables à supporter, puisse percevoir un intérêt supérieur à l'intérêt ordinaire. Cela est bien vrai, nous en convenons ; mais, en résulte-t-il que le banquier qui prend plus de 6 p. % ne viole pas la loi de 1807 ? Evidemment non : quoi qu'on fasse, il y a là une violation de la loi de 1807 ; seulement, cette violation, la jurisprudence, obéissant aux nécessités commerciales, l'autorise et la sanctionne.

Faisons une dernière observation sur les comptes-courants.

L'art. 1154 du Code Napoléon tolère, nous le savons, l'anatocisme, c'est-à-dire la capitalisation des intérêts; mais, il exige formellement que les intérêts capitalisés soient ceux d'une année au moins. Or, la jurisprudence admet parfaitement bien, en matière de comptes-courants, que la capitalisation puisse avoir lieu pour les intérêts de moins d'une année, par exemple pour les intérêts de six mois ou de trois mois; seulement, pour autoriser ces capitalisations semestrielles ou trimestrielles, elle exige qu'il y ait un règlement de compte à chaque période. Ainsi tout se réduit, dans cette question, à une affaire de comptabilité. Si le banquier arrête ses colonnes tous les trois mois, la capitalisation trimestrielle des intérêts est possible; s'il n'arrête pas ses colonnes tous les trois mois, la capitalisation trimestrielle est impossible. — Maintenant, ces capitalisations sont-elles légales ou sont-elles prohibées par la loi? C'est ce dont la jurisprudence ne s'occupe pas; elle n'entre pas dans de pareils détails.

Escompte. — Celui qui acquiert une créance à terme, en payant la somme à laquelle elle s'élève et en retenant une certaine quotité calculée en raison du temps qui doit s'écouler jusqu'à l'échéance, *escompte* cette créance. On n'escompte ordinairement que les créances sur des tiers. Quelquefois, cependant, c'est une créance sur l'escompteur lui-même qui est escomptée : il en est ainsi lorsqu'un négociant qui a acheté des marchandises payables à terme, les paye comptant, en retenant une certaine fraction de la somme due, fraction calculée en raison du temps qui doit s'écouler jusqu'au terme. L'escompte d'une créance sur un tiers est un véritable prêt à intérêt, comme nous le démontrerons plus tard ; quant à l'escompte d'une créance sur l'escompteur, il ne semble pas présenter les caractères du prêt à intérêt : nous disons qu'il ne présente pas les caractéres du prêt à intérêt, et, en effet, les dispositions répressives de l'usure ont pour but de protéger celui qui, débiteur d'une somme d'argent, a besoin d'un terme pour la payer et se trouve jusqu'à un certain point à la merci du créancier dont il veut obtenir un délai ; or, dans notre hypothèse, l'acheteur n'a point à solliciter de délais, puisque le contrat les lui accorde. Sans doute, le vendeur se détermine probablement à vendre ses marchandises parce qu'il a besoin d'argent, et, par ce motif-là, il consentira peut-être à supporter l'escompte élevé que l'acheteur demande en offrant de payer comptant ; mais, il faut remarquer que ce vendeur est cependant dans une position bien meilleure qu'un emprunteur ordinaire, car, d'une part, on trouve plus facilement à vendre des marchandises à leur véritable valeur qu'à emprunter à un taux modéré, et, d'autre part, la solvabilité du vendeur est indifférente à l'escompteur, tandis que la solvabilité de l'emprunteur exerce ordinairement la plus grande influence sur les conditions du prêt. Ces raisons nous déterminent à admettre que lorsque la créance escomptée est une créance sur l'escompteur lui-même, cet escompte n'est pas régi par la loi de 1807. Mais il en est tout autrement dans le cas où la créance escomptée est une créance sur un tiers.

Ainsi, voilà le propriétaire d'un effet de commerce (lettre de change ou billet à ordre) dont l'échéance est encore éloignée, qui, pour se procurer des fonds, s'adresse à un banquier et lui propose la cession de cet effet de commerce ; le banquier prend le billet pour opérer à l'échéance le recouvrement et en remet de suite le montant au cédant, déduction faite des intérêts à courir jusqu'à l'encaissement. Tel est l'escompte dont nous avons à parler.

Le chiffre de l'escompte doit évidemment être calculé de telle sorte que la somme avancée par le banquier produise, si on la place jusqu'à l'époque de l'échéance de l'effet, un intérêt égal à ce chiffre. C'est là l'*escompte en dedans.* Mais, en France, le banquier retient ordinairement l'intérêt de toute la somme exprimée sur l'effet. C'est l'escompte dit *en dehors.* Ainsi, soit un billet à ordre de 106 francs, payable dans un an : Le banquier, dans l'escompte *en dedans*, remettra au porteur de l'effet 100 francs et en retiendra 6, car 100 francs placés à 6 °/₀ pendant un an produisent 106 francs. Dans l'escompte *en dehors*, le banquier retient l'intérêt de 106 francs pendant un an, à 6 °/₀, c'est-à-dire 6,36, et remet au porteur de l'effet 99 fr. 64 ; or 99 fr. 64 rapportent à 6 °/₀, dans une année, seulement 5,97 : le banquier a donc dépassé le taux légal maximum de 39 centimes. Evidemment l'escompte *en dedans* est seul conforme à la loi de 1807 ; l'escompte *en dehors* est tout à fait extra-légal.

Mais, c'est bien là la moindre atteinte portée à la loi de 1807. En réalité, l'escompte est calculé à un taux bien supérieur à 6 °/₀, et cela sous le prétexte que l'escompte et le prêt à intérêt ne doivent pas être mis sur la même ligne. Quant à nous, nous soutenons que l'escompte est un véritable prêt à intérêt : c'est ce que nous allons démontrer.

D'abord, celui qui présente à l'escompte un effet de commerce s'oblige (solidairement avec les autres signataires) à payer à l'échéance la somme énoncée sur cette lettre de change, ou sur ce billet à ordre ; donc, il prend les mêmes engagements qu'un emprunteur ordinaire. Sans doute, dans un emprunt, le prêteur a une action directe contre l'emprunteur, tandis que celui qui a escompté un effet de commerce doit d'abord s'adresser au débiteur principal et ne peut agir contre son cédant qu'à défaut de payement par l'obligé principal. Mais, en définitive, le porteur de l'effet a reçu de l'escompteur une somme d'argent, il est obligé de la rembourser à l'échéance, et, pour prix de la jouissance des fonds qu'il a reçus, il a consenti à payer une certaine somme : ce sont bien évidemment là les caractères fondamentaux du prêt à intérêt. Du reste, le taux de l'intérêt a été fixé par la loi de 1807 pour empêcher les capitalistes d'abuser de la nécessité à laquelle peuvent être réduits les emprunteurs : or, cette raison subsiste dans toute sa force lorsque celui qui cherche à se procurer des fonds, présente à l'escompte un effet de commerce. Ainsi, l'escompte doit être considéré comme un véritable prêt à intérêt. Notons toutefois qu'il n'en est ainsi que si le porteur qui cède l'effet de commerce à l'escompteur en reste garant : s'il ne se soumettait pas à cette garantie, il ne serait point lié avec l'escompteur, et par suite il n'y aurait point obligation de sa part de rembourser la somme reçue. Mais, dans la négociation des effets de commerce, telle qu'elle a lieu universellement, celui qui présente un billet à l'escompte se porte toujours garant du payement. L'escompte est donc un véritable prêt à intérêt.

Certains jurisconsultes, et, au premier rang, M. Troplong, n'admettent pas cette doctrine. L'escompte, disent-ils, n'est pas un prêt, mais une cession de créance, une vente faite au banquier par celui qui lui présente l'effet de commerce : le banquier est libre d'acheter cet effet au prix qui lui convient ; il peut donner au vendeur une somme très-inférieure à celle qui est énoncée sur le billet et retenir la différence à titre d'escompte. Dès lors, voici le résultat incroyablement bizarre auquel on est conduit dans ce systéme.

Supposons que je vende deux bœufs au prix de mille francs. Le marchand, qui n'a pas d'argent, me paye au moyen d'un billet souscrit à son ordre par un boucher son débiteur. Je présente à l'escompte ce billet à un banquier. Ce banquier, dans l'opinion que nous combattons, pourra percevoir l'intérêt qu'il voudra, puisque l'escompte est une vente et non pas un prêt à intérêt. Et cependant il a trois garanties, car il pourra recourir solidairement contre le marchand de bœufs et contre moi, si le boucher souscripteur ne paye pas à l'échéance. Supposons, au contraire, que je n'aie aucune valeur à remettre en gage au banquier et que celui-ci m'avance cependant les mille francs, il ne pourra percevoir que l'intérêt légal. Ainsi, si je n'offre au banquier pas d'autre garantie que ma solvabilité personnelle, le banquier doit se renfermer, pour la fixation de ses intérêts, dans les limites légales ; si je lui offre, outre ma garantie, celle de deux personnes, cautions solidaires, il pourra réclamer des intérêts supérieurs aux intérêts légaux.

Il est curieux d'examiner les arguments que présente M. Troplong pour justifier la distinction de l'escompte et du prêt à intérêt. « Peut-être, nous dit-il, le capital que le *banquier* recevra lors de l'échéance de l'effet qu'il accepte, ne vaudra pas pour lui le capital qu'il débourse aujourd'hui... N'y a-t-il pas là une chance qui doit être calculée quand on stipule le taux de l'*escompte!*... Ne faut-il pas que l'*escompteur* soit autorisé à mesurer sur ses besoins personnels l'utilité de la chose qu'il achète? Le temps de l'échéance n'est-il pas une chose digne de considération, car il peut être plus ou moins éloigné et prive par conséquent le *banquier* plus ou moins long-temps de son argent...? » Ces observations sont parfaitement justes, mais pourquoi ne s'appliqueraient-elles pas au simple prêteur aussi bien qu'à l'escompteur? Pourquoi ne dirions-nous pas : « Peut-être le capital que le *prêteur* recevra dans un an ne vaudra pas pour lui le capital qu'il débourse aujourd'hui... N'y a-t-il pas là une chance qui doit être calculée quand on stipule le taux de l'*intérêt?*... Ne faut-il pas que le *prêteur* soit autorisé à mesurer sur ses besoins personnels l'utilité de la créance qu'il acquiert contre l'emprunteur? Le temps de l'échéance n'est-il pas une chose digne de considération, car il peut être plus ou moins éloigné, et prive par conséquent le *prêteur* plus ou moins longtemps de son argent?... » Ainsi l'on voit que si, dans le raisonnement fait par M. Troplong pour prouver que le banquier escompteur doit être libre de prendre plus de 6 %, on remplace le mot *escompte* par le mot *intérêt*, et le mot *escompteur* par le mot *prêteur*, ce raisonnement s'applique parfaitement bien au simple prêteur, et prouve que lui aussi doit être libre de prendre plus de 6 %. Le raisonnement de M. Troplong, loin de démontrer que le prêt à intérêt et l'escompte soient choses différentes, prouvé au contraire leur identité. C'est qu'en effet, comme nous l'avons déjà dit, l'escompte n'est au fond qu'un véritable prêt à intérêt.

Mais, M. Troplong n'en veut pas convenir : « Le banquier, dit-il, qui achète un billet ne peut le faire circuler que pour la valeur attribuée à ce billet par l'opinion commerciale. Il doit donc l'acheter, sous peine de perdre, à cette même valeur. Eh bien ! l'escompte n'est que la différence entre la valeur nominale et la valeur réelle... » Nous répondrons à M. Troplong que ce banquier est encore dans une position plus avantageuse que le prêteur, car celui-ci ne peut faire circuler que le billet à lui souscrit, billet qui ne porte qu'une seule signature avant la sienne, celle de son débiteur. Ainsi, le prêteur a une situation évidemment moins avantageuse que l'escompteur. Or, au lieu de compenser cette infériorité par un profit plus grand que ferait le prêteur, c'est à l'escompteur que M. Troplong permet de franchir les limites de la loi en matière d'intérêt.

Quant à la jurisprudence, de même que l'éminent président du Sénat et de la Cour de Cassation, elle distingue l'escompte du prêt à intérêt et ne lui applique pas la loi de 1807. Du reste, les arrêts rendus sur cette question, tout en s'accordant pour soustraire l'escompte à l'application de la loi de 1807, n'admettent pas tous la même théorie : ainsi, la Cour de Paris, par un arrêt du 18 janvier 1839, a décidé que la loi de 1807 doit être écartée, non-seulement lorsque le billet est présenté à l'escompte par un autre que par le souscripteur du billet, c'est-à-dire soit par celui à l'ordre de qui il a été souscrit, soit par celui entre les mains de qui il est arrivé au moyen d'endossements successifs, mais aussi lorsque c'est le souscripteur lui-même qui demande à escompter son propre billet, cas où il est bien évident cependant qu'il y a un prêt ordinaire soumis à la loi de 1807. Les considérants de cet arrêt de la Cour de Paris sont vraiment curieux à connaître : il est impossible de traiter plus lestement la loi de 1807. Tout le monde sait, en effet, que le législateur de 1807 a positivement défendu d'exiger plus de 5 ou 6 %, et que, dès lors, il n'y a plus à calculer ce que produiront de fruits ou de bénéfices les fonds prêtés, ou à apprécier l'étendue des risques que court le prêteur. Or, il est formellement dit dans l'arrêt de la Cour de Paris, que, les intérêts représentant les fruits que produit l'argent et la prime due au prêteur pour les risques auxquels il est exposé, le taux de l'intérêt doit nécessairement s'élever ou s'abaisser selon que l'emploi auquel est destiné l'argent emprunté doit être plus ou moins lucratif pour l'emprunteur, et selon que le remboursement est plus ou moins incertain. Voilà une doctrine excellente au point de vue économique, mais il est impossible d'en trouver une plus anti-juridique. La Cour de Paris ajoute qu'un effet négociable, même quand il est présenté à l'escompte par celui qui l'a souscrit, n'est pris par l'escompteur que d'après sa valeur commerciale, et que cette marchandise peut être vendue, comme toutes les autres, aux conditions et aux prix qu'il plaît aux parties de fixer. Nous répondrons qu'*aux yeux de la loi* un effet négociable n'est pas une marchandise comme les autres ; cet effet vaut précisément la somme qui s'y trouve énoncée ; il n'y a pas d'incertitude sur son prix.

Cet arrêt de la Cour de Paris a été, avec grande raison, cassé par la Cour de Cassation : elle a décidé que l'escompte était un véritable prêt à intérêt lorsque c'est le souscripteur du titre qui le présente à la négociation. Seulement, la Cour de Cassation n'a pas étendu sa doctrine au cas où le titre se trouve entre les mains d'un autre que le souscripteur ; ici, elle n'a plus vu dans l'escompte un prêt à intérêt et elle a écarté l'application de la loi de 1807 (1). Nous sommes convaincus que la Cour de Cassation s'est trompée. Comme nous l'avons déjà dit, l'escompte dans le cas où le titre n'est pas présenté par le souscripteur, nous offre tous les caractères d'un véritable prêt à intérêt : en effet, l'escompteur et le prêteur livrent tous deux leur argent ; tous les deux reçoivent en échange une obligation payable à terme, et touchent, comme prix de la jouissance de la somme livrée à l'emprunteur, tant pour 100 de cette somme. Il est vrai que l'emprunteur est le principal obligé, tandis que celui qui présente un billet à l'escompte n'est tenu au payement qu'éventuellement ; mais, cela importe peu, car, même dans le prêt ordinaire, lorsque les conditions du prêt sont usuraires, il suffit, pour pouvoir demander l'application de la loi de 1807, d'être obligé au payement, et il n'est pas nécessaire d'être le débiteur principal : ainsi, j'emprunte une somme d'argent, en donnant une caution ; si les conditions du prêt sont usuraires, si la loi de 1807 est violée, la caution que j'ai fournie pourra très-bien invoquer la protection de la justice ; or, celui qui

---

(1) La jurisprudence de la Cour de Cassation, en cette matière, est celle de presque toutes les Cours d'appel.

présente à l'escompte un effet de commerce est dans une position semblable à celle de la caution dont vous venons de parler, puisque l'un et l'autre sont garants du payement.

Du reste, même en admettant que l'escompte ne soit pas un prêt à intérêt, il devrait être régi par la loi de 1807. En effet, l'article 1er de cette loi est conçu dans les termes les plus généraux et les plus absolus. Il embrasse toute espèce de conventions dans sa prohibition. On doit donc dire que la loi de 1807 ne voit pas le délit d'usure seulement dans la perception habituelle d'intérêts produits par des sommes prêtées, et repousser l'opinion de ceux qui prétendent que si un contrat autre que le contrat du prêt donne lieu à la perception d'intérêts au dessus du taux légal, la peine prononcée contre l'usurier ne doit pas être appliquée. Il est certain que si le vendeur d'un immeuble ou de tout autre objet accordait à l'acquéreur un délai pour payer son prix, en exigeant l'intérêt à 15 °/₀ par an, ce ne serait pas un *prêt* qu'il ferait, et pourtant, sur la demande de l'acheteur, les tribunaux réduiraient l'intérêt au taux légal. Ainsi, si l'escompte n'est pas un prêt, il est incontestablement, du moins, un procédé au moyen duquel on parvient à percevoir des intérêts, et par suite ces intérêts doivent rentrer dans la règle. Du reste, nous le répétons, l'escompte est, pour nous, un véritable prêt à intétêt.

Nous terminerons nos réflexions sur l'escompte en faisant remarquer que la Banque de France, avant la loi du 9 juin 1857, qui à abrogé en sa faveur la loi de 1807, n'escomptait pas le papier du commerce à un taux plus élevé que 6 °/₀. Cependant le désir et les prétextes ne lui manquaient pas ; mais elle comprenait que la loi de 1807 devait l'empêcher d'élever son escompte au dessus de 6 %; en d'autres termes, elle comprenait que la loi de 1807 s'applique à l'escompte comme au prêt à intérêt, c'est-à-dire que l'escompte est un prêt à intérêt ; et elle n'osait pas donner l'exemple de la violation des lois.

Change. — On peut définir le change de la manière suivante : c'est une indemnité perçue par le banquier pour les frais de déplacement et de transport d'argent qu'il évite au négociant, en lui payant, dans le lieu où il se trouve, une somme payable dans un autre lieu. — Ainsi, je me présente chez un banquier de Paris avec un titre de créance sur un débiteur du Havre et je voudrais réaliser ce titre immédiatement : le banquier se chargera de faire toucher la créance au Havre et sur-le-champ m'en remettra le montant, déduction faite d'une certaine retenue qui est censée représenter les frais nécessaires pour que le banquier de Paris puisse encaisser à son profit la somme payable au Havre. C'est cette retenue qui a reçu le nom de *change.*

Le *change* est toujours, dans la pratique, très-supérieur aux frais *réels* supportés par le banquier : il comprend toujours, outre une somme représentative de ces frais, un certain bénéfice qui rémunère le service rendu par le banquier. — Quant aux frais qu'a supportés le banquier, pour obtenir au Havre le payement du titre de créance que je lui ai présenté à Paris, il est tout naturel qu'il les fasse retomber sur moi ; mais, que dirons-nous du bénéfice que perçoit le banquier à titre de rémunération du service rendu ? Incontestablement, ce bénéfice est légiti-

mement acquis, car, en me procurant à Paris le payement d'un titre de créance payable au Havre, le banquier
m'a rendu service, et tout service a droit à une rémunération. Mais la loi de 1807 permet-elle la perception de
ce bénéfice si légitime? Il est bien évident que non, car
elle déclare usuraire tout intérêt qui dépasse 6 $_0/^0$. Ainsi,
nous le répétons, le banquier devrait pouvoir prélever
ce bénéfice; mais la loi de 1807 le lui défend. On voit
que nous reproduisons ici le raisonnement déjà fait en
matière de commission, de compte-courant et d'escompte : Oui, la loi de 1807 est déplorable et il faut la
modifier au plus tôt; mais elle existe, et tant qu'elle existe
respectons-la. Or, elle est absolue : elle défend de prélever, sous un prétexte quelconque, plus de 6 $\%$ d'intérêt.

Ainsi, le change contient toujours un véritable intérêt
déguisé. C'est encore une violation de cette malheureuse
loi de 1807 qui n'est plus qu'une véritable lettre morte;
bien entendu, la jurisprudence n'a pas manqué d'autoriser formellement cette violation (Arrêt de la Cour de
Cassation, du 4 février 1828.)

Nous venons de démontrer qu'en matière commerciale
la loi de 1807 est tous les jours ouvertement violée dans
une foule de transactions, et que la jurisprudence autorise, sous les noms de commission, de compte-courant,
d'escompte, de change, des perceptions d'intérêts tout à
fait extra-légales. Une loi qui est violée tous les jours,
même par ceux qui sont chargés de faire respecter les
lois, doit évidemment être réformée : l'abrogation, ou, du
moins, la modification de la loi de 1807 est donc absolu-

ment nécessaire. Ajoutons que, dans ces dernières années, le législateur a semblé prendre à tâche de rendre encore plus impossible l'observation de cette loi : nous voulons parler de l'autorisation qu'a reçue la Banque de France en 1857 (en même temps que son privilége était prorogé jusqu'en 1897), d'élever le taux de ses escomptes et de ses prêts sur dépôt de valeurs au chiffre qu'il lui plairait de fixer. Depuis 1857, la loi de 1807 est devenue un véritable contre-sens, et il est bien facile de le prouver.

En effet, les banquiers, pour alimenter leur caisse, présentent à l'escompte, à la Banque de France, le papier qu'ils ont eux-mêmes escompté à des particuliers ; ils se procurent ainsi de l'argent et se livrent à de nouvelles opérations. Or, comment le banquier qui emprunte à la Banque à 8 ou 9 %, peut-il prêter ensuite à 6 %, taux qu'il ne doit pas dépasser, aux termes de la loi de 1807 ? Cela est bien véritablement impossible, et cependant telle est la situation faite aux banquiers par le législateur : d'une part, la Banque de France peut élever le taux de son escompte au-dessus de 6 %, et, d'autre part, le banquier, qui a obtenu de l'argent en faisant escompter le papier de son portefeuille à cette même Banque de France, ne peut pas, lorsqu'il prêtera cet argent qui lui a peut-être coûté 10 %, prendre plus de 6 %. Ainsi, si les deux lois de 1807 et de 1857 recevaient concurremment leur application, tous les banquiers seraient obligés de fermer leur maison pour éviter une ruine complète.

Dans la pratique, les banquiers ne prêtent à leurs clients qu'à un taux supérieur à celui qu'ils ont été obligés de subir en empruntant à la Banque de France, et cela n'est que juste. Le banquier qui a emprunté à 8 à la Banque, en donnant en outre la garantie de sa signature, ne peut évidemment pas prêter au-dessous de 8. Nous le répétons, cela est juste, et il ne peut pas en être autrement : c'est une conséquence forcée de l'autorisation qu'a reçue la Banque d'élever indéfiniment le taux de ses escomptes.

Ainsi, le banquier a d'excellentes raisons pour prêter à 7, 8, 9 %, puisqu'il emprunte à de pareils taux ; mais ces excellentes raisons font-elles qu'il ne viole pas la loi de 1807? Evidemment non. Voilà donc une violation de la loi de 1807, que nous pouvons ajouter à toutes celles dont nous avons déjà parlé.

On le voit, les limites imposées à l'intérêt de l'argent, par la loi de 1807 sont universellement méconnues dans le commerce : donc, même en supposant que cette loi puisse encore être conservée en matière civile (ce que nous n'admettons pas le moins du monde, comme on l'a vu précédemment), il est évident qu'elle ne doit plus subsister en matière commerciale.

CHAPITRE X

DE LA RENTE VIAGÈRE ET DU PRÊT A LA GROSSE AVENTURE.

Nous allons examiner dans ce chapitre deux contrats qui ne peuvent être passês sous silence dans une étude sur le prêt à intérêt : ces deux contrats sont la rente viagère et le prêt à la grosse aventure. On trouvera peut-être que le premier de ces deux contrats ne devrait pas trouver place dans notre thèse : dans le prêt à la grosse aventure, dira-t-on, il peut se faire que le capital prêté ne soit pas rendu, mais il arrive très-souvent qu'il est rendu ; donc, on ne peut pas soutenir que l'élément essentiel du prêt, c'est-à-dire une chose prêtée et *rendue*, fasse ici défaut. Mais, dans la rente viagère, il en est tout autrement : là, le capital n'est jamais rendu à celui qui l'a aliéné ; il n'est jamais rendu, car le créancier ne reçoit pas autre chose que les arrérages de la rente, et ces arrérages sont simplement des *fruits*. Donc l'élément essentiel du prêt, consistant en ce que la chose aliénée soit rendue, n'existe pas dans la rente viagère. — Nous répondrons à ce raisonnement que si les arrérages ont été simplement considérés comme des *fruits* par le Code Napoléon (ce que nous ne contestons pas), il est néanmoins parfaitement certain, pour celui qui voit le fond des choses, que les arrérages des rentes viagères ne sont pas seulement des fruits. En effet, si le créancier de la rente vit très-longtemps, il aura reçu en réalité, sous le nom d'arrérages, et le capital qu'il a aliéné et les intérêts à 5 % de ce capital. Il y a là, comme dans le prêt à la grosse aventure, une question de chance : dans le prêt à la grosse, si le voyage est heureux, le capital est rendu, et il ne l'est pas, au contraire, si un naufrage arrive ; de même, dans la rente viagère, si le créancier vit peu de temps, le capital n'est pas rendu, et si le créancier vit très-longtemps, le capital est parfaitement rendu. — En réalité, il est inexact de dire que les arrérages ne sont que des *fruits* : dans chaque arrérage, il y a deux parties ; l'une d'elles est un véritable fruit, l'autre est une portion du capital.

SECTION I.

De la rente viagère.

La rente viagère, c'est-à-dire le droit d'exiger pendant un certain temps (ordinairement la vie du créancier) les intérêts d'un capital inexigible de la part du créancier et non remboursable de la part du débiteur, peut être constituée, aux termes de l'art. 1968, *moyennant une somme d'argent, ou pour une chose mobilière appréciable, ou pour un immeuble.* La rente constituée moyennant l'aliénation d'un immeuble ne nous présentant pas, comme le prêt à intérêt, un capital mobilier remis par une des parties à une autre qui paye périodiquement des intérêts, nous la laisserons de côté (1).

On dit souvent qu'une rente viagère est constituée *sur la tête* d'une personne ; on ne veut pas dire par là que cette personne a droit aux arrérages, mais que la rente s'éteindra quand cette personne mourra. La rente est ordinairement constituée sur la tête du créancier ; mais elle peut l'être sur la tête du débiteur et même sur celle d'un tiers ; elle peut aussi être constituée sur plusieurs têtes pour s'éteindre par partie à chaque décès ou bien

---

(1) Il est bien entendu, du reste, qu'ici, comme dans la rente perpétuelle, nous ne nous occupons pas de la rente constituée à titre gratuit.

avec réversibilité sur la tête des survivants jusqu'à la mort du dernier.

La rente viagère est, comme la rente perpétuelle, rangée dans la classe des meubles ; comme elle, elle produit des fruits civils.

La constitution d'une rente viagère moyennant un corps certain mobilier est un contrat consensuel, car, dans notre droit, la tradition n'est plus nécessaire pour transférer la propriété. La constitution d'une rente viagère moyennant une somme d'argent ou moyennant un capital mobilier *in genere*, est un contrat réel, car ici la tradition est nécessaire pour transférer à celui qui promet les arrérages la propriété du capital qui lui est promis ; mais on peut convenir, même dans ce dernier cas, que les arrérages seront payés avant le terme stipulé pour la tradition du capital (1), et en voici la raison : le contrat de rente viagère est aléatoire, et celui qui a promis de payer les arrérages avant de recevoir le capital, reçoit en réalité un équivalent ; cet équivalent est la chance de gagner le capital si le créancier meurt dans un bref délai.

Les rentes viagères présentent, disons-nous, un caractère aléatoire. On comprend, en effet, que si la personne dont la vie sert de terme à la rente meurt peu de temps après qu'elle a été constituée, le débiteur aura acquis le capital moyennant une somme minime d'arrérages : le gain sera pour lui. Si, au contraire, elle vit très-longtemps, le débiteur sera obligé de payer une

---

(1) Il ne peut en être ainsi dans les rentes perpétuelles.

somme d'arrérages très-considérable, supérieure au capital qu'il acquiert et aux intérêts légaux qu'il a pu retirer de ce capital : la perte est pour lui. Ce caractère aléatoire de la rente viagère la range dans la même classe que le contrat d'assurance, le prêt à la grosse aventure et les autres contrats aléatoires.

La rente viagère, à la différence de la rente perpétuelle, ayant un caractère aléatoire, la partie qui cède son capital, moyennant une rente viagère, *peut stipuler des arrérages supérieurs au taux légal* (art. 1976) : rien n'est plus naturel. Serait-il juste, en effet, que celui qui a aliéné un capital, à la charge par l'acquéreur de servir *éternellement* une rente, touchât les mêmes arrérages que si cette rente à lui servie devait durer *quelques années* seulement? Si, dans la rente viagère, le taux des arrérages ne pouvait pas dépasser 5 %, c'est-à-dire s'il était le même que dans la rente perpétuelle (alors que la rente perpétuelle dure toujours et la rente viagère un certain temps seulement), on ne recourrait jamais à la rente viagère; on préférerait naturellement, pour faire valoir ses capitaux et s'assurer un revenu certain, recourir à la rente perpétuelle ; la rente viagère n'aurait pas de raison d'être et n'existerait pas. Voilà pourquoi la loi a permis (art. 1976) de stipuler des intérêts supérieurs au taux légal : une personne, vieille et malade, aliénera un capital de 100,000 francs moyennant 15,000 francs d'arrérages payables chaque année tant qu'elle vivra; une autre personne, jeune et vigoureuse, aliénera le même capital moyennant 8,000 francs d'arrérages. Mais que décider si le propriétaire d'une somme de 100,000 francs l'aliène moyennant 5,000 francs d'arrérages? que décider, d'une manière générale, si le propriétaire d'un capital l'aliène moyennant une rente viagère dont les arrérages annuels sont le revenu à 5 % de ce capital? N'est-ce pas là, dira-t-on, une donation du capital? Qu'y a-t-il, dans ce contrat, d'aléatoire? Quand même le créancier atteindrait l'âge le plus avancé, il n'aura retiré de son contrat aucun avantage, et le débiteur, même dans ce cas-là, n'aura évidemment aucune perte à supporter, puisque les arrérages qu'il paye annuellement ne font que représenter l'intérêt à 5 % du capital qui lui a été cédé par le créancier. Mais nous répondrons qu'il y a bien toujours là en réalité un contrat à titre onéreux et aléatoire : souvent, en effet, on ne place pas son argent à 5 %, et c'est même ce qui a presque toujours lieu quand on le place sur la terre; donc, si une personne a l'espoir de vivre très-longtemps, elle peut trouver un certain avantage à aliéner son capital moyennant une rente dont le taux serait 5 % ou même un taux moins élevé. Mais il y aura toujours des limites qu'on ne pourrait dépasser, et qu'il est, du reste, impossible de fixer *a priori*; c'est là une question de fait : ainsi, un homme très-malade, de quatre-vingt-dix ans, qui aliène un capital de 50,000 francs moyennant 2,000 francs d'arrérages payables chaque année tant qu'il vivra, fait évidemment une donation déguisée; du reste, s'il n'y avait pas défaut de capacité, cette donation serait valable, car les choses mobilières peuvent être données par simple tradition, sans acte authentique contenant l'acceptation du donataire.

Occupons-nous maintenant de la *nullité* et de la *résolution* du contrat de rente viagère.

Aux termes de l'art. 1974, la rente viagère est *nulle* quand elle a été constituée sur la tête d'une personne décédée, c'est-à-dire quand on a pris pour terme la vie d'une personne qui n'existe plus. Dans ce cas là, en effet, la créance aléatoire, acquise par celui qui aliène son capital, n'a pas existé un seul instant de raison, puisqu'elle devait s'éteindre à un moment qui se trouve antérieur à sa naissance : or, l'aliénation du capital avait eu précisément pour cause cette créance d'arrérages ; donc cette aliénation est nulle, faute de cause. La loi a admis la même solution (art. 1975) dans le cas où une rente est constituée sur la tête d'une personne déjà atteinte, au moment du contrat, d'une maladie dont elle est morte dans les vingt jours de la date du contrat : le contrat est nul quand même la maladie aurait été connue du constituant, créancier des arrérages (1) ; il est nul quand même la vie de ce constituant aurait été prise comme terme de la rente, et cependant, dans ce dernier cas, le constituant ne devait pas ignorer la maladie dont il était atteint. Du reste, la rente constituée sur plusieurs têtes, ne serait pas annulée par la maladie, suivie de mort dans les vingt jours, de l'une d'elles au moment du contrat.

Dans quels cas la constitution de rente viagère doit-elle être *résolue ?*

Le débiteur (art. 1977) doit fournir toutes les sûretés promises : s'il ne le fait pas, le créancier peut demander la résolution du contrat, et par suite la restitution du

---

(1) Pothier ne considérait le contrat comme nul que lorsque le constituant avait ignoré la maladie ; s'il l'avait connue, Pothier maintenait le contrat.

capital. Il conserve les arrérages payés jusqu'au moment de la résolution; ces arrérages sont supérieurs à l'intérêt légal que le débiteur a pu retirer du capital pendant le temps qu'il en a joui : il y a là un excédant, mais cet excédant n'est que l'équivalent du risque, couru par le créancier, de perdre le capital, prix de la rente. La résolution, dont il s'agit ici, n'a pas lieu de plein droit par cela seul que les sûretés ne sont pas fournies, et la rente tient toujours tant qu'aucun jugement n'en a prononcé la résolution. Donc, le débiteur conserve le capital si la rente vient à s'éteindre, par la mort de la personne sur la tête de qui elle a été constituée, depuis la demande, mais avant que les juges aient prononcé. Il n'y aura pas non plus résolution si les sûretés promises sont données depuis la demande, mais avant le jugement; enfin, le débiteur peut encore fournir les sûretés après le jugement, si ce jugement est susceptible d'appel.

Tout ce que nous venons dire de celui qui ne fournit pas les sûretés promises s'applique évidemment à celui qui détruit ou diminue les sûretés qu'il a fournies.

La résolution du contrat de rente viagère ne peut avoir lieu pour défaut de payement des arrérages (art. 1978). C'est là une dérogation complète à l'art. 1184, d'après lequel la condition résolutoire est toujours sous-entendue pour le cas où l'une des parties ne satisfera pas à son engagement. Cette dérogation s'explique : au moment du contrat, le débiteur des arrérages a, en effet, à courir de mauvaises et de bonnes chances; la chance sera mauvaise pour lui si le créancier (ou celui sur la tête duquel est constituée la rente) vit longtemps la ; chance sera bonne, s'il ne tarde pas à mourir. Lorsque le contrat existe déjà depuis un certain temps, et que le créancier vit encore, le débiteur des arrérages a supporté une partie des mauvaises chances ; résoudre alors le contrat ne peut être juste, car, le débiteur, ayant supporté jusque là les mauvaises chances, doit aussi avoir les bonnes chances : or, pour que ces bonnes chances, qui sont évidemment dans l'avenir, puissent favoriser le débiteur, il faut nécessairement que le contrat dure autant qu'il doit durer. Il serait donc inique de résoudre le contrat pour non-payement des arrérages ; d'autre part, si on admettait cette résolution, le débiteur, qui trouverait le contrat onéreux pour lui, ne manquerait pas de cesser le payement des arrérages, afin que le créancier demande la résolution du contrat. Ainsi, pas de résolution si les arrérages ne sont pas payés par le débiteur. Mais, dira-t-on, que va donc faire le créancier qui n'est pas payé et qui ne peut pas faire résoudre le contrat ? La loi vient à son secours : elle lui permet de saisir les biens de son débiteur jusqu'à concurrence d'une somme suffisante pour produire des intérêts égaux aux arrérages, de les vendre, de placer la somme ainsi réalisée et d'en affecter l'intérêt au service de la rente. Si le débiteur n'a pas assez de biens pour produire un capital suffisant à la sûreté du créancier, celui-ci peut même faire résoudre le contrat, mais seulement pour l'avenir, c'est-à-dire que la restitution du capital sera calculée sur la durée probable de la rente (1).

---

(1) Après avoir parlé de la résolution de la rente viagère, on peut se demander si elle est rescindable pour cause de lésion de plus des 7/12es (la question ne peut se poser que s'il s'agit d'une rente constituée moyennant

Nous n'aurons que peu de mots à dire du rachat des rentes viagères. Aux termes de l'art. 1979, le débiteur de la rente ne peut point se libérer du payement des arrérages quelque onéreux qu'il soit, en offrant de rembourser le capital et en renonçant à la répétition des arrérages payés.

Les rentes viagères constituées à titre onéreux (et nous ne nous occupons que de celles-là), ne peuvent pas être déclarées *insaisissables* : autrement, les débiteurs auraient là un moyen de détruire le gage de leurs créanciers antérieurs tout en conservant pour eux-mêmes une véritable fortune, et en trompant leurs créanciers futurs par l'apparence d'un crédit qu'ils n'ont pas ; puis, ce serait se mettre en fait dans l'impossibilité de contracter des dettes, et personne ne peut s'enlever à lui-même la faculté de s'obliger.

La rente viagère s'éteint par la mort de la personne ou des personnes sur la tête desquelles elle était constituée ; il en résulte que le créancier, pour réclamer des arrérages, doit justifier que la personne ou les personnes, dont la vie sert de terme à la rente, existaient au moment de l'échéance de ces arrérages. Il fait ordinairement cette preuve au moyen d'un certificat de vie délivré

---

l'aliénation d'un immeuble, car il n'est jamais question de rescision pour lésion de plus des 7/12es qu'en matière d'immeubles). De ce que la rente viagère a un caractère aléatoire, il résulte qu'elle n'est pas rescindable pour lésion de plus des 7/11es. Comment savoir, en effet, si la lésion dépasse ou non les 7/12es? Tel contrat de rente viagère, que l'on peut croire très-avantageux pour le créancier, profite au contraire à l'autre partie, et réciproquement. Ainsi, pas de rescision possible pour cause de lésion.

par le président du tribunal ou par le maire. (Loi des 26-27 mars 1791.)

Les arrérages de la rente viagère se prescrivent, comme ceux de la rente perpétuelle, par cinq ans (art. 2277), tandis que la rente viagère elle-même se prescrit, comme la rente perpétuelle, par trente ans. (Art. 2263.)

SECTION II.

Du prêt à la grosse aventure.

On nomme *prêt à la grosse aventure*, et par abréviation *prêt à la grosse*, *contrat à la grosse*, « un prêt fait sur des objets exposés à des risques maritimes, avec convention que si ces objets arrivent heureusement, le prêteur sera payé du capital et d'une somme déterminée pour profits maritimes, ou que si, par les accidents de la navigation, ces objets périssent ou sont détériorés, ce prêteur ne pourra rien demander au delà de ce qu'ils se trouveront valoir (1). »

On voit immédiatement que le prêt à la grosse est un contrat aléatoire et à titre onéreux. Ajoutons qu'il est réel et unilatéral : il est réel, car la remise du capital à l'emprunteur est indispensable à son existence ; il est unilatéral, car l'emprunteur seul est obligé.

Nous allons diviser l'étude de ce contrat en trois parties.

---

(1) Pardessus, *Cours de droit commercial* (tome III, page 520).

§ 1.

Des conditions nécessaires à la validité du prêt à la grosse.

Ces conditions sont au nombre de cinq :

1° *Le prêteur et l'emprunteur doivent être capables, l'un de prêter, l'autre d'emprunter à la grosse.*

Le prêt à la grosse étant un acte de commerce (art. 633-5°, C. com.), il faut d'abord que le prêteur et l'emprunteur aient la capacité de s'obliger commercialement. — Ajoutons que le droit d'emprunter à la grosse sur une chose n'appartient qu'à celui qui en est propriétaire, puisque le prêt à la grosse produit une affectation réelle de la chose à la sûreté du prêteur.

Il est cependant des cas où celui qui n'est pas propriétaire d'une chose peut emprunter à la grosse sur cette chose : ainsi, le capitaine d'un navire a le droit de l'affecter à un prêt à la grosse ; il peut même emprunter à la grosse sur les marchandises dont la navire est chargé. Cette exception a été dictée par des motifs qui concernent l'intérêt de la navigation : il pourrait arriver, en effet, qu'un navire en route fût hors d'état de continuer son voyage si le capitaine ne trouvait pas de fonds. Du reste, le capitaine, qui use de cette ressource, doit faire constater, par un procès-verbal signé des principaux de l'équipage, les circonstances qui rendent l'emprunt nécessaire ; il doit, en outre, prendre l'autorisation du tribunal de commerce du lieu, ou, à son défaut, du juge de paix, et, si c'est en pays étranger, celle du consul français, ou, s'il n'en existe point, celle du magistrat du lieu. Il est nécessaire que la cause du prêt soit énoncée dans le contrat et que les pièces justificatives accompagnent le titre : si cette double condition est réalisée, l'armateur ne peut pas refuser d'acquitter l'engagement pris par le capitaine; si, au contraire, elle n'est pas réalisée, il peut refuser d'acquitter cet engagement, et le prêteur n'a aucune action, ni sur le navire, ni sur les marchandises. Dans tous les cas, la régularité des pièces n'empêche pas l'armateur de soumettre à l'examen la conduite du capitaine, et, s'il y a lieu, de le poursuivre même criminellement.

Dans tout ce que nous venons de dire de l'emprunt à la grosse contracté par le capitaine, il s'agit d'un emprunt contracté pendant le cours du voyage, hors du lieu de la demeure des propriétaires du navire ou de leurs fondés de pouvoir. Si cet emprunt était contracté dans le lieu de la demeure des propriétaires ou de leurs fondés de pouvoir, le capitaine aurait besoin de leur autorisation spéciale et authentique ou de leur intervention dans l'acte : à défaut de cette autorisation ou de cette intervention, le prêteur n'aurait action et privilége que sur la portion que le capitaine peut avoir dans le navire et dans les marchandises. (Art. 321, C. com.)

2° *Il faut qu'il y ait un capital prêté.* On peut prêter à la grosse toutes les choses fongibles, mais ordinairement on ne prête que de l'argent.

3° *Il faut que certains objets soient affectés à la sûreté du prêteur.*

Comme le prêt à la grosse ne peut exister qu'autant qu'on y affecte des choses exposées à des risques maritimes, tout ce qui, étant susceptible de devenir l'objet d'une transaction commerciale, court le danger de périr ou de se détériorer en tout ou en partie par des accidents maritimes, peut être affecté au prêt à la grosse.

Au premier rang, nous avons les navires et tout ce qui en est l'accessoire. Lorsqu'il est dit dans le contrat que l'emprunt a lieu sur le *navire*, ou bien encore sur *corps et quille*, cette expression générale comprend d'abord le corps du bâtiment, puis les *agrès*, c'est-à-dire les mâts, voiles, cordages, etc., les *armements*, c'est-à-dire les canons, armes et munitions de guerre, les *victuailles*, c'est-à-dire les provisions de bouche. Du reste on peut affecter à la sûreté du prêteur séparément et limitativement ces divers objets (agrès, armements, etc.).

Les marchandises qui chargent le navire sont aussi susceptibles d'être affectées, soit en totalité, soit en partie, à la sûreté du prêteur.

On ne peut emprunter à la grosse sur les choses que l'on n'a pas encore : ainsi un marchand ne peut emprunter sur le *profit espéré*, des matelots ne peuvent emprunter sur leurs *loyers* (art. 318 et 319, C. com.). En outre, le prêt à la grosse produisant l'affectation réelle des choses sur lesquelles il porte, on ne peut emprunter que sur des choses qui puissent être vendues : du reste, les choses affectées peuvent être des choses incorporelles.

Nous avons déjà dit que le prêt à la grosse porte sur des choses qu'on court risque de perdre : il faut en conclure que les choses déjà garanties par un contrat d'assurance ne peuvent être affectées à un prêt à la grosse. Si cependant les choses assurées ont une valeur supérieure à la somme pour laquelle elles ont été assurées, l'excédant de leur valeur pourra être affecté à la sûreté du prêteur.

On ne peut emprunter à la grosse pour une somme dépassant la valeur des objets affectés au prêt. Mais le prêt à la grosse, où cette règle ne serait pas observée, est-il absolument nul? Il faut distinguer : si l'emprunteur savait qu'on lui prêtait une somme supérieure à la valeur des objets sur lesquels il empruntait, le contrat peut être déclaré nul sur la demande du prêteur. Si, au contraire, l'emprunteur a cru ne pas emprunter au delà de la valeur des objets affectés à la sûreté du prêteur, le contrat est valable et subsiste jusqu'à concurrence de la valeur de ces objets (Art. 316 et 317, C. com.)

4° Il faut que les objets affectés au prêt soient exposés à des risques et que ces risques soient à la charge du prêteur.

Si l'une de ces deux conditions n'est pas réalisée, si par exemple les objets affectés au prêt ne courent pas de risques, ou, du moins, si les risques courus ne sont pas à la charge du prêteur, nous n'avons plus qu'un prêt ordinaire.

De quelle nature sont les risques dont nous parlons ici ?

Ces risques sont tous les cas *fortuits maritimes* qui peuvent amener la perte ou la détérioration des objets affectés au prêt. Nous disons des cas *fortuits maritimes* : ainsi, il faut d'abord que ces cas soient *fortuits ;* en d'autres termes, le prêteur ne répond que des accidents qui n'arrivent pas par la *faute* ou le *fait* de l'emprunteur : du reste, la faute de l'emprunteur n'est jamais présumée. De plus, il faut que ces cas soient *maritimes* (tempête, naufrage, abordage, etc.) : les risques *de terre* ne sont point à la charge du prêteur. Quant aux pertes, déchets, détériorations, qui surviennent pendant le voyage et qui résultent d'un vice propre de la chose, le prêteur n'en répond pas : ainsi, des animaux chargés sur le navire et affectés au prêt meurent de maladie pendant la traversée; le prêteur n'a pas à supporter cette perte. (Art. 326, Code comm.)

Le prêteur peut très-bien prendre à sa charge les pertes ou détériorations causées par le fait de l'emprunteur : on nomme cette clause *responsabilité de la baraterie de patron.* Par contre, le prêteur peut se décharger, dans le contrat à la grosse, de certains risques provenant d'accidents fortuits et maritimes.

Nous venons d'examiner quels sont les risques dont répond le prêteur ; mais, pendant combien de temps répond-il de ces risques ?

La durée des risques est ordinairement déterminée par le contrat. Dans le silence de la convention, on décide que lorsque l'emprunteur a affecté au prêt le navire et ses accessoires, les risques commencent du jour où le navire a *fait voile* et finissent à l'instant où il est ancré ou amarré au port ou au lieu de destination. Lorsque ce sont les marchandises qui ont été affectées au prêt, les risques commencent dès qu'elles ont été chargées dans le navire ou dans les gabares qui doivent les transporter au navire. Ils cessent lorsqu'elles ont été mises à quai. (Art. 328, Code comm.)

5° Il faut que l'emprunteur s'oblige, pour le cas d'heureuse traversée, à payer au prêteur, outre la somme prêtée, une certaine somme qui soit le prix des risques dont s'est chargé ce prêteur.

Si le prêt ne contenait pas de *profit maritime*, mais offrait cependant à l'emprunteur la chance de ne pas rembourser le prêteur en cas de sinistre, nous n'aurions pas un prêt à la grosse, mais une donation aléatoire. Le profit maritime a une certaine analogie avec la prime d'assurance : l'un et l'autre sont, en effet, le prix du risque ; mais ils diffèrent l'un de l'autre en ce que la prime est toujours due, tandis que le profit maritime n'est dû qu'en cas d'heureuse traversée.

Le profit maritime peut être supérieur au taux légal, ce qui est très-équitable, puisqu'en cas de sinistre le prêteur perdra même son capital.

§ 2.

Des formes du prêt à la grosse.

Le prêt à la grosse est fait par devant notaire ou sous signature privée. L'acte de prêt doit énoncer le capital prêté et la somme convenue pour le profit maritime, les objets affectés à la sûreté du prêteur, le nom du navire, les noms du prêteur, de l'emprunteur et du capitaine ; il doit indiquer le voyage ou le temps pour lequel le prêt est fait et l'époque du remboursement. (Art. 311, Code comm.)

Qu'il ait été rédigé par devant notaire ou sous signature privée, le prêt à la grosse, fait en France, doit être enregistré dans les dix jours de sa date au greffe du tribunal du lieu dans lequel le prêt s'effectue. Cette règle est écrite dans l'art. 312, Code comm. : elle a pour but de prévenir les fraudes préjudiciables aux tiers (1). Si le prêt est fait à l'étranger, la nécessité de l'emprunt doit être constatée par un procès-verbal signé des principaux de l'équipage et autorisé par le consul français, ou, à son défaut, par le magistrat du lieu.

L'acte de prêt à la grosse peut très-bien être fait à ordre et devenir par suite l'objet d'une négociation par voie d'endossement. Si l'emprunteur ne satisfait pas à ses obligations, le cessionnaire de la créance pourra recourir contre le cédant, mais seulement jusqu'à concurrence du capital prêté; la garantie ne s'étend donc pas au profit maritime.

L'écriture n'est pas une condition substantielle du prêt à la grosse : ce contrat se forme même verbalement. Seulement, dans ce cas là, il ne peut pas être enregistré, et par suite, tout en restant parfaitement valable entre les parties, il est sans effets à l'égard des tiers.

§ 3.

Des effets du prêt à la grosse.

Nous avons déjà dit, en traitant des *conditions nécessaires à la validité du prêt à la grosse*, que l'emprunteur s'engage, en cas d'heureuse traversée, à rendre au prêteur la somme que celui-ci a prêtée, et à lui payer, en outre, un profit maritime dont le taux est fixé dans le contrat au gré des parties. Si les objets sur lesquels porte

---

(1) On comprend qu'un négociant, sur le point de faire faillite, pourrait s'entendre avec des compères et leur faire des billets à la grosse antidatés ou simulés, avec lesquels ils primeraient des créanciers légitimes.

le prêt arrivent en bon état, le prêteur a une action contre l'emprunteur pour la restitution de la somme prêtée et du profit maritime convenu. Si, au contraire, les objets périssent par cas fortuit et maritime, et que cette perte ait eu lieu à un moment où le prêteur répondait des risques, l'emprunteur est déchargé de toute obligation. Si les objets, au lieu de périr d'une manière complète, sont seulement détériorés, le prêteur supportera une perte proportionnée à la détérioration (Art. 327, Code de commerce.)

Non-seulement, le prêteur à la grosse a contre son emprunteur une action personnelle, mais, pour assurer le payement du capital prêté et du profit maritime, il a, en outre, un privilége (art. 320, Code de commerce.). Ce privilége s'exerce sur le navire et tous ses accessoires, lorsque le prêt est fait sur le navire et tous ses accessoires (et nous avons vu que le prêt qui porte sur le *navire*, ou encore sur *corps et quille*, est considéré comme portant sur le navire et tous ses accessoires) ; il s'exerce sur le chargement, si le prêt porte sur le chargement ; il s'exerce sur un objet particulier dn navire ou du chargement, si cet objet particulier est seul affecté à la sûreté du prêteur.

Il peut arriver que plusieurs emprunts successifs soient faits sur le même objet : c'est alors le dernier emprunteur qui est toujours préféré, et cela parce qu'on présume qu'il a contribué à conserver le gage commun. Par application de cette règle, l'emprunt fait pour le dernier voyage est préféré à celui qui est fait pour un précédent voyage, l'emprunt fait pendant le voyage est préféré à celui qui aurait été fait avant le départ du navire. (Art. 323, Code commerce.)

S'il y a un prêt à la grosse et une assurance sur le même navire ou sur le même chargement, et qu'il y ait naufrage, le prêteur et l'assureur se partagent au marc le franc de leur intérêt respectif les effets sauvés. Mais, comme il y a sinistre, le prêteur ne vient en concours que pour son capital et non pour le profit maritime. (Art. 331, Code de commerce.)

APPENDICE.

Nous terminerons notre travail en disant un mot du taux de l'intérêt dans certains pays étrangers, et en montrant que la liberté de l'intérêt, cette liberté que nous voudrions voir proclamée en France et que beaucoup d'esprits repoussent comme une innovation dangereuse, est pratiquée depuis bien des années dans les pays les plus florissants de l'ancien et du nouveau monde.

Citons d'abord, en Europe, la Hollande, où la liberté absolue de l'intérêt existe depuis très-longtemps. Citons aussi l'Angleterre : au commencement du siècle dernier, le taux de l'intérêt, en Angleterre, avait été limité et fixé à 5 %, et ce taux maximum existait encore en 1854; mais, depuis cette époque, l'intérêt est libre : un statut de la reine Victoria a formellement abrogé toutes les lois relatives à l'usure et à l'intérêt légal.

La liberté de l'intérêt a également été proclamée en Sardaigne (5 juin 1857), dans la plupart des petits États allemands (notamment dans le royaume de Wurtemberg (1) et le grand-duché de Bade), dans certains cantons suisses. et enfin par un État que nous ne sommes

---

(1) Le royaume de Wurtemberg a supprimé le taux légal en 1849.

pas habitués à trouver au premier rang dans la voie des réformes libérales, par l'Espagne.

Si maintenant nous sortons de l'Europe, nous trouvons la liberté de l'intérêt pratiquée dès le commencement du siècle par la grande république des États-Unis; nous la rencontrons aussi au Brésil et dans la plupart des Etats de l'Amérique du Sud.

On le voit, la liberté de l'intérêt existe dans un grand nombre de pays, et, dans tous ces pays, elle n'a jusqu'ici donné que des résultats excellents (1) : pourquoi, dès lors, ne pas la proclamer en France? On me dira que ce qui est bon à l'étranger pourrait ne pas l'être chez nous, et qu'une liberté, qui produit d'excellents effets en Hollande ou en Angleterre, en produirait peut-être de très-mauvais en France : je sais bien qu'on raisonne souvent ainsi en matière de liberté politique; il est une école d'après laquelle les peuples sont faits, les uns pour jouir de la liberté politique parce qu'ils savent en user, les autres pour en être toujours privés parce qu'ils ne sauraient pas la pratiquer sagement (et on range charitablement le peuple français parmi ces derniers). Cette manière de voir m'a toujours semblé très-fausse, pour ne rien dire de plus; mais, même en la supposant exacte lorsqu'il s'agit de la liberté politique, il est bien évident qu'elle n'a plus de sens lorsqu'on veut l'étendre aux libertés autres que la liberté politique,

---

(1) On peut remarquer que, dans les pays où l'intérêt est libre, le taux de l'intérêt est, en moyenne, à peine supérieur au taux de l'intérêt dans les pays où la limitation existe encore. Ajoutons même qu'en Hollande, pays où règne la liberté absolue de l'intérêt, le taux est plus bas que dans aucun autre pays du monde.

par exemple à la liberté de l'intérêt : si la suppression
du taux légal n'a donné, comme les faits le prouvent
surabondamment, que de bons résultats en Angleterre,
en Hollande, aux États-Unis et dans tous les États où
l'intérêt est libre aujourd'hui, comment admettre que
cette suppression produise en France des effets absolument contraires !

En ce moment, le gouvernement français s'occupe
beaucoup de la question du taux de l'intérêt : un projet
de loi a été préparé par le Conseil d'Etat ; il sera, dit-on,
discuté au Corps Législatif dans la session qui va s'ouvrir.
Que sortira-t-il de là ? La loi de 1807 sera-t-elle abrogée ?
Nous le désirons bien vivement ; seulement, s'il faut
dire toute notre pensée, nous ne l'espérons pas : la
limitation, supprimée peut-être en matière commerciale, subsistera très-probablement en matière civile.
— Mais, si la liberté absolue de l'intérêt n'est pas encore
proclamée, est-ce une raison pour croire qu'elle ne le
sera jamais ? Nullement. Le principe de la liberté de
l'intérêt aura le sort de tous les grands principes, aujourd'hui incontestés, par lesquels la société est dirigée :
l'histoire de l'humanité nous montre que, de tous ces
principes, il n'en est pas un seul, à commencer par celui
de la liberté de conscience, qui n'ait été d'abord mé-
connu et repoussé ; et cependant ils ont tous fini par
triompher. Il en sera de même, soyons-en bien convaincus, du principe de la liberté de l'intérêt : le jour de son
triomphe est peut-être encore éloigné, mais nous pouvons être certains que ce jour arrivera.

POSITIONS.

DROIT ROMAIN.

I. La règle d'après laquelle le pacte joint, même *in continenti*, à un *mutuum*, *ad augendam obligationem*, ne produit pas d'action, est spéciale au *mutuum;* dans la stipulation, le pacte joint *in continenti* au contrat *ad augendam obligationem* en fait partie intégrante.

II. La *litis contestatio*, bien qu'elle éteigne l'obligation déduite *in judicium*, n'arrête pas le cours des intérêts accessoires de cette obligation.

III. Il ne peut jamais être dû d'intérêts moratoires en matière de *mutuum :* cette règle est, du reste, commune à tous les contrats *stricti juris*.

IV. Le simple pacte engendre une obligation naturelle.

V. Le système d'après lequel l'intérêt fixé par la loi des Douze-Tables serait 12 °/₀ est le plus satisfaisant de tous ceux qu'on a présentés à ce sujet.

VI. L'exception de dol opposée pour cause de compensation n'avait pas pour résultat d'entraîner la déchéance du droit du demandeur, mais seulement de diminuer le montant de la condamnation.

CODE NAPOLÉON.

I. Le créancier qui a donné à son débiteur quittance du capital, sans réserve des intérêts, n'est pas admis à prouver que les intérêts lui sont encore dus.

II. Si le créancier a remis son titre au débiteur, celui-ci est libéré et le créancier n'est pas admis à prouver le contraire.

III. La disposition finale de l'art. 1907 a été abrogée par la loi de 1807, et, depuis cette époque, il n'est plus nécessaire que le taux de l'intérêt soit constaté par écrit.

IV. Le débiteur d'une rente perpétuelle constituée avant le Code, qui, depuis la mise en vigueur de l'art. 1912-1°, aurait laissé passer deux années consécutives sans remplir ses obligations, ne peut être contraint au rachat.

V. L'escompte d'une créance sur un tiers est un véritable prêt à intérêt et doit être régi par la loi de 1807.

VI. Dans le cas où une cession a été signifiée entre deux saisies-arrêts, la répartition des deniers doit s'opérer de la manière suivante : le premier saisissant aura tout ce qu'il aurait eu si la saisie postérieure à la signi-fication avait été faite avant cette signification. Le ces-sionnaire prendra tout ce qu'il aurait eu s'il n'y avait pas eu de saisie postérieure ; ce qui restera appartiendra au saisissant postérieur.

VII. L'héritier qui a laissé s'écouler trente ans, sans accepter et sans répudier une succession, est, après les trente ans, considéré comme acceptant.

VIII. Le détenteur d'un immeuble grevé d'hypothèque ne peut pas demander la discussion d'un autre im-meuble hypothéqué à la même dette, si cet immeuble se trouve entre les mains de la caution du débiteur.

IX. Un époux, qui a des enfants de son conjoint, peut toujours lui donner l'usufruit de la moitié de ses biens, ou le quart en pleine propriété et le quart en usufruit, mais il ne pourra jamais lui donner davantage.

X. La prescription de dix et vingt ans s'applique aux servitudes continues et apparentes.

XI. Lorsque deux créanciers chirographaires du dé-funt, inscrits, l'un dans les six mois de l'ouverture de la succession, l'autre après les six mois, se trouvent en conflit avec un créancier hyopthécaire de l'héritier, qui s'est inscrit avant le second créancier du défunt, le créancier inscrit dans les six mois prendra sur les biens héréditaires tout ce qu'il aurait pris si l'autre créancier du défunt s'était, comme lui, inscrit dans les six mois ; le créancier hypothécaire de l'héritier se fera payer ensuite, et ce qui restera (s'il reste quelque chose) appartiendra au créancier du défunt non inscrit dans les six mois.

XII. Un testament peut être révoqué par un acte sous seing-privé, écrit, daté et signé de la main du testateur, quand même cet acte ne contiendrait aucune disposition de dernière volonté.

XIII. Les héritiers du donateur ne peuvent pas opposer le défaut de transcription.

XIV. Le vendeur qui n'a pas livré *la chose* vendue recouvre au bout de trente ans, par la prescription, la propriété qu'il avait perdue par la vente.

DROIT COMMERCIAL.

Un prêt est *commercial*, toutes les fois que la destination de la chose prêtée est commerciale, et aussi toutes les fois que l'une des parties fait le commerce.

DROIT PÉNAL

I. Il est des cas où la Cour ne peut pas condamner à des dommages-intérêts l'accusé déclaré non coupable par le jury.

II. Les aggravations de peines résultant de circonstances personnelles à l'auteur principal ne doivent pas s'étendre au complice.

DROIT DES GENS.

Un État neutre viole la neutralité lorsqu'il laisse construire dans ses ports des vaisseaux destinés à la marine de l'un des belligérants.

HISTOIRE DU DROIT.

I. Le ministère public est une institution d'origine toute française.

II. L'ouvrage connu sous le nom d'*Établissements de saint Louis* est un coutumier de l'Orléanais, rédigé avant 1270.

Vu par le Président de la Thèse,

LABBÉ.

Vu par le Doyen de la Faculté,

C.-A. PELLAT.

Permis d'imprimer :

Le Vice-Recteur de l'Académie,

A. MOURIER.

TABLE DES MATIÈRES.